| 개정증보판 |

우리고전
법과 문화

오호택

동방문화사

들어가며

　『우리고전 법과문화』는 법학과 학생들의 「법과문화」 과목 교과서로 쓴 것이다. 하지만 일반인들도 쉽게 법률문제에 접근할 수 있게 해준다는 후한 평에 힘입어 개정증보판을 내게 되었다. 초판의 춘향전, 심청전, 홍길동전, 흥부전 외에 콩쥐팥쥐전을 추가하였고, 초판에 있던 부분도 전반적으로 다시 손을 보았다. 우선 바뀐 법령을 반영하였고, 문맥을 다듬어 더욱 쉽게 읽히도록 노력하였다. 고어체인 원문을 일부 현대어로 바꾸거나 괄호 안에 용어설명을 다수 첨가하였다. 장면별로 설명하다 보니 법률문제가 중복되는 부분도 많은데 복습으로 생각하면서 읽으면 좋겠다. 더 전문적인 설명은 법학교과서를 보기 바란다. 아무튼 주변에서 부딪힐 수 있는 '모든 문제는 법적 문제'라는 것을 느끼면 이 책의 사명은 다한 것이라고 생각된다.

　이 책으로 공부하는 학생들, 언제나 곁에 있어주는 가족들에게 감사한다. 늘 출판을 맡아 주시는 동방문화사의 조형근 사장님과 직원들에게도 다시 한 번 감사한다.

2021년 8월

저 자.

[초판서문]

　우리나라 사람들은 대체로 법에 대하여 잘 모른다거나 거북해 하는 것이 보통이다. 하지만 사람은 태어나서 죽을 때까지, 아니 태아에서부터 무덤에 들어간 이후까지 법의 지배를 받으면서 살고 있다. 특히 직장이나 사회생활을 하면서 만나는 수많은 갈등은 법적 측면에서 설명할 수 있다. 따라서 법에 대하여 잘 아는 것이 필요하다. 그렇다고 모든 사람이 법학을 전공할 수는 없는 일이다. 다만 그 때 그 때 살아가면서 부딪히는 법적 문제들에 대하여 관심을 갖고, 법적 해결방안을 알아보는 것으로 족하다고 하겠다.

　『우리 고전 법과 문화』는 우리가 잘 아는 우리 고전들을 읽어가면서 거기에 나오는 법률문제를 짚어봄으로써 법과 친해지는 기회를 제공할 것이다. 물론 당시의 문화적인 배경을 알아야 정확히 법을 적용해 볼 수 있으므로 당시의 문화에 대해서도 필요한 한도에서 함께 설명하였다. 이 책은 「법과 문화」과목의 교재로 쓴 것이다. 하지만 부담 없이 법의 기초적인 내용, 법과 문화의 관계 등에 대하여 알고 싶은 사람 누구나 읽으면 좋겠다.

　우선 춘향전으로 시작하는데, 춘향전은 여러 판본이 있어서 소소하게는 다른 문구가 있지만 그런 것에 연연해 할 필요는 없겠다. 예컨대 열녀춘향수절가(완판 84장본)에는 춘향이 이야기가 숙종 때로 나오고, 춘향전 경판 30장본에는 인조 때로 나온다. 심청전, 홍길동전, 흥부전도 마찬가지다. 또 원문은 너무 고어체라 이해가 어려운 부분은 그 분위기를 살리는 한도 내에서 현대적 표현으로 바꾸었다. 앞 뒤 문체가 좀 달라도 이해하기 바란다. 이 책은 법과 문화를 살펴보는 것이지 문학적 여행은 아니기 때문이다.

한 가지 더 잊지 말아야 할 것은 법학에 대하여 초보자인 일반인을 대상으로 설명하는 것이므로 주로 법률 차원의 설명이 될 것이다. 법의 더 자세하고 전문적인 내용을 알려면 판례와 학자들의 해설, 즉 학설도 검토하여야 할 것이나 이 책에서 그러한 내용을 검토하지는 않는다. 그냥 교양 수준으로 그 한도 내에서 법률상식을 더하는 것으로 만족해야 할 것이다. 조금 더 자세한 내용을 알고자 한다면 졸저 『법학첫걸음』(동방문화사, 2017)을 참고하기 바란다. 그보다 더 전문적인 것은 전공서적들을 보기 바란다. 따라서 잘 이해가 안 되는 법 내용이 나올 때는 일단 그냥 다음으로 넘어가기 바란다. 이 책의 다른 부분이나 다른 전공서적에서 더 깊이 알게 될 기회가 있을 것이다. 또 소설의 줄거리를 따라가며 법과 문화를 설명하다 보니 중복되는 설명도 있을 수 있다. 복습이라고 생각하고 읽어가거나, 그냥 건너뛰면 좋겠다.

우리나라 사람이라면 이 책에서 함께 읽는 고전들의 줄거리는 다 알고 있으리라고 생각되므로, 모든 내용을 다루지는 않았으며 법과 문화를 설명하기 위한 장면만을 인용하였다. 더 자세한 묘사나 설명을 원한다면 직접 소설이나 영화를 통하여 확인하여야 할 것이다.

이 책을 구성하는 데 참고로 한 곳들은 다음과 같다.

춘향전, 민음사, 2008

심청전, 시인사, 1996

홍길동전, 황패강/정진형 엮음, 홍길동전, 도서출판 시인사, 1996

   portal.cwnu.ac.kr/homePost/download.do?postfileno=6169

흥부전, http://www.davincimap.co.kr/davBase/Source/davSource.jsp?SourID=SOUR001298

콩쥐팥쥐전, 다빈치 지식놀이터
   http://www.davincimap.co.kr/davBase/Source/davSource.jsp?Job=Body&SourID=SOUR001972

 고전소설이므로 현대에 쓰지 않는 말이 많이 나온다. 괄호 안에 뜻풀이를 넣었는데, 대부분 네이버(http://www.naver.com/) 어학사전을 이용하였다.

 이 자리를 빌어 출판을 맡아 주신 동방문화사 조형근 사장님과 직원들, 그리고 이 책을 보는 모든 사람들에게 감사한다.

2017. 2.

저 자.

목차

Ⅰ. 춘향전

1. 이도령과 춘향이 만나다 ·· 1
2. 이몽룡과 춘향이 이별하다 ·· 19
3. 변학도의 부임과 춘향이의 수청거부 ······························ 24
4. 춘향이 몽룡을 다시 만나다 ·· 53

Ⅱ. 심청전

1. 심청이를 만나보자 ·· 70
2. 공양미 삼백 석에 팔려가는 심청 ···································· 86
3. 용궁에서 나온 심청이 심봉사를 찾다 ···························· 99

Ⅲ. 홍길동전

1. 서자로 태어난 홍길동 ·· 120
2. 활빈당 두목이 되다 ·· 142
3. 홍길동 세상에 나오다 ·· 153
4. 이상향을 건설하는 홍길동 ·· 175

Ⅳ. 흥부전

1. 흥부와 놀부가 형제라니 ················ 199
2. 제비를 돌보아준 흥부 ················ 213
3. 흥부를 시샘하는 놀부 ················ 220

Ⅴ. 콩쥐팥쥐전

1. 콩쥐와 심청 또는 신데렐라? ················ 243
2. 감사부인이 된 콩쥐 ················ 255
3. 팥쥐에게 살해당한 콩쥐의 환생 ················ 268

사항색인 ················ 285

I. 춘향전

1. 이도령과 춘향이 만나다

숙종대왕 즉위 초에 전라도 남원에 월매라는 기생이 있으니 삼남에서 이름난 기생이었다. 일찍이 기생을 그만두고 성가(成家)라고 하는 양반과 더불어 살았는데……성참판 하는 말이……

 사실혼

성참판에 대한 자세한 이야기가 없다. 당시 사회적 분위기로 보았을 때 월매랑 참판이 정식으로 결혼했을 리는 만무다. 그렇다면 "성가라고 하는 양반과 더불어 살았는데"는 속된 말로 동거라고 할 수 있고, 법률용어로는 사실혼(事實婚)이 되겠다. 사실혼은 결혼의 실체를 갖추었는데 법률상 혼인신고가 되어 있지 않은 것을 말한다. 사실혼은 내연관계(內緣關係)라는 말과는 구분된다. 내연관계를 사실혼으로 잘못 사용하는 사례가 있으나 내연관계는 일본식 용어로 혼외의 남녀관계를 말한다. 즉 부부가 아닌 남녀가 관계를 지속하는 것을 말한다. 우리나라는 민법상 신고혼(申告婚), 즉 행정기관에 혼인신고를 하는 것을 결혼으로 인정한다. 민법 §812①은 "혼인은 「가족관계의 등록 등에 관한 법률」에 정한 바에 의하여 신고함으로써 그 효력이 생긴다."고 하고 있다. 이것은 우리 통념상 결혼식을 하고 남녀가 한 방에서 밤을 지새워도 아무도 이상하게 보지 않는 것과는 다르다. 우리의 전통은 관습상 예식을 기준으로 하는 의식혼(儀式婚)이다. 물론 현재의 법률규정은 결혼의 성립과 시기를 명확히 하여 법적 분쟁을 예방하기 위하여 우리 민법이 채택한 것이다.

참고로 '§812①'은 '제812조 제1항'이라고 읽는다.

이때 사또 자제 이도령의 나이는 이팔이요……하루는 방자 불러 말씀하되, "이 골 아름다운 곳 어드메냐? 시흥(詩興) 춘흥(春興)이 흘러 넘치니 아름다운 경치 말하여라." 방자놈 여쭈오되 "글공부 하는 도련님이 경처(景處) 찾아 부질없소."

신분과 법 앞의 평등

나이가 이팔(二八)이라는 것은 2×8=16, 즉 16세라는 의미다. 방자의 나이는 나오지 않지만 이도령보다는 많은 것으로 짐작된다. 그런데도 방자는 존대말을, 이도령은 반말을 한다. 이는 신분의 차이로, 이도령은 양반(兩班)이며, 방자는 상민(常民)이기 때문이다. 현대에 와서 이러한 신분의 차이는 없어졌다. 우리 헌법 §11①과 §11②은 "모든 국민은 법 앞에 평등하다. 누구든지 성별·종교 또는 사회적 신분에 의하여 정치적·경제적·사회적·문화적 생활의 모든 영역에 있어서 차별을 받지 아니한다. 사회적 특수계급의 제도는 인정되지 아니하며, 어떠한 형태로도 이를 창설할 수 없다."고 선언하고 있다.

도련님 이르는 말씀, "야! 말로 들어봐도 광한루, 오작교가 좋도다. 구경 가자. 방자야 나귀에 안장 지워라."

단오날 사또에게 허락을 받은 이도령이 방자를 대동하고 광한루에 구경 갔다는 것을 우리는 잘 안다. 그 다음을 보자.

이때 내아(內衙)에서 술상이 나오거늘 한 잔 먹은 후에 통인(通引 수령의 잔심부름을 하던 관리)과 방자 물려준다. 술기운이 도도하야 담배 피워 입에다 물고 이리저리 거닐 제……

성년과 미성년, 청소년

　내아는 지방관청의 안채를 말한다. 사또의 자제분이 나들이를 갔으니 식사를 준비했을 것이다. 그런데 위에서 본 것처럼 이도령은 16세다. 당시에는 문제가 안 되었겠지만, 지금이라면 음주와 흡연이 금지되는 청소년에 해당된다. 우리 민법 §4는 "사람은 19세로 성년에 이르게 된다."고 규정하였다. 즉 19세가 안 되면 미성년자라고 한다. 법률에서 말하는 나이는 모두 우리식의 '세는 나이'가 아니라 '만(滿) 나이'다. 미성년자는 혼자서 법률행위를 할 수 없다. 법률행위란 의사표시에 의하여 법적으로 변화를 가져오는 행위를 말한다. 계약을 예로 들어볼 수 있다. 노트북 컴퓨터를 팔기로 하였다고 해 보자. 팔겠다고 의사표시를 하고, 상대방은 사겠다고 의사표시를 하게 되면, 서로 권리와 의무를 나누어 가진다. 즉 파는 사람은 노트북 컴퓨터를 넘겨줘야할 의무와 대금을 받을 권리를, 사는 사람은 노트북 컴퓨터를 넘겨받을 권리와 대금을 줘야할 의무가 생기는 식이다. 그밖에 18세가 되면 공직선거법 §15에 의하여 대통령선거와 국회의원선거, 지방선거 등에서 선거권이 주어진다. 공직선거법 개정(2020) 전에는 19세였다.

　그런데 청소년보호법에 따르면 청소년은 미성년자와 약간 다른 개념이다. 즉 청소년보호법 §2에 따르면 청소년은 19세 미만의 사람이다. 그런데 같은 곳에 "만 19세가 되는 해의 1월 1일을 맞이한 사람은 제외한다."는 단서가 있다. 즉 '만 19세가 되는 해'가 되면 청소년이 아니다. 그 해 1월 1일부터 생일까지 몇 달 동안은 미성년자이지만 청소년보호법상의 금지행위, 즉 음주와 흡연을 할 수 있게 하였다. 19세면 보통 고등학교를 졸업하는 해이므로 생일에 따라서 같은 친구들인데도 주점에 들어갈 수 있는 사람과 못 들어가는 사람이 있는 혼선을 피하기 위한 규정이다. 참고로 일본은 성인이 되는 나이를 18세로 낮추었지만(2022년 4월부터 시행) 음주를 할 수 있는 연령은 20세를 유지하였다.

한편 형법 §9는 "14세 되지 아니한 자의 행위는 벌하지 아니한다."고 규정하여 형사처벌이 면제되는 형사미성년자는 14세로 하였다. 또 근로기준법 §64에 따르면 원칙적으로 15세 미만인 사람에게 근로를 시킬 수 없다. 중학교에 재학 중인 18세 미만인 사람도 마찬가지다. 다만 일정한 절차를 거쳐 예외가 인정된다.

원문에서 이도령이 술과 담배를 하는 것은 당시에는 가능했겠지만 현재의 법에 따르면 위법한 행위다. 세는 나이 16세면 현재 중학교 3학년인데 음주와 흡연은 성장을 방해하고 나중에 성인병의 원인을 제공한다는 것이 의사들의 견해이므로 법률 때문만이 아니라 의학적으로도 금지할 분명한 이유가 있다. 아무튼 옛날 얘기니까 그러려니 하고 다음 장면으로 넘어가자.

이때는 오월 단옷날이렷다. 월매 딸 춘향이도 향단이 앞세우고 내려올 제,……버드나무 높은 곳에서 그네 타려 할 때, 좋은 비단 초록 장옷, 남색 명주 홑치마 훨훨 벗어 걸어 두고, 자주색 비단 꽃

신을 썩썩 벗어 던져두고, 흰 비단 새 속옷 턱밑에 훨씬 추켜올리고, 삼껍질 그넷줄을 섬섬옥수 넌지시 들어 두 손에 갈라 잡고, 흰 비단 버선 두 발길로 훌쩍 올라 발 구른다.

풍기문란

  영화에서는 멋진 장면이고 춘향전에서 필수적인 장면이지만 혹시 풍기문란이 아닐까? 더구나 조선시대에. 형법 §245는 "공연히 음란한 행위를 한 자는 1년 이하의 징역, 500만 원 이하의 벌금, 구류 또는 과료(科料)에 처한다."고 규정하고 있다. 춘향이 자태가 음란행위에 해당될 정도는 아니다. 대신 경범죄처벌법 §3① 제33호는 "여러 사람의 눈에 뜨이는 곳에서 공공연하게 알몸을 지나치게 내놓거나 가려야 할 곳을 내놓아 다른 사람에게 부끄러운 느낌이나 불쾌감을 준 사람"을 과다노출이라 하여 10만 원 이하의 벌금, 구류 또는 과료의 형으로 처벌할 수 있다고 하였다. 하지만 속옷만 입고 있다고 해도 고쟁이 같은 것이므로, 당시에는 문제가 될 소지가 있었겠지만 현대에는 이 정도 노출을 경범죄처벌법 상으로도 처벌하기는 어렵다.

  통인이 아뢰되, "저 아이의 어미는 기생이오나 춘향이는 도도하여 기생구실 마다하고 온갖 꽃이며 풀이며 글자도 생각하고, 여자의 재질이며 문장을 겸비하여 예사 처자와 다름이 없나이다." 도령이 허허 웃고 방자를 불러 분부하되, "들은즉 기생의 딸이라니 급히 가 불러오라." 방자가 분부 듣고 춘향이 부르러 건너갈 때 파랑새같이 이리저리 건너가서 "여봐라, 이 애 춘향아!"

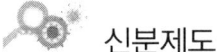 신분제도

앞서 본 것처럼 현대국가에서는 신분상의 차이는 철폐되었다. 그러나 당시는 신분사회였다. 신분이라는 것은 당연히 세습되는 것이다. 그러니까 기생의 딸은 당연히 기생, 또는 그에 준하는 신분을 갖게 되는 것이다. 아버지는 성참판이니까 양반이 되는 것 아닌가? 아니다. 양반과 상민이 결혼해서 아이를 낳으면 상민이 된다. 세종과 성종시대에 실시된 노비종모법(奴婢從母法)을 참고하자. 정실부인(본부인)이 있다면 서자(庶子)가 되는데 서자는 양반이 아니다. 뒤에서 설명하는 홍길동전에 그 내용이 잘 나온다. 아무튼 춘향은 기생으로 취급되고 기생은 양반이 아니다. 그러니까 방자가 춘향에게 반말을 하는 것이다. 이에 춘향이는 화를 내고 집으로 돌아가 버린다. 몸이 단 몽룡이 방자를 춘향이 집으로 보내어 사과하고 기생으로가 아니라 글을 잘 한다고 하니 교류를 하자는 취지를 전하다. 소설속에서 남녀 주인공은 맺어지기 마련이라 춘향이가 초대에 응하여 드디어 몽룡과 춘향이 만나게 되는 것이다.

춘향의 고운 태도 단정하다. 별로 꾸민 것도 없는 천연한 절대가인이라. 아름다운 얼굴을 대하니 구름 사이 명월이요, 붉은 입술

반쯤 여니 강 가운데 핀 연꽃이로다. 이 때 춘향이 추파(秋波 이성의 관심을 끌기 위하여 은근히 보내는 눈길)를 잠깐 들어 이도령을 살펴보니 천하의 호걸이요 세상의 기이한 남자라.

"옛 성현도 같은 성끼리는 혼인하지 않는다 했으니 네 성은 무엇이며 나이는 몇 살이뇨?"

"성은 성(成)가옵고 나이는 십육 세로소이다."

"허허 그 말 반갑도다. 네 연세 들어보니 나와 동갑인 이팔이라. 성씨를 들어보니 하늘이 정한 인연일시 분명하다. 혼인하여 좋은 연분 만들어 평생 같이 즐겨보자."

춘향이 고운 음성으로 여쭈오되,

"충신은 두 임금을 섬기지 않고 열녀는 지아비를 바꾸지 않는다고 옛글에 일렀으니, 도련님은 귀공자요 소녀는 천한 계집이라. 한 번 정을 맡긴 연후에 바로 버리시면 일편단심 이내 마음 독수공방 홀로 누워 우는 한(恨)은 이내 신세 내 아니면 누구일꼬? 그런 분부 마옵소서."

 동성동본

우리의 두 주인공 첫눈에 서로 반했다. 이도령이 춘향이를 보자마자 프로포즈를 한다. 그런데 여기서 성(姓)을 확인하는 장면이 나오는데 동성동본은 결혼하지 않던 당시의 풍습 때문이다. 이는 근친혼을 금지하기 위한 것이었다. 근친혼은 열성인자의 중복을 가져와 유전병이 발현하도록 하는 폐단이 있어서 금지하는 것이므로 생물학적으로 의미가 있다. 그러나 단순히 동

성동본 금혼은 세대가 조금만 내려가도 의미가 없어진다. 왜냐하면 아버지의 성을 계속 따라하다 보면 10대만 흘러가도 '2의 10제곱분의 1'밖에 혈통이 동일하지 않기 때문이다. 우리나라는 고려 초기부터 근친혼을 금지하여 1058년(문종 12), 1085년(선종 2), 1096년(숙종 1) 1134년(인종 16) 등 여러 차례 4촌 이내의 혼인을 금지하기도 하고 또 해제하기도 하였다. 그러다가 동성불혼이 확립된 때는 유학을 국시(國是 국가 이념이나 국가 정책의 기본 방침)로 하는 조선시대이다. 조선시대 일반형사법으로 적용되었던 「대명률(大明律)」에서 동성혼과 근친혼을 금하였고, 이에 따라 조선 전기부터 동성혼이 사라진 것으로 보인다. 1958년 제정된 민법에도 동성동본 금혼 조항이 있었다. 그러다가 1997년 7월 16일 헌법재판소에서 이 규정에 대해 헌법불합치 결정을 내려 효력을 중지시켰고, 2005년 3월 2일 국회에서 민법 개정안을 의결함으로써 최종 폐지되었다. 현재의 민법은 8촌 이내의 혈족, 6촌 이내의 인척 사이에서의 혼인을 금지하여 근친혼에 대한 금지만 규정하고 있다(민법 §809).

우리의 두 주인공이 성은 다르므로 동성동본문제는 원래 없었다. 그 다음 살펴볼 문제는 나이인데, 둘 다 16세다. 요즘으로 치면 중학교 3학년이다. 지금이라면 매우 어색한 상황이다. 서로 좋아할 수는 있지만 결혼을 논할 수는 없다. 왜냐하면 민법 §807는 "만 18세가 된 사람은 혼인할 수 있다."고 규정하여 18세 미만은 법적으로 결혼할 수 없기 때문이다. 춘향이와 몽룡의 나이 16세는 우리식 나이, 즉 '세는 나이'이므로 만으로는 14세

또는 15세이다. 당연히 법적으로 결혼할 수 없는 나이이다. 참고로 위에서 본 대로 19세가 되어야 성인이 되고, 성인이 되면 적어도 법적으로는 부모의 허락 없이 결혼할 수 있다. 그러므로 18세에 결혼을 하려면 부모의 동의를 얻어야 법적으로 결혼할 수 있다. 부모 중 한쪽이 동의권을 행사할 수 없을 때에는 다른 한쪽의 동의를 받아야 하고, 부모가 모두 동의권을 행사할 수 없을 때에는 미성년후견인의 동의를 받아야 한다. 후견인이란 부모가 친권을 행사하지 못하는 경우 법원에 의하여 승인되어 부모의 역할을 하는 사람이다. 그런데 아버지와 어머니가 다른 의견을 가진 경우는 어떻게 될까? 민법 §909②은 "친권은 부모가 혼인중인 때에는 부모가 공동으로 이를 행사한다. 그러나 부모의 의견이 일치하지 아니하는 경우에는 당사자의 청구에 의하여 가정법원이 이를 정한다."라고 하여 법원이 정하도록 하고 있다. 실제로 이런 일로 법원으로 가는 경우는 별로 없지만 법은 만약의 경우에도 해결할 수 있는 방안을 마련해 놓고 있어야 하므로 필요한 규정이다.

아무튼 현재라면 있을 수 없는 일이지만 당시에는 조혼(早婚)이 당연하였으므로 첫눈에 반한 몽룡이 춘향에게 청혼을 한다. 그런데 춘향은 천성적으로 밀당에 능한지는 모르겠으나 일단 청혼을 거절한다. 다음 구절을 보면 밀당(밀고 당기기)이라 한 이유를 알게 된다.

이도령 하는 말이 "네 말을 들어보니 어찌 아니 기특하랴. 우리 둘이 인연 맺을 적에 금석(金石) 같은 맹세 하리라. 네 집이 어드메냐?"

춘향이 여쭈오되, "방자 불러 물으소서."

이도령 허허 웃고 "내 너더러 묻는 일일 허황하다. 방자야! 춘향의 집을 네 일러라."

방자가 일러주니 도련님 이르는 말이,

"집이 정결하고 송죽이 울창하니 여자의 정절을 가히 알리로다."

춘향이 일어나며 부끄러이 여쭈오되,

"세상인심 고약하니 그만 놀고 가야겠소."

도련님 그 말 듣고,

"기특하다. 오늘 밤 퇴령 후에 너의 집에 갈 것이니 괄시나 부디 마라."

춘향이 대답하되 "나는 몰라요."

 의사표시

여기서 이몽룡의 프로포즈에 춘향이는 "그런 분부 마옵소서." 집이 어디냐는 질문에 "방자 불러 물으소서." 집으로 찾아가겠다는 말에 "나는 몰라요."라고 대답하였다. 문자적으로 이해하면 다 거절하거나 피한 것이 된다. 그러나 남녀 사이에 이런 정도의 표현은 긍정이라고 생각할 수 있겠다. 민법 §107①은 '진의(眞意) 아닌 의사표시'를 규정하고 있는데, "의사표시는 표의자가 진의 아님을 알고 한 것이라도 그 효력이 있다. 그러나 상대방이 표의자의 진의 아님을 알았거나 이를 알 수 있었을 경우에는 무효로

한다."고 규정하였다. 즉 민법에 따르면 춘향이가 거절의 뜻으로 얘기한 것은 속으로는 프러포즈를 받아들인다고 생각하면서 말했다고 하더라도 법적으로는 거절이라는 의미다. 다만 이몽룡이 춘향이의 진심, 즉 프러포즈를 받아들인다는 것을 알았거나 알 수 있었다면 거절의 의사표시는 무효이고 긍정의 효력이 있다는 것이다. 이몽룡이 그날 밤 춘향의 집에 가서 만나는 과정을 보면 이몽룡도 춘향이 못지않은 '선수'라서 당연히 춘향의 속마음인 긍정의 의사를 알았거나 알 수 있었던 때에 해당된다고 할 수 있다. 참고로 민법 §107②은 "전항의 의사표시의 무효는 선의의 제삼자에게 대항하지 못한다."라고 규정하였다. 이는 춘향의 진심을 알 수 없었던 제3자에게는 효력이 없다는 의미다. 만약 변사또가 옆에서 춘향이와 이몽룡의 대화를 듣고 있었는데 춘향의 진심을 정말 몰랐다면, 춘향이와 이 도령이 결혼하기로 한 것을 인정하지 않을 수 있다는 의미이다. 법률용어의 '선의(善意)'는 '착한 또는 좋은 의도로'라는 의미가 아니라, '어떤 사정을 모르고서'라는 의미다. 반대로 '악의(惡意)'는 '어떤 사정을 알고서'라는 의미이다. 우리가 일상에서 쓰는 의미랑 전혀 다르게 쓰인다는 점을 주의해야 한다. '제3자'라는 말도 일상용어로는 '당사자가 아닌 아무 이해관계가 없는 사람'을 의미하지만, 법적으로는 이런 사람은 정말 아무 사람도 아니다. 대신 '제3자'는 '당사자는 아니지만 이해관계가 있는 사람'을 의미한다.

집에 돌아온 이도령이 공부도 대충대충하고 종일 춘향이 생각만

하다가 사또 퇴청하니 곧바로 방자를 데리고 춘향이 집으로 갔다. 이도령이 춘향이 모친, 즉 월매를 보고
"춘향이 어미라지? 평안한가?" 라고 하자
"예 겨우 지내옵니다. 오실 줄 몰라 제대로 영접을 못하오니다."
"그럴 리가 있나."
도련님 반만 웃고 춘향더러 묻는 말이,
"피곤하지 않으며 밥이나 잘 먹었냐?"
춘향이 부끄러워 대답하지 못하고 묵묵히 서 있거늘, 춘향 어미가 먼저 당에 올라 도련님을 자리로 모신 후에 차를 들어 권하고 담배 붙여 올리니 이도령이 받아 물고 앉는다.

　당시의 신분의 차이로 이몽룡이 춘향이 모친, 즉 장모가 될 분한테 반말을 하는 것과 미성년자가 담배를 자연스럽게 피워 무는 장면에 대해서는 앞서 설명한 바 있다. 그 다음 대화를 엿들어 보자.

춘향 어미 여쭈오되,
"귀중하신 도련님이 천한 곳을 방문하시니 황공 감격하옵니다."
도련님, 그 말 한 마디에 말구멍이 열리었지.
"그럴 리가 있는가. 우연히 광한루에서 춘향을 잠깐 보고 안타깝게도 그냥 보내었지. 꽃을 탐하는 나비와 벌의 취한 마음, 오늘 밤에 오는 뜻은 춘향 어미 보러 왔거니와 자네 딸 춘향과 백년언약을 맺고자 하니 자네 마음이 어떠한가?"

춘향 어미 여쭈오되,

"말씀은 황송하오나 들어보오. 자하골 성참판 영감이 남원에 임시로 내려왔을 때 수청을 들라 하옵기로 관장(官長)의 명을 못 어기어 모셨지요. 석 달 만에 올라가신 후로 뜻밖에 잉태하여 낳은 게 저것이라. 그 사실을 편지로 전하니 젖줄 떨어지면 데려 가련다 하시더니 그 양반이 불행하여 세상을 버리셨소. 결국 보내질 못하고 저것을 길러냈소. 집안이 가난하니 재상집은 당치 않고, 사대부는 높고, 서인(庶人)은 낮아, 다 마땅하지 않아 혼인이 늦어가기에 밤낮으로 걱정이오. 도련님 말씀은 춘향과 혼인을 기약한단 말씀이오나 그런 말씀 마시고 노시다 가옵소서."

 간통죄의 폐지, 재산상속

우선 월매와 성참판의 관계에 대하여 살펴보자. 월매의 말에 나타나 있지 않지만 성참판은 부인이 있었을 것이다. 당시에는 당연한 사회였으나 현재라면 형법상 간통죄에 해당된다. 형법 §241①은 "배우자 있는 자가 간통한 때에는 2년 이하의 징역에 처한다. 그와 상간(相姦)한 자도 같다."고 규정하고 있었으므로 월매와 성참판은 간통죄로 처벌된다. 간통죄는 배우자의 고소가 있어야 처벌하는 친고죄(親告罪)였고(형법 §241②), 고소를 하기 위해서는 이혼이 되었거나 이혼소송을 제기한 상태라야 가능하였다(형사소송법 §229①). 따라서 성참판의 부인이 성참판과 월매를 간통죄로 고소하려면 이미 이혼했거나 이혼소송을 제기한 후에야 가능하다. 부부간에 고소하여 징역을 살게 하면서 정상적인 부부관계가 유지되는 것이 불가능하다고 본 규정이다.

그러나 '있었다.'고 설명한 것은 지금은 없어진 조항들이라는 의미다. 간통죄 조항은 헌법재판소의 위헌결정(헌재 2015.2.26, 2009헌바17등)으로 없어졌으므로 현재 형사적 처벌은 없다. 형사적 처벌이 없다고 위법한 행위가 아니라는 것은 아니다. 민사상 손해배상의 책임이 있으며, 민법(가족법)상 이혼사유에 해당되고, 이혼 시 위자료를 지급해야 하는 등 불이익이 있다.

'헌재 2015.2.26, 2009헌바17등'은 헌법재판소 판례이고, 2015.2.26. 선고한 사건이고, 2009년 위헌소원심판으로 17번째 접수한 사건이라는 의미다. '등'은 사건이 하나가 아니고 동일한 내용의 여러 사건을 함께 재판(병합사건)했다는 의미다.

참판이었으니 나름대로 재산도 있었을 것이다. 그 경우 춘향이는 상속인이 되어 재산을 물려받을 수 있다. 얼마나 물려받을 수 있는지는 다은 상속인이 또 누가 있는지와 몇 명이 있는지에 따라 달라진다. 즉 민법 §1000 이하에 따르면 임의로 재산을 물려주는 방법과 법에 정한 대로 나누어주는 방식의 두 가지가 있다. 유언에 의하여 임의로 한 사람에게 다 나누어준다 해도 배우자와 자식들은 법에 따라 받을 수 있는 자기 상속분의 반(2분의 1)을 받을 수 있다. 이를 유류분제도라 한다. 법정 상속분에서 배우자와 자식이 있는 경우 배우자는 50%를 더 받을 수 있다. 자식들은 똑같이 나누어 가진다. 자식이 없는 경우 죽은 사람의 배우자와 부모가 상속을 받는다. 부모나 자식이 없는 경우 형제자매가 상속을 받는다. 죽은 시점에 태어나지 않은 태아가 있었다면 태어난 것으로 보아 상속을 받게 된다. 춘향이의 경우 이미 태어난 후에 성참판이 죽었으니 여기에 해당하지는 않는다.

월매의 이 말이 참말이 아니라. 이도령이 춘향을 얻는다 하니 앞날이 어찌 될지 몰라 걱정하여 하는 말이었다.
이도령 기가 막혀,
"좋은 일에는 마장이 들기 쉬운 격일세. 춘향도 미혼이요 나도 장가들기 전이라. 피차 언약이 이러하고 정식 혼인은 못 할망정 양반의 자식이 한 입으로 두말 할 리 있나."
춘향 어미 하는 말이,
"도련님은 욕심 부려 인연을 맺었다가 장가들기 전에, 도련님이 부모 몰래 깊은 사랑 금석(金石)같이 맺었다가 소문 무서워 버리시면, 옥 같은 내 딸 신세는 고운 진주구슬 꿰는 구멍이 깨어진 듯, 청강(淸江)에 놀던 원앙새가 짝 하나를 잃은 듯, 어찌 내 딸 같을쏜가. 도련님 속마음이 이와 같다면 깊이 헤아려 행하소서."
이도령이 더욱 답답하여,
"그것은 다 걱정하지 마소. 내 마음 헤아리니 특별 간절 굳은 마음이 흉중에 가득하니, 신세는 다를망정 저와 내가 평생 기약 맺을 적에 정식 절차 아니 밟은들 바다같이 깊은 마음 춘향이 사정 모를쏜가. 내 저를 조강지처같이 여길 테니 내 부모 때문에 염려 말고 장가들기 전이라고 염려 마소. 대장부가 먹은 마음 박대하는 행실 있을쏜가. 허락만 하여주소."

춘향 어미 이 말을 듣고 연분인 줄 짐작하고 흔연히 허락하며,
"향단아 술상 대령하였느냐?" 하니,
향단이 "예."하고 술상을 차려온다.

 약혼

　이몽룡과 춘향 어미의 대화를 보면 정식 결혼을 하자는 것은 아니다. 당시는 일부다처제가 당연히 허용되는 사회였고, 이몽룡과 춘향이 둘 사이에는 신분의 차이가 있었으므로 이른바 소실(小室, 첩)도 받아들인다는 약속이 이루어진 것이다. 현재의 결혼과는 다른 것이다. 위에서 본 것처럼 우리 민법은 일부일처제가 아니면 허용되지 않으며, 중혼죄나 간통죄에 해당된다. 이몽룡과 춘향이 현대라면 이는 약혼이나 혼인하는 과정이 되겠다. 약혼은 장래 혼인을 하겠다는 약속이며, 혼인(결혼)은 둘이 부부가 되겠다는 약속이다. 약혼의 경우 강제이행을 할 수 없으므로(민법 §803) 약혼을 하고나서 혼인하지 않으면 손해배상의 책임이 있을 뿐이다(민법 §806). 약혼이나 혼인은 당사자 사이의 의사의 합치가 요건이다. 다만 혼인의 경우 혼인에 법적 효력이 생기기 위해서는 「가족관계의 등록 등에 관한 법률」에 정한 바에 의하여 신고하여야 한다(민법 §812). 일반적으로 우리는 결혼식을 하여야 결혼한 것으로 생각하지만(의식혼) 법적으로는 신고를 해야 한다(법률혼). 춘향전에서는 춘향이를 대신하여 그 모친이 허락을 하였는데 이것도 당시의 관행이다. 특히 당시는

어린 나이에 결혼하는 조혼이 당연하였으므로 부모가 대신 결혼을 결정하고 진행하는 것이 당연시되었다.

그 후 이도령과 춘향은……이팔과 이팔 둘이 만나 미친 마음 세월 가는 줄 모르던가 보더라.

영상물 심의

지금 보고 있는 춘향전이 영화라고 한다면 생략된 부분은 '19금' 부분이다. 미성년자 관람불가인지 아닌지는 영상물등급위원회에서 심의한다. 1966년 1월 건전한 공연 풍토를 조성하기 위한 목적으로 한국예술문화윤리위원회가 발족된 이래 1976년 5월 한국공연윤리위원회, 1986년 2월 공연윤리위원회, 1997년 한국공연예술진흥협의회를 거쳐 1999년 6월 지금의 영상물등급위원회로 그 명칭이 변경되었다. 심의대상은 영화·비디오·공연물 등이다. 영상물등급위원회는 각 분야별 전문인으로 위촉되는 9명의 위원으로 구성된다. 문화체육관광부 산하의 특수법인이며, 2013년 서울에서 부산으로 이전하였다. 한편 2006년 게임산업진흥법의 개정에 따라 게임물관리위원회가 별도로 구성되어 컴퓨터·비디오게임에 대한 심의를 하고 있다. 또 텔레비전 프로그램에 대하여는 방송통신심의위원회에서 심의하고 있다. 이 책을 비롯하여 책에 대하여 사전심의하는 제도는 없다. 이러한 심의제도들은 사전심의를 말하지만 원칙적으로 자율적 심의이므로 헌법상 허용된다고 할 수 있다. 헌법 §21②은 "언론·출판에 대한 허가나 검열과 집회·결사에 대한 허가는 인정되지 아니한다."고 하고 있다. 사전심의를 통하여 기준에 어긋나는 경우 언론보도나 출판을 금지하게 되므로 허가제가 될 수밖에 없고 따라서 사전심의나 허가제는 언론의 자유를 침해하게 되어 위헌이다. 다만 현행 제도들은 국가기관이 아닌 민간단체의 자율적 심의 형식을 취하고 있고, 등급을 매길 뿐 공연이나 언론보도를 원천적으로 금지하는 것이 아니므로 위헌은 아니라고 할 것이다. 구체적으로는 많은 문제와 논란이 제기되고 있으나 자세한 설명은 생략한다.

2. 이몽룡과 춘향이 이별하다

"사또께옵서 동부승지가 되셨단다."
춘향이 좋아하여, "댁의 경사요, 그런데 왜 운단 말이오?"
"너를 버리고 갈 터이니 내 아니 답답하냐."
"언제는 남원 땅에서 평생 사실 줄로 알았겠소. 나와 어찌 함께 가기를 바라리오. 도련님 먼저 올라가시면 나는 여기서 팔 것 팔고 추후에 올라갈 것이니 아무 걱정 마시오. 내 말대로 하면 궁색하지 않고 좋을 것이요. 내가 올라가더라도 도련님 큰댁으로 가서 살 수 없을 것이니 큰댁 가까이 방이나 두엇 되는 조그마한 집이면 족하오니 염탐하여 사 두소서. 우리 식구가 가더라도 공밥 먹지는 아니할 터이니 그렁저렁 지내다가, 도련님 나만 믿고 장가 아니 갈 수 있소? 부귀공명 재상가 요조숙녀를 가리어서 혼인할지라도 아주 잊지는 마옵소서. 도련님 과거 급제하여 벼슬 높아 임지로 떠나가서 신임 관리로 행차할 때 마마로 내세우면 무슨 말이 되오리까? 그리 알아 조처하오."

"그게 이를 말이냐. 사정이 그렇기로 네 얘기를 아버님께는 못 여쭈고 어머님께 여쭈오니 꾸중이 대단하시더라. 양반 자식이 부형 따라 지방에 왔다가 기생집에서 첩을 만나 데려가면 앞날에도 좋지 않고 조정에 들어 벼슬도 못한다더구나. 불가불 이별이 될밖에 별 수 없다."……

 파혼과 이혼

앞서 설명한 대로 이몽룡과 춘향이는 애초에 정식 결혼을 하려고 한 것은 아니라는 것이 분명해진다. 당시의 사회에서는 있을 수 있는 일이니까 넘어가자. 춘향이는 그렇게라도 함께 하는 것을 감수한다는 것인데, 이몽룡은 겁쟁이 마마보이인지라 그마저도 평판에 지장이 있어 출세가 어려우니 그만 이별하자고 하는 장면이다. 현대로 치면 파혼을 통보하는 것인데, 이미 결혼한 상태라면 이혼을 통보하는 것이다. 법률상 재산관계에서는 의무를 다하지 않으면 강제집행을 하게 된다. 예컨대 돈을 꾸고 갚을 능력이 있는데도 갚지 않으면 법원의 재판을 거쳐 강제로 갚게 만드는 것이 민법과 민사집행법이다. 그런데 이몽룡과 춘향

의 경우 재산관계가 아니라 가족관계로 볼 수 있어서 강제로 결혼을 시키거나 혼인상태를 유지하게 할 수는 없는 노릇이다. 다만 잘 잘못을 따져서 손해배상을 해 주어야 할 뿐이다. 우리나라의 경우 이혼은 두 가지로 나뉘는데 협의이혼(민법 §834 이하)과 재판상 이혼(민법 §840 이하)이 있다. 재판상 이혼이란 부부간에 이혼하려는 합의가 없더라도 혼인을 계속할 수 없는 사정이 생겼을 때 상대방이 법원에 재판을 청구하여 강제로 이혼하는 절차이다. 민법 §840에 따르면 배우자가 부정한 행위를 했거나, 배우자를 의도적으로 버려둔 때, 배우자 또는 그 부모로부터 심히 부당한 대우를 받았을 때, 자기의 부모가 배우자로부터 심히 부당한 대우를 받았을 때, 배우자의 생사가 3년 이상 분명하지 아니한 때, 기타 혼인을 계속하기 어려운 중대한 사유가 있을 때에 재판상 이혼이 가능하다. 구체적인 사유는 법원이 판단하게 된다. 그런데 이혼할 때 위자료(慰藉料)는 누가 주어야 할까? 보통 영화나 드라마에서는 남자가 여자에게 주는 것으로 나오는데, 일반적으로 남녀관계에서 남자가 악역이라는 인식이 반영된 결과일 뿐이다. 재판상 이혼의 경우 남녀불문하고 이혼의 책임이 있는 사람이 상대방에게 위자료를 주어야 한다. 협의이혼인 경우 위자료도 협의에 의한다. 위자료는 정신적 피해를 배상하는 것을 말한다.

춘향이 그 말 듣고 도련님을 물끄러미 바라보더니,
"어머니, 도련님 너무 조르지 마소. 우리 모녀 평생 신세 도련님 손에 달렸으니 알아서 하라고 당부나 하오. 이번은 아마도 이별할밖에 수가 없네. 이왕에 이별이 될 바에는 가시는 도련님을 왜 조르리까마는 우선 갑갑하여 그러하지. 내 팔자야."

"춘향아 울지 마라. 나 올라간 뒤에라도 푸른 하늘에 달이 밝거든 그런 그리움일랑 부디 말아라. 너를 두고 가는 내가 하루를 고루 나누어 열두 시간을 쪼갠들 어찌 무심하랴. 울지 마라 울지 마라. 네가 나를 보려거든 설워 말고 잘 있거라."

이 때 하인이 와서 이도령을 모셔간다. 말을 타고 하직하니 춘향이 기가 막혀 하는 말이, "우리 도련님이 '가네 가네' 하여도 거짓말로 알았더니 말 타고 돌아서니 참으로 가는구나."

 부부의 권리와 의무

이도령과 춘향이가 어렵사리 이별하고 헤어졌다. 완전히 이혼할 의사가 있었던 것은 아니고 잠시 떨어져 있을 것이며, 다시 만날 것을 기약하였다. 여기서 혼인한 경우 부부간의 권리와 의무에 대하여 알아보자. 민법 §826에 따르면 부부는 동거하며 서로 부양하고 협조하여야 한다. 동거장소는 부부의 협의에 따라 정하되 협의가 이루어지지 않는 경우 당사자의 청구에 의하여 가정법원이 정하여 준다. 그런데 정당한 이유로 일시적으로 동거하지 않는 경우 서로 인정해 주어야 한다. 이도령의 한양 이주는 여러 가지 상황을 고려할 때 불가피한 사유가 있어서 춘향이가 인정해주어야 한다고 할 수 있겠다. 다만 현대의 부부와는 다른 상황이므로 정확한 판단은 어렵다.

또한 부부는 일상의 가사(家事)에 대하여 대리권이 있다(민법 §827). 즉 의식주 등 일상적인 일이라면 서로 대리할 수 있고, 그에 대하여 책임이 있다. 이를 일상가사대리권이라 한다. 예를 들어 부인이 슈퍼에서 쌀을 외상으로 사왔다면 남편이 갚아야 할 의무가 있다. 반면에 일상가사가 아닌 경우, 예컨대 부인이 남편과는 별도로 사업을 하다가 외상으로 납품을 받은 경우라면 남편이 갚아야 할 의무(채무)가 없다. 함께 사는 부부의 경우 생활비는 누가 내야 할까? 특별히 약속한 것이 없다면 공동으로 부담하여야 한다(민법 §833). 요즘 젊은이들은 대부분 맞벌이고 생활비를 나누어 부담하는 사람이 많다고 한다. 법과 현실이 잘 부합하는 사례이다.

혼인하는 경우 재산은 어떻게 관리하게 될까? 특별한 약속이 있으면 그에 따르되, 부부 중 한 사람이 혼인 전부터 가지고 있던 재산과 혼인한 후 자기 명의로 취득한 재산은 특유재산으로 한다. 부부 중 누구에게 속한 것인지 분명하지 않은 것은 공유로 추정한다(민법 §829 §830). 이를 부부별산제(夫婦別産制)라고 한다. 부부간에 재산관리에 대하여 문서로 계약하는 사례는 재벌가나 유명 연예인들에게서 들어볼 수 있다.

3. 변학도의 부임과 춘향이의 수청거부

이 때 몇 달 만에 신관 사또가 부임하니 자하골 변학도라 하는 양반이라. 문필도 볼 만하고 인물 풍채 활달하고 풍류에도 통달하였다. 다만 하나 흠이 있다면 성격이 괴팍한 중에 가끔씩 미친 듯이 날뛰는 증상을 겸하여 혹 실덕(失德)하고 잘못 처결하는 일이 간간이 있는 것이라. 세상에 그를 아는 사람은 다 고집불통이라 하였다.

부하 관리들이 사또를 맞이하러 간다.

"부하 관리들 대령이오."

"이방이오."

"감상(음식점검하는 관리)이오."

"수배(하급관리 중 으뜸)요."

"이방 부르라."

"이방이오."

"그 사이 너희 고을에 일이나 없느냐?"

"예. 아직 무고합니다."

"네 고을 관청 노비들이 삼남에서 제일이라지?"

"예 부림직하옵니다."

"또 네 고을에 춘향이란 계집이 매우 예쁘다지?"

"예"

"잘 있냐?"

"무고하옵니다."

갈 길을 재촉하여 드디어 전주에 도착하여 임금의 명령을 읽는 의식을 거행하였다. 만마관, 노구바위를 넘어 임실을 지나 임지(任地)에 도착하였다. 광한루에 진을 치고 옷을 갈아입고, 임금 명을 선포하러 가마 타고 객사로 들어갔다. 백성에게 엄숙하게 보이려고 눈을 부리나케 뜨고 동헌에 자리 잡고 도임(到任 지방관리가 근무지에 도착함)을 축하하는 상을 받아 잡순 후에, 행수(아전들의 우두머리)와 군관, 육방의 관리들 인사를 받았다. 이윽고 사또가 분부하되,

"수노(관청노비의 우두머리) 불러 기생 점고(점을 찍어가며 수를 헤아리는 것) 하라."

호장이 분부 듣고 기생 명부 들여 놓고 차례로 호명을 하면서 점고를 하였다.

 군수와 공무원

사또는 고을의 원(員), 즉 원님을 높여 부르는 말이다. 남원은 통일신라시대에 5소경의 하나인 남원경이었다. 조선 태종 때 남원 도호부가 되어 1부 1군 9현(담양·곡성·창평·구례·순창·임실·무주·진안·장수 등)을 관할하였다. 1895년 23부제를 할 때 전라도를 전주부, 남원부, 나주부로 나눌 만큼 큰 고을이었다. 그렇다면 남원고을 사또는 지금으로 치면 군수보다는 높고 도지사 보다는 낮은 정도의 지위라고 하겠다. 변사또가 부임하여 취임식을 거행하고 집무를 시작하는 장면이다. 여기서 육

방(六房 지방 관아에 둔 여섯 부서. 이방[吏房], 호방[戶房], 예방[禮房], 병방[兵房], 형방[刑房], 공방[工房])의 관리들과 군관들의 인사를 받는 장면을 보자. 현재도 도나 시·군에 국가직 공무원 또는 상급자치단체에 소속되었거나 파견된 공무원이 있고, 지방직 공무원이 있어서 당시와 비슷한 것으로 생각된다. 즉 사또는 국가직 공무원으로 서울(자하골)에서 내려왔고, 다른 직책들은 현지 출신으로 계속 직무를 수행하는 사람들이다.

공무원은 국가공무원과 지방공무원으로 나뉜다. 근거 법률도 국가공무원법과 지방공무원법이 별도로 있다. 공무원은 여러 가지 기준에 따라 나누어 볼 수 있는데, 업무의 성격과 신분보장 정도에 따라 경력직 공무원과 특수경력직 공무원으로 나뉜다. 경력직 공무원은 실적과 자격에 따라 임용되고 신분이 보장되는 보통의 공무원으로 정년까지 공무원으로 근무할 수 있다. 일반직 공무원과 특정직 공무원이 여기에 속한다. 특정직 공무원은 특정 분야의 업무만 수행하는 공무원으로 외무공무원, 사법공무원, 군인과 군무원, 경찰공무원, 소방공무원, 교육공무원 등을 말한다. 또 경력직 이외의 공무원을 특수경력직 공무원이라고 하는데 여기에는 정무직 공무원과 별정직 공무원이 있다(국가공무원법 §2 참조).

예쁘고 고운 기생 그 중에 많건마는 사또께옵서는 원래부터 춘향의 소문을 높이 들었는지라. 아무리 들으시되 춘향이 이름이 없는지라. 사또가 수노를 불러 묻는 말이,

"기생 점고 다 되어도 춘향은 안 부르니 퇴기냐?"

수노 여쭈오되,

"춘향 어미는 기생이되 춘향은 기생이 아닙니다."

사또 묻기를,

"춘향이가 기생이 아니면 어찌 규중에 있는 아이 이름이 그리 유명한가?"

수노 여쭈오되,

"원래 기생의 딸이옵죠. 덕색(德色)이 있는 까닭에 권문세족 양반네와 일등재사 한량들과 내려오신 관리마다 구경코자 간청하지만 춘향 모녀 거절하옵니다. 양반 상하 막론하고 한 동네 사람인 소인들도 십 년에 한 번쯤이나 얼굴을 보되 말 한 마디 없었더니, 하늘이 정한 연분인지 구관 사또 자제 이 도련님과 백년가약 맺사옵고, 도련님 가실 때에 장가든 후에 데려 가마 당부하고, 춘향이도 그렇게 알고 수절하고 있습니다."

 시민계급과 대의제

신분제도에 대해서는 앞에서 설명하였다. 여기서는 부르조아 시민계급에 대하여 알아보자. 신분제도는 동서양을 막론하고 존재하였던 제도이다. 서구에서는 신분이 구분되는 사회를 중세라 부르고 신분제도를 타파하고 '법앞의 평등'을 이룩한 시대를 근대라고 부르고 있다. 미국의 독립(1776)과 프랑스 대혁명(1789)이 유명하다. 귀족과 농노(農奴 serf)로 구분되던 중세 봉건질서를 무너뜨리고 자유와 평등을 이루어낸 이러한 혁명들을 시민혁명이라고 부른다. 영국의 경우 명예혁명(1688)이 더 앞서지만 전쟁이나 무력에 의한 급진적인 사건이 아니어서 명예혁명이라고 부른다. 여기서 시민은 지금 우리가 시(市)에 사는 사람을 부르는 시민이라는 말이 아니다. 프랑스어 부르조아(bourgeois)를 번역한 말이다. 원래의 신분은 귀족이 아니라 농노에 해당되지만 자본주의가 발달함에 따라 자본을 갖게 된 자본가 계급을 말한다. 중세 봉건시대에서는 농노는 자유가 없었다. 특히 직업의 자유가 없고 거주이전의 자유가 없었다. 아버지의 직업을 이어받는 것이 유일한 교육이고 직업선택이었다. 거주이전의 자유가 없으므로 영주의 허락이 없으면 영지(장원)를 벗어날 수 없었다. 그러던 농노들이 수공업의 발달에 힘입어 자본을 갖추게 되어 새로운 세력이 된 것이다. 그 이전에는 귀족만이 문자를 알았고 문화를 향유할 수 있었다. 하지만 이제는 이러한 시민계급도 자식을 교육시켜 문화를 향수할 수 있게 되었고, 특히 총이 발달함에 따라 귀족들이 아니면서도 전쟁수행능력을 갖추게 된 것이다. 이들이 옛 체제를 전복하고 근대민주주의를 확립하기에 이르렀다. 이들이 시민혁명을 통하여 권력을 잡고 이를 확실히 보장하기 위하여 헌법을 제정하였는데, 미국 연방헌법(1787)이 세계 최초의 성문헌법이다. 이것이 다른 말로는 근대입헌주의라고 불리는 것이다. 즉 헌법과 법에 따라서 통치가 이루어지게 되었다. 국민주권주의가 확립되었지만 국민은 다수이므로 직접 국가를 통치하기는 어려우므로 국가를 대신 운영할 사람들을 뽑아서 위임을 하게 되었다. 이 때 마음대로 통치하게 하는 것이 아니라 국민의 의사가 구체화된 헌법과 법률에 따라서 통치를 하게 하는 것이다. 이를 대의제(代議制)라고 하며, 국민을 대신해서 국가의사를 결정하는 기관을 대의기관이라고 한다. 우리나라의 경우 대통령과 국회가 여기에 해당한다.

사또가 화를 내어,
"이놈, 무식한 상놈들이 무슨 소리냐? 어떤 양반이라고 엄한 아버지가 계신데 장가도 들기 전인 도련님이 시골에서 첩을 얻어 살자 할꼬? 잔말 말고 불러 오라."
춘향을 부르란 명령에 이방과 호장이 여쭈오되,
"춘향이가 기생도 아닐 뿐 아니오라 전임 사또 자제 도련님과 맹세가 중하온데, 나이는 다르다 하지만 같은 양반이라. 춘향을 부르면 사또 체면이 손상될까 걱정하옵니다."
사또 크게 성을 내어,
"만일 춘향을 늦게 데려오면 호장 이하 각 부서 두목들을 모두 내쫓을 것이니 빨리 대령하지 못할까?"

 위법한 명령과 공물

변사또가 신분이 기생이 아닌 춘향이를 억지로 불러오라 하고 관리들은 이를 마지못해 따르는 장면이 나온다. 현대라면 어떻게 될까? 공무원은 상명하복의 의무가 있어서 상급자의 명령을 따라야 한다. 국가공무원법 §57는 "공무원은 직무를 수행할 때 소속 상관의 직무상 명령에 복종하여야 한다."고 규정하고 있다. 그러나 위법한 명령은 따를 필요가 없다. 왜냐하면 모든 공무원은 법령을 준수하며 성실히 직무를 수행하여야 하는데(**국가공무원법 §56**), 상사를 위해서 직무를 수행하는 것이 아니라 국민 전체의 봉사자로서 친절하고 공정하게 직무를 수행하여야 하기 때문이다(국가공무원법 §59). 헌법 §7①은 "공무원은 국민전체에 대한 봉사자이며, 국민에 대하여 책임을 진다." §7②은 "공무원의 신분과 정치적 중립성은 법률이 정하는 바에 의하여 보장된다."고 하여 이를 선언하고 있다.

참고로 관기(官妓)란 조선 시대에 관청에 딸려 가무(歌舞)·탄금(彈琴 가야금이나 거문고를 타는 것) 등을 하던 기생(妓生)을 말한다. 관기는 관비(관에 딸린 노비)와는 구분된다. 관기는 관에 딸려 있는 일종의 공물(公物) 취급을 하였다. 물론 현대에는 사람에 대하여 물건취급을 할 수 없으므로 '하는 일이 특이한 말단 공무원' 정도로 이해하고 넘어가자. 따라서 변사또가 기생점고를 하는 것은 있을 수 있는 일이다. 그렇다면 관기가 아닌 춘향을 억지로 데려오라고 하는 것은 위법한 일일까? 정확한 사실관계를 알기는 어려우나 일반적인 원칙으로 말하자면 기생의 딸은 수모법(隨母法), 즉 어머니를 따라가는 법에 따라 기생이 되는 것이 원칙이다. 어떤 이유로 춘향이는 기생명부에 올라 있지는 않았지만 변사또의 행동이 전혀 억지는 아니라는 얘기다.

공물(公物)에 대하여 조금 더 살펴보자. 공물은 공적 목적에 제공된 물건을 이르는 말이다. 여기에는 국가나 지방자치단체가 공무를 위해서 사용하는 공용물(公用物), 일반인에 제공된 공공용물(公共用物), 문화재와 같이 단순히 보존이 목적인 보존공물 등이 속한다. 조선시대 지방의 특산물을 임금에게 바치는 공물(貢物)과는 구분하여 기억하자. 공물(貢物)은 현대에는 금전으로 내는 것이 원칙인 세금에 해당한다.

"이리 오너라." 외치는 소리에 춘향이 깜짝 놀라 문틈으로 내다보니 사령, 군노 나왔구나.
"아차차 잊었네. 오늘이 점고하는 날이라더니 무슨 야단이 났나 보다."
춘향 모가 창문 열어 젖히며,
"허허 번수(番手 대궐에 번을 들어서 호위하던 기수)님네 이리 오소 이리 오소. 오시니 뜻밖이네. 이번 사또 맞는 길에 노독(路毒)이나 아니 나며, 사또 정체 어떠하며, 구관 사또 댁에 가 봤으며, 도련님 편지 한 장도 아니 했던가? 들어가세 들어가세."
향단이 불러, "주안상을 들여라."
취토록 먹인 후에, 궤문 열고 돈 닷 냥을 내어 놓으며,
"여러 번수님네, 가시다가 술이나 잡숫고 가옵소서. 뒷말 없게 하여 주소."
사령 등이 약주에 취해서 하는 말이,
"돈이라니 당치 않다. 우리가 돈 바라고 네게 왔냐."
말은 그렇게 하지만, "들여 놓아라. 이러면 안 되지만은, 돈이 머릿수에

맞게 다 돌아가느냐?"

 뇌물죄

춘향 모가 닷 냥을 뇌물로 바치는 장면이 나온다. 형법 §129의 수뢰죄(受賂罪)에 해당한다. 즉 공무원이 직무와 관련하여 뇌물을 받거나 요구하거나 받기로 약속하면 5년 이하의 징역에 처한다. 공무원인 사령이 여기에 해당하며, 공무원에게 뇌물을 준 춘향 모는 뇌물공여죄(형법 §133)로 5년 이하의 징역에 해당한다. 원문에서는 구체적으로 어떤 이유로 뇌물을 주는 지가 불분명하다. 즉 직무와의 관련성이 모호하다. 그러나 사실 아무 대가 없이 왜 뇌물을 주겠는가? 아마도 관청에서 나와서 이유 없이 트집을 잡아 서민을 괴롭히는 경우가 많아서 예방차원에서 주었으리라. 현재라면 직무관련성은 검사가 밝혀야 할 대목이다. 모든 종류의 소송은 소송을 제기하는 원고와 그 상대방인 피고가 있다. 재판의 종류별로 구체적 용어는 다르다. 그런데 형사소송의 경우 검사만이 원고가 될 수 있다. 국가형벌권의 원칙에서 나오는 것이다. 따라서 피고인이 죄가 있는지 여부는 검사가 주장하여 입증하여야 한다. 입증책임은 민사소송이나 형사소송이나 원고 측에게 있는 것이 원칙이다. 입증책임이란 양쪽 모두 입증하지 못할 때, 즉 증거가 서로 없을 때 누가 불이익을 받느냐를 말한다. 즉 형사소송에서 증거가 없으면 입증책임이 있는 검사에게 불이익한 결론, 즉 '피고인은 무죄'로 판결이 나

는 것이다. 그러므로 형사소송에서 무죄가 선고되었다고 하여 범인이 아니라는 의미는 아닐 수 있다. 유죄로 판단할 만큼 증거가 확보되지 않았다는 의미일 뿐이다.

이 때 행수기생(기생 중의 우두머리)이 나오며 두 손뼉 땅땅 마주치면서,
"여봐라 춘향아. 말 듣거라. 너 만한 정절은 나도 있고 너 만한 수절은 나도 있다. 정절부인 애기씨 수절부인 애기씨 조그마한 너 하나로 말미암아 육방이 소동하고, 각 부서 두목이 다 죽어난다. 어서 가자 바삐 가자." 춘향이 할 수 없어 수절하던 그 태도로 대문 밖 썩 나서며,
"사람이 한 번 죽지 두 번 죽나."

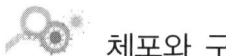 체포와 구속

춘향이를 데려오는 장면이다. 체포영장이나 구속영장이 없이 임의로 데려오는 것이니 임의동행에 해당한다고 하겠다. 우리나라도 전에는 경찰이 영장 없이 경찰서로 연행하여 조사하는 사례가 많았다. 하지만 정당한 인신구속이 아니므로 여기에 저항해도 정당한 행위라고 인정받은 판례가 나온 후부터는 이런 관행은 없어졌다. 인신의 구속에 대한 정상적인 법절차를 알아보자. 범죄의 혐의가 있는 경우 검사가 신청한 체포영장이나 구속영장에 대하여 판사가 이를 심사하여 발부하면 이를 제시하고 체포하여 연행할 수 있게 된다. 이 과정에서 영장을 발부한 판

사 이외의 다른 판사에 의하여 영장실질심사를 받을 수 있고(형사소송법 §201-2), 일단 구속영장이 발부된 후에도 구속적부심사를 신청하여 구속영장이 정당한지, 즉 불구속 상태에서 수사와 재판을 받을 수 있는지 심사를 또 받아볼 수 있다(형사소송법 §214-2). 체포된 피의자에 대하여는 48시간 내에 구속영장을 청구하여야 한다(형사소송법 §200-2). 구속된 경우 경찰관은 10일 이내에 검사에게 넘겨야 하고, 검사는 넘겨받은 때로부터 10일 이내에 공소를 제기하여야 한다(형사소송법 §202, §203). 상당한 이유가 있으면 구속기간을 1차에 한하여 10일 이내의 기간 동안 연장할 수 있다(형사소송법 §205). 이 기간들이 넘으면 석방하여야 한다. 검사와 판사의 역할 분담에 의하여 국민의 신체의 자유가 최대한 보장되고 정당하지 않은 신체의 구속을 피할 수 있게 하였다. 참고로 검사는 법무부의 외청인 검찰청 소속으로 행정부 소속인 데 비하여, 판사는 사법부인 법원 소속이다. 소속과 역할이 다르므로 "판사와 검사 중 누가 더 높은가?" 라는 질문은 우문일 뿐이다. 정답은 '키가 큰 사람'이 되겠다.

다른 예를 들어보자. 총리령과 부령은 어느 것이 높을까? 국무총리가 발하는 법규형식이 총리령, 장관이 발하는 법규형식이 부령(部令)이다. 국무총리는 장관보다 직급이 높다. 헌법 §86②은 "국무총리는 대통령을 보좌하며, 행정에 관하여 대통령의 명을 받아 행정각부를 통할한다."고 하였다. 또 정부조직법 §18①은 "국무총리는 대통령의 명을 받아 각 중앙행정기관의 장을 지휘·감독한다."고 하였고, §18②은 "국무총리는 중앙행정기관의 장의 명령이나 처분이 위법 또는 부당하다고 인정될 경우에는 대통령의 승인을 받아 이를 중지 또는 취소할 수 있다."고 규정하고 있다. 장관은 중앙행정기관의 장이지만 국무총리가 장관의 지휘·감독자이므로 직급이 더 높다고 할 수 있다. 그렇다면 당연히 총리령이 부령보다 높을까? 정답은 '그렇지 않다. 같은 등급'이다. 이유는 총리령과 부령이 규율하는 범위가 원칙적으로 겹치지 않기 때문이다. 위에서 본 판사와 검사의 관계와 마찬가지다. 부령은 각각의 부(部)의 업무에 대하여 규정한다. 반면에 총리령은 부가 아닌 법제처와 국가보훈처 등의 사무에 관하여 규율하는 것이다. 참고로 대통령령은 총리령·부령보다 높다. 국회가 만드는 법률은 이러한 것들(명령이라 함)보다 더 높다. 헌법은 법률보다 높다. 명령보다 하위에는 조례와 규칙 즉 자치법규가 있다. 지방의회가 만드는 조례는 지방자치단체장이 발하는 규칙보다 높다.

이리 비틀 저리 비틀하며 동헌에 들어가,
"춘향이 대령하였소."
사또 보시고 매우 기뻐한다.
"춘향임에 분명하다. 대청으로 오르거라."
춘향이 대청마루에 올라가 무릎을 모아 단정히 앉았을 뿐이로다.
사또 매우 기뻐 춘향더러 분부하되,
"오늘부터 몸단장 바르게 하고 수청을 거행하라."
"사또 분부 황송하나 일부종사(一夫從事) 바라오니 분부 시행 못하겠소."

사또 웃으며 말한다.

"아름답도다. 네가 진정 열녀로다. 네 정절 굳은 마음 어찌 그리 어여쁘냐. 당연한 말이로다. 그러나 이수재(李秀才 이몽룡)는 서울 사대부의 자제로서 명문귀족의 사위가 되었으니, 한순간 사랑으로 잠깐 기생질 하던 너를 조금이라도 생각하겠느냐? 네 아무리 수절한들 열녀칭찬 누가 하랴?"

"충신은 두 임금을 섬기지 않고, 열녀는 두 지아비를 섬기지 않는다고 하였소. 절개를 본받고자 하옵는데 계속 이렇게 분부하시니, 사는 것이 죽는 것만 못하오니 처분대로 하옵소서."

이때 회계 보는 생원이 나서서 하는 말이,

"사또께옵서 너를 추켜세워 하시는 말씀이지 너 같은 기생 무리에게 수절이 무엇이며 정절이 무엇인가? 구관은 전송하고 신관 사또 영접함이 법도에 당연하고 사리에도 당연커든 괴이한 말 하지 말라."

춘향이 하도 기가 막혀 천연히 앉아 고사(古事)들을 들어 길게 설명한 후에,

"사람의 첩이 되어 남편을 배반하는 것은 벼슬하는 관장님네 나라를 배반하는 것과 같사오니 처분대로 하옵소서."

사또 크게 화를 내어,

"이년 들어라. 모반과 대역하는 죄는 능지처참하고, 관장을 조롱하는 죄는 율법에 적혀 있고, 관장을 거역하는 죄는 엄한 형벌과 함께 귀양을 보내느니라. 죽는다고 설워 마라."

춘향이 악을 쓰며 하는 말이,

"유부녀 겁탈하는 것은 죄 아니고 무엇이오?"

"이년을 잡아 내려라."

 성적 자기결정권, 형의 경중

춘향이 수청을 거절하는 장면이다. 그런데 수청(守廳)은 원래 높은 벼슬아치 밑에서 심부름을 하던 일을 말하는 것인데, 여기서는 아녀자나 기생이 높은 벼슬아치에게 몸을 바쳐 시중을 들던 일을 말한다고 하겠다. 변사또가 회유와 협박을 한다. 열녀라고 칭찬하면서도 이도령이 춘향에게 돌아올 리 없다고 말해 보지만 끝내 춘향이 수청을 거절하자, 관장을 거역하는 죄는 엄한 형벌과 귀양을 보낸다고 협박한다. 헌법적으로 말하자면 변사또는 춘향이의 성적 자기결정권을 침해하고 있다고 하겠다.

수청을 들라는 변사또의 명령이 정당한 명령이라면 그에 대한 근거법률에 규정된 강제조항과 이를 위반할 경우의 강제조치(법적 제재)를 받게 될 것이다. 국가공무원법 §56는 "모든 공무원은 법령을 준수하며 성실히 직무를 수행하여야 한다."고 규정하였고, §57는 "공무원은 직무를 수행할 때 소속 상관의 직무상 명령에 복종하여야 한다."고 규정하고 있다. 그리고 이러한 의무위반에 대하여는 징계의 대상이 되거나 심한 경우 형사처벌의 대상이 될 수도 있다. 즉 춘향이가 당시 법에 따라 관기에 해당한다면 그렇다는 이야기다.

그렇지 않다면, 즉 변사또의 명령이 위법한 명령이라면 이는 형법상 직권남용죄에 해당한다. 형법 §123는 "공무원이 직권을 남용하여 사람으로 하여금 의무 없는 일을 하게 하거나 사람의 권리행사를 방해한 때에는 5년 이하의 징역, 10년 이하의 자격정지 또는 1천만 원 이하의 벌금에 처한다."고 규정하고 있다. 또 형법 §283①의 협박죄에 해당될 수도 있겠다. 다만 협박이 사회에서 인정되는 정당한 범위 내라면 형사처벌을 받지는 않는다. 즉 '수청을 들지 않으면 엄한 형벌과 귀양'이라는 내용이 당시 법률에 따라 실제로 이루어질 수 있는 것이라면 협박죄에 해당되지는 않는다. 그리고 춘향의 말대로 '유부녀 겁탈'이 이루어진다면 이는 형법상의 강간죄에 해당한다. 형법 §297는 "폭행 또는 협박으로 사람을 강간한 자는 3년 이상의 유기징역에 처한다."고 규정하고 있다. 특히 춘향이의 경우는 업무상 위력 등에 의한 간음죄에 해당할 가능성이 높다. 형법 §303①은 "업무, 고용 기타 관계로 인하여 자기의 보호 또는 감독을 받는 사람에 대하여 위계 또는 위력으로써 간음한 자는 5년 이하의 징역 또는 1천500만 원 이하의 벌금에 처한다."고 규정하고 있다. 또 형법 §303②은 "법률에 의하여 구금된 사람을 감호하는 자가 그 사람을 간음한 때에는 7년 이하의 징역에 처한다."고 규정하였다. 원문에서는 다음에 춘향이를 감옥에 가두는 장면이 나오는데, 그 이후라면 여기에 해당할 수 있겠다. 한편 춘향이가 아직 미성년자이므로 미성년자간음죄에 해당할 수도 있다. 즉 형법 §302는 "미성년자 또는 심신미약자에 대하여 위계 또는 위력으로써 간음 또는 추행을 한 자는 5년 이하의 징역에 처한다."고 하고 있다. 이렇게 여러 가지 형법 조문에 해당되는 경우를 법조경합이라고 한다. 이 경우 가장 무겁게 처벌하는 범죄로 보아 처벌한다. 위에 나온 형법 조문 중에서 가장 중(重)한 벌을 규정한 것은 무엇일까? 즉 '3년 이상의 유기징역' '5년 이하의 징역' '7년 이하의 징역' 중 가장 중한 것은 3년 이상의 유기징역이다. 즉 유기징역은 '1월 이상 30년 이하'이므로(형법 §42) '3년 이상의 유기징역'은 '3년 내지 30년'이라는 의미이다. 그러므로 강간죄가 가장 무거운 형벌을 규정한 것이다. 그런데 뒤의 것들, 즉 '간음'과는 어떻게 다를까? 뒤의 것들은 위계 또는 저항할 수 없는 사정이 있지만 아무튼 상대방의 동의가 있는 것이다. 강간은 동의가 없이 폭행을 통하여 자유의사를 억압한 것이므로 더 중하게 처벌하는 것이다.

법조경합은 하나의 행위로 여러 범죄를 구성하는 상상적 경합과 구별된다. 상상적 경합이란 예컨대 칼로 상대방을 찔러 상해를 입혔는데, 이 과정에서 상처를 입히기도 했지만 옷도 찢어지게 했으므로 상해와 손괴의 두 가지 범죄를 행한 경우를 말한다. 이 경우 가장 무거운 범죄에 해당하는 것으로 본다(형법 §40). 즉 상해죄가 더 무거운 범죄이므로 옷을 찢은 행위는 별도로 처벌하지 않는 것이다. 이에 반해 그냥 경합범은 여러 가지 범죄를 순차적으로 행한 경우로 재판에서는 그중 가장 중한 형벌이 규정된 죄를 적용하되 가중처벌을 한다(형법 §37 이하). 자세한 것은 법학교과서를 보자.

"아뢰라. 형리 대령하라."

"예. 형리요."

사또, 분이 어찌 났던지 벌벌 떨며 기가 막혀 허푸허푸 하며,

"여봐라. 그년에게 다짐 받아 무엇하리. 묻지도 말고 형틀에 올려 매고 정강이를 부수고 물고장(죄인 죽은 것을 보고하는 글)을 올려라."

춘향을 형틀에 올려 매고는 곤장 잡은 사령이 명령 떨어지기를 기다릴 제,

"분부 모셔라. 네 그년을 사정 보아 헛 때렸다가는 당장에 죽을 것이니 각별히 매우 치라."

"사또 분부 지엄한데 저만한 년을 무슨 사정 두오리까. 이년! 다리를 까딱도 하지 마라. 만일 움직이다가는 뼈가 부러지리라."

호통하고 들어서서는 춘향에게 조용히 하는 말이,

"한두 대만 견디소. 어쩔 수가 없네. 요 다리는 요리 틀고 저 다리는 저리 트소."

곤장이 시작되었다. 춘향이는 저절로 설움 겨워 맞으면서 우는데,

"일편단심 굳은 마음은 일부종사(一夫從事)하려는 뜻이오니 일개 형벌로 치옵신들 일년이 다 못가서 잠시라도 변하리까?"

이 때 남녀노소 없이 모두 모여 구경할 제 좌우의 한량들이,

"모질구나 모질구나. 우리 고을 원님이 모질구나. 저런 형벌이 왜 있으며 저런 매질이 왜 있을까. 집장사령 놈 잘 보아 두어라. 삼문 밖 나오면 패 죽이리라."

여덟째 매 붙이니, "팔자 좋은 춘향 몸이, 팔도 방백 수령 중에, 제일

명관 만났구나. 팔도 방백 수령님네, 치민하러 내려왔지, 악형하러 내려왔 소."(춘향가의 한 대목)

권력분립과 사법권의 독립

현대라면 누군가 범죄의 혐의가 있다면, 검사가 공소를 제기하고 판사가 재판을 통하여 형을 확정하고, 법무부(검사, 교도관)가 형을 집행한다. 그런데 춘향전에서는 원님인 변사또가 재판을 하고 직접 형을 집행하는 것으로 나온다. 당시에는 사법부가 행정부로부터 분리되지 않았다. 우리나라에서 사법부가 행정부로부터 독립하는 것은 1894년 갑오개혁 때부터이다. 일제 강점기를 거쳐 해방 이후 제헌헌법이 만들어지면서부터 우리나라는 제대로 된 권력분립이 정착되는 것이다. 권력분립은 일반적으로 입법·사법·집행(행정)의 3권분립으로 알려져 있다. 국가의 기능을 이 세 가지로 나누고 각각 다른 기관에 맡겨서 담당시켜서 상호 견제와 균형을 이루게 하여 국민의 자유와 권리를 보장하려는 것이다. 이는 대체로 몽테스키외의 3권분립이론이다. 비교적 그의 이론에 부합하는 것이 미국식 대통령제인데, 우리나라는 미국식 대통령제를 기본으로 하기 때문에 친숙한 이론이다. 그러나 20세기 이후 정당제도의 발달에 따라 집권당을 중심으로 국가권력이 통합되는 현상이 나타나서 현대는 고전적 권력분립 이론을 그대로 적용할 수 없다. 우리나라를 예로 들어보자. 대통령 소속 정당이 국회에서 다수당인 경우, 대통령과 국회 그리고 국회의 동의를 얻어서 대통령이 임명하는 대법원장과 헌법재판소장까지 배출하게 되므로, 국가권력의 대부분이 집권당의 의사대로 구성되는 것이다. 따라서 현대에는 집권당에 대한 야당의 견제, 언론과 압력단체의 역할 등이 중요시된다. 그래서 요즘은 삼권분립이라는 말 대신 그냥 권력분립이라고 한다.

사법부의 독립에 대하여 더 알아보자. 헌법 §103는 "법관은 헌법과 법률에 의하여 그 양심에 따라 독립하여 심판한다."고 규정하여 사법부의 독립에서 나아가 법관의 독립과 재판의 독립을 규정하였다. 법관이 독립하여 심판한다고 해도 마음대로 재판하는 것이 아니라 '헌법과 법률'에 따라 재판하여야 하는 것은 당연하다. 헌법 §27①은 "모든 국민은 헌법과 법률이 정한 법관에 의하여 법률에 의한 재판을 받을 권리를 가진다."고 규정하였다.

남녀노소 없이 서로 눈물 흘리며 돌아설 때 사또인들 좋을 리가 있으랴.
"네 이년 관아에서 발악하고 맞으니 좋은 게 무엇이냐? 다음에 또 관장 명을 거역할까?"
반생반사(半生半死) 저 춘향이 점점 악을 쓰며 하는 말이,
"여보 사또 들으시오. 여자가 한 번 한을 품으면 생사를 가리지 않는다는 것을 어찌 그리 모르시오. 계집의 모진 마음 오뉴월에 서리 치네. 넋이 되어 하늘에 떠돌다가 우리 임금 앉은 곳에 이 억울함을 아뢰오면 사또인들 무사할까. 덕분에 죽여 주오."

사또 기가 막혀,

"허허 그년 말 못할 년이로고. 큰칼 씌워 하옥하라."

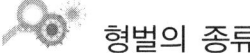 형벌의 종류

헌법 §12①은 "모든 국민은 신체의 자유를 가진다. 누구든지 법률에 의하지 아니하고는 체포·구속·압수·수색 또는 심문을 받지 아니하며, 법률과 적법한 절차에 의하지 아니하고는 처벌·보안처분 또는 강제노역을 받지 아니한다."고 규정하였다. 춘향이 옥에 갇히는 것은 현행 법체계에 따르면 적법절차에 따르지 않은 불법감금이다. 하지만 어쩌랴. 당시에는 그럴 수도 있었고, 다들 그럴 수 있다고 믿고 살았던 것이다.

곤장을 치는 것을 태형이라고 하는데 이것도 야만적이라 하여 갑오개혁 때 폐지되었다. 그런데 오히려 일제강점기에 경범죄를 다루는 수단으로 부활된 바 있다. 현재의 형법은 형벌로 사형, 징역과 금고 및 구류, 자격상실과 자격정지, 벌금과 과료, 그리고 몰수 등 9가지를 규정하고 있다(형법 §41 이하). 사형은 생명을 빼앗는 형벌이다. 징역과 금고 및 구류는 자유형, 즉 가두어 놓는 형벌이다. 징역은 노역, 즉 일을 시키고 금고(禁錮)는 일을 시키지 않는 점에서 구분된다. 구류는 1일 이상 30일 미만이란 점에서 구별된다. 자격상실은 선거권과 피선거권 등 일정한 자격을 박탈하는 것이며, 자격정지는 일정기간만 이를 정지시키는 형벌이다. 벌금과 과료는 금전을 내야하는 것인데 5만원 이상과 미만으로 구분된다. 몰수는 범죄에 사용하였거나 범죄로 취득한 물건을 회수해 가는 것이다.

 춘향이가 감옥에 갇혀야 할 만한 죄가 없다는 사실을 우리는 잘 알고 있다. 그렇다면 변사또는 불법감금죄를 범한 것이 된다. 형법 §124①은 "재판, 검찰, 경찰 기타 인신구속에 관한 직무를 행하는 자 또는 이를 보조하는 자가 그 직권을 남용하여 사람을 체포 또는 감금한 때에는 7년 이하의 징역과 10년 이하의 자격정지에 처한다."고 규정하고 있다.

 한 가지 바로잡고 넘어가자. 춘향전 영화에서는 옥중에서 춘향이가 칼을 목에 쓰고 있는 장면이 꼭 나온다. 극적인 효과를 위하여 그렇게 설정되었겠지만 당시의 문헌에 따르면 여자에게는 칼을 씌우지 않았다고 한다.

"향단아. 삼문 밖에 가서 삯군 둘만 사오너라. 서울에 쌍급주(급한 소식 전하는 인편) 보내련다."
춘향이 쌍급주 보낸단 말을 듣고,
"어머니 그리 마오. 그게 무슨 말씀이오. 만일 급주가 서울 올라가서 도련님이 보시면, 층층시하에 어찌할 줄 몰라 심사 울적하여 병이 되면 그것도 정절이 무너지는 게요. 그런 말씀 마시고 옥으로 가사이다."
사정(使丁 관청이나 기관에서 잔심부름하던 남자 하인)의 등에 업혀 옥으로 들어갈 제, 향단이는 칼머리 들고 춘향 어미는 뒤를 따라 옥문 앞에 당도하여,
"옥줄, 문을 여소. 옥줄도 잠들었나?"

옥중에 들어가서 옥방 형상 볼작시면 부서진 대나무 창문 틈에 살을 쏘는 것은 바람이요, 무너진 헌 벽이며 헌 자리에 벼룩 빈대 온몸을 침노한다. 이때 춘향이 옥방에서 장탄가로 울기 시작한다.

 형의 집행

　당시에 나름대로 우편제도가 있었다는 것이 신기하다. 춘향이가 이몽룡에게 소식 전하는 것을 만류하는 장면도 인상적이다. 아무튼 춘향이는 감옥에 들어가게 된다. 앞서 형의 집행은 검사의 지휘로 이루어진다는 설명을 하였다. 즉 재판의 집행은 그 재판을 한 법원에 대응한 검찰청 검사가 지휘한다(**형사소송법 §460①**). 춘향전에서는 그냥 옥방으로 되어 있지만, 현행 수용시설은 19세 이상의 수형자가 수감되는 교도소와 미결수용자가 수감되는 구치소로 구분된다(**형의 집행 및 수용자의 처우에 관한 법률 §11**). 19세 미만의 수형자는 소년교도소가 별도로 마련되어 있다. 미결수용자란 아직 재판이 끝나지 않은 사람을 말한다. 재판은 불구속 재판이 원칙이지만 도주나 증거인멸의 우려가 있는 경우 구치소에 수감된 상태에서 재판을 받게 하는 것이다. 하지만 실무적으로는 도주 및 증거인멸의 우려라는 것이 명확하지 않으므로 대체로 중한 형벌이 예상되면 구속하는 것이 일반적이다. 교도소나 구치소의 환경이 너무 열악하면 수용자의 기본권을 침해한다. 그러나 너무 좋은 환경에서 생활하게 해주면 오히려 그 곳으로 들어가고 싶어 할 수도 있으므로 그 사회의 경제적 수준에 비추어 가장 낮은 수준을 기준으로 한다. 2011년 1월 소말리아 아덴만의 해적에게 우리나라 선박이 납치된 후 구조된 사건에서, 해적들이 우리나라에 와서 재판을 받았는데 자신들의 생활수준보다 우리나라 구치소의 환경이 더 좋아서 돌아가기 싫다고 했다는 일화가 있다.

　원문에는 스스로 들어가서 생활하는 것처럼 묘사되어 있지만 실제로는 그렇지 않다. 엄격한 규정과 절차에 따라 교도관들의 통제 하에 수용생활이 이루어지며(형의 집행 및 수용자의 처우에 관한 법률 §3), 이 때 수용자의 인권이 최대한 존중되어야 한다고 규정되어 있다(같은 법 §4). 여기서 수형자는 징역·금고 또는 구류형이 확정된 사람, 벌금·과료를 납부하지 않아 노역장 유치 명령을 받은 사람을 말한다. 수용자는 이러한 수형자와 미결수용자, 사형확정자 등 교도소나 구치소에 수용된 사람을 말한다. 우리 헌법 §12① 후단은 "법률과 적법한 절차에 의하지 아니하고는 처벌·보안처분 또는 강제노역을 받지 아니한다."고 규정하고 있다. 군대에서의 노역은 여기서 말하는 강제노역일까? 그렇다고 보아야 한다. 다만 헌법 §39①의 "모든 국민은 법률이 정하는 바에 의하여 국방의 의무를 진다."는 규정에 근거하여 만들어진 병역법에 따라 이루어지므로 법적으로 허용되는 강제노역이라고 할 것이다.

울다 지쳐 잠이 들었는데, 이상한 꿈을 꾸었다. 마침 옥 밖으로 봉사 하나 "점을 치시오." 하고 외치며 지나간다.

춘향이 이를 듣고 제 어미더러 "불러 주오." 하니,
춘향어미 나가서 점치는 봉사를 데려왔다.
"음성을 들으니 춘향 각시인가 보다."
"예. 기옵니다."
"대체 나를 어찌 청하였나?"
"예. 다름 아니라 간밤에 흉몽을 꾸었삽기로 해몽도 하고 우리 서방님이 어느 때나 나를 찾을까 길흉여부 점을 치려고 청하였소."
"그러게." 봉사가 점을 친다.
한참 주문을 외우고 산통을 철겅철겅 흔들더니,
"허허 좋다, 좋은 괘로고. 고기가 물에서 놀며 그물을 피하니 작은 것이 쌓여 큰 것을 이루리라. 옛날 주 무왕이 벼슬할 제 이 괘를 얻어 금의환향하였으니 어찌 아니 좋을쏜가. 천리 떨어진 곳에 있어도 서로 정을 두니 친한 사람을 만나리라. 자네 서방님이 머지않아 내려와서 평생 한을 풀겠네. 걱정 마소. 참 좋다."
춘향이 대답하되,
"말대로 그러면 오죽 좋으리까. 간밤 꿈 해몽이나 좀 하여 주옵소서."
"어디 자세히 말을 하소."
"화장하던 거울이 깨져 보이고 창 앞에 앵두꽃이 떨어져 보이고, 문 위에 허수아비 달려 뵈고 태산이 무너지고 바닷물이 말라 보이니 나 죽을 꿈 아니오?"
봉사 생각하다가 한참 만에 말을 한다.
"그 꿈 매우 좋다. 열매가 열려야 꽃이 떨어지고, 거울이 깨질 때 왜 소리가 없을쏜가. 꽃이 떨어지니 열매가 달릴 것이요, 거울이 깨어지니 어찌 소식이 없으랴. 문 위에 허수아비 달렸으니 사람마다 우러러 볼 것이니, 그리운 사람 만나볼 것이라. 바다가 마르면 용의 얼굴을 능히 볼 것이요, 산이 무너지면 평지가 될 것이라. 좋다 좋아. 쌍가마 탈 꿈이로세. 걱정 마소. 머지않네."

 변호인 접견교통권

옥중에서 춘향이 꿈을 꾸고 나서 봉사를 불러 점을 치는 장면이 나온다. 물론 실제라면 쉽지 않은 일이다. 헌법 §12④은 "누구든지 체포 또는 구속을 당한 때에는 즉시 변호인의 조력을 받을 권리를 가진다."고 규정하였다. 변호인 접견교통권이라고 한다. 하지만 교도소에서는 누구나 마음대로 면회를 할 수 있는 것이 아니라 정해진 절차에 따라 정해진 시간에만 면회가 이루어진다. 즉 수용자의 외부인에 대한 접견, 편지왕래, 전화통화 등은 일정한 범위에서 하되 법률에 따른 제한이 있다.

접견(면회)할 때 교도관이 옆에서 듣거나 녹음을 할 수 있을까? 이것이 허용된다면 재판이 진행 중인 경우 재판에서 자신에게 유리하게 진술 할 수 있도록 변호사와 논의하는 것이 불가능하다. 그래서 법은 이에 대한 규정을 별도로 두어 규율한다. 수용자가 접견하는 때에 법에 정한 일정한 경우, 즉 증거인멸이나 형사법령에 저촉되는 행위를 할 우려가 있는 경우 교도관으로 하여금 수용자의 접견내용을 청취·기록·녹음 또는 녹화하게 할 수 있다(형의 집행 및 수용자의 처우에 관한 법률 §41②).

　그러나 형이 확정되지 않은 미결수용자의 경우, 즉 아직 재판이 남아 있는 경우 변호인을 만나는 경우에는 접견 시 교도관이 참여하거나 대화내용을 청취·녹취하지 못한다(같은 법 §84①). 그런데 영화에서 보면 이렇게 수용자와 변호사가 만날 때 금지된 물건을 주거나 자살도구를 주거나 하는 장면이 나온다. 그런 경우 어떻게 할 것인가? 대화내용을 엿듣지는 못하지만 보이는 거리에서 미결수용자를 관찰할 수는 있다(같은 법 §84① 단서). 나름대로 참 합리적으로 법이 규정하고 있는 것이다. 이렇게 법은 상상할 수 있는 모든 경우를 대비해서 규정해야 한다. 그러나 현실적으로 모든 경우를 다 규정할 수는 없다. 법은 '일반적이고 추상적'으로 규정할 수밖에 없고, 구체적 사건에 적정하게 해석하여 적용할 수밖에 없다. 그래서 법원이 있고, 법학자가 있는 것이다.

한참 이러고 있을 적에 까마귀 한 마리 옥 담에 와 앉더니 까옥까옥 울거늘, 춘향이 손을 들어 후여 날리며,
"방정맞은 까마귀야. 나를 잡아 가려거든 조르지나 말려무나."
봉사가 이 말을 듣더니,
"가만 있소. 그 까마귀가 가옥가옥 그렇게 울지?"
"예. 그래요."
"좋다 좋아. '가'자는 아름다울 가(嘉)자요, '옥'자는 집 옥(屋)자라. 아름답고 좋은 일이 집안에 생기니 조금도 걱정 마소. 지금은 복채로 천

냥을 준대도 아니 받아 갈 것이니, 나중에 영귀(榮貴)하게 되는 때에 괄시나 마소. 나 돌아가네."

 계약과 계약서, 조건과 기한

　봉사의 점과 해몽은 '꿈보다 해몽'이란 속담을 생각나게 하는데, 법적으로 평할 일은 아니므로 넘어가자. 다만 춘향이 옥중에 있으므로 복채를 받지 않고 가면서 나중에 영귀하게 될 때 많이 달라는 이야기는 법적으로 문제가 있다. 우선 "괄시나 마소."라는 말은 일단 좀 크게 보답해 달라는 이야기로 들리지만 정확한 내용을 확정할 수 없다. 법은 결국 '잘 안될 때'를 위해서 존재하는 것이다. 만약 춘향이 이도령을 다시 만나 호강할 때 봉사가 찾아와서 이제 보답 좀 하라고 한다면 얼마를 주어야 할까? 그런 분쟁을 막기 위하여 법에 따른 약속을 하는 것이 필요한 것이다. 이를 계약이라고 한다. 계약은 원칙적으로 당사자의 뜻만 맞으면 법적으로 효력이 생긴다. 이를 어기는 경우 법에 따라, 즉 재판을 통하여 강제로 계약의 내용대로 실현시키는 것이다. 대부분의 계약에는 특별한 형식이 필요 없다. 말로만 해도 법적으로 계약이 성립한다. 그러나 나중에 분쟁이 생겼을 때 계약의 내용을 입증하기 위해서 계약서를 쓰게 되는 것이다. 따라서 계약서는 필요한 내용만 들어가면 된다. 즉 누가 누구에게 얼마를 언제까지 주고, 이자는 얼마이며, 못 갚을 경우 어떻게 한다는 것 등이 그런 것이다.

한편 이런 문제도 있다. '영귀하는 때에 괄시나 마소.' 하였는데 영귀라는 말이 불분명하므로 법적으로 분쟁의 소지가 다분하다. 즉 얼마를 주어야 하느냐는 액수의 차이 이전에, 춘향이 입장에서 "나는 영귀하지 않았다. 겨우 먹고 살만 한 것이 아니냐?"라고 주장하면서 보답을 회피할 수도 있는 것이다. 이래저래 분쟁을 예방하기 위해서 계약은 명확해야 하는 것이다. 아무튼 어느 정도 잘되면 영귀인지 합의가 된다고 한다면, 이는 조건이라고 한다. 즉 어떤 사실이 성취될 수도 성취되지 않을 수도 있는 것에 법률효과의 발생여부를 연계시키는 것을 조건이라고 한다. 반면에 당연히 성취되는 사실에 법률효과를 연계시키면 기한이라고 한다. 보통은 날짜를 생각해 볼 수 있지만, '내가 죽으면' '오늘 해가 지면' 등은 시간을 정확히 확정하지는 못해도 언젠가 발생하는 사실이므로 조건이 아니라 기한이다.

이래저래 계약은 분명하게 해야 나중에 분쟁의 소지가 없다.

"예. 평안히 가옵시고 후일 상봉하옵시다."
춘향이 긴 한숨에 근심으로 세월을 보내니라.

 ### 원고와 피고, 입증책임

춘향이와 봉사가 나중에 상봉했다는 이야기는 안 나온다. 혹시 다시 만났을 때 보답하는 문제로 싸우지나 않았을까? 서로 믿고 어떤 일을 할 때 나중에 사이가 틀어지고 처음과 딴 소리를 하게 되는 것이 인간세상에 흔한 일인데, 이 경우 결국 재판을 통하여 분쟁을 해결하게 되는 것이다. 그런데 재판을 할 때는 재판을 거는 사람이 있고 상대방이 있다. 재판을 거는 사람, 즉 소송을 제기하는 사람을 원고(原告), 상대방을 피고(被告)라고 한다. 재판의 종류에 따라서 용어가 조금씩 다르다. 형사소송에서 원고는 검사만이 될 수 있으며, 상대방 즉 범죄를 하였다고 추정되는 사람은 피고인이라고 한다. 행정심판이나 헌법소원심판에서는 청구인과 피청구인이라고 부른다. 실제 재판에서는 원칙적으로 어떤 사실을 주장하는 사람이 증거를 내야할 책임이 있다. 이를 입증책임이라고 하는데, 증거를 양측이 모두 내지 못했을 때 누가 불이익을 받는가의 문제이다. 즉 원고가 소송을 제기해서 상대방의 잘못을 시정해 달라고 하는 것이므로 원고가 상대방이 법적으로 잘못한 것에 대하여 증거를 내야 하고 그런 증거를 못 내면 상대방은 아무 제재를 받지 못하는 것이다. 이러한 점은 민사소송이나 형사소송이나 같다. 보통 형사소송에서 무죄판결을 받았다고 하면 그 사람이 죄가 없다는 의미, 즉 범인이 아니라고 생각한다. 하지만 법적으로 정확히 표현하면 검사가 피고인의 유죄를 입증할 만한 증거를 제시하지 못했다는 의미일 뿐 범인이 아니라는 것과 동일한 의미가 아니다. 일반인들이 법학 분야 중에서 제일 어려워하는 부분이 소송법 분야이므로 더 자세한 내용은 생략한다.

4. 춘향이 몽룡을 다시 만나다

이 때 한양성 도련님은 주야로 시경과 서경이며 온갖 서적을 숙독하였으니 글로는 이백이요, 글씨는 왕희지라. 국가에 경사 있어 태평과를 시행할 때, 서책을 품에 품고 과거장에 들어가 좌우를 둘러보니, 허다한 선비 일시에 임금 향해 절을 한다. 대제학이 임금이 내신 글제를 가려 뽑아 내리시니 도승지가 모셔 내어 붉은 휘장 위에 걸어 놓으니,

'春塘春色 古今同 춘당춘색 고금동'이라.

"춘당(봄의 연못)의 봄빛은 예나 지금이나 같도다."

이도령이 글제를 살펴보니 익히 보던 바라. 시험지를 펼쳐 놓고 답안지를 생각하고는 용을 새긴 벼루에 먹을 갈아 당황모 무심필에 듬뿍 묻혀 일필휘지하여 제일 먼저 제출한다. 시험관이 이 글을 보니 세상에 보기 드문 큰 재주로다. 급제자 명단에 이름 올려 어주(御酒)를 세 잔 권하신 후에 장원급제 답안으로 제시한다. 사흘 말미를 얻은 후에 전하께 절을 하니 전하께옵서 친히 불러 보신 후에,

"경의 재주는 조정에 으뜸이라." 하시고,

도승지 불러 전라도 어사를 제수하시니, 평생의 소원이라.

어사관복, 마패, 유척(놋으로 만든 자. 지방의 부정 도량형기를 바로잡는데 쓰임)을 내주시니, 전하께 하직하고 본댁으로 나아가 부모께 하직하고 전라도로 행할새……

로스쿨과 행정고시

이 도령이 과거에 참가하여 장원급제하고 암행어사가 되어 전라도로 내려가게 된다는 이야기다. 과거는 현재의 고시제도에 비유될 수 있겠다. 잘 알려진 대로 사법시험은 변호사 자격시험이지만 판검사가 임용되는 통로였다. 그러나 사법시험은 2017년을 마지막으로 폐지되었고, 현재는 법학전문대학원(로스쿨)이 설치되어 그 기능을 대체하고 있다. 로스쿨이라고 하는 법학전문대학원은 미국식 제도이나 우리나라는 미국과 세부적인 면에서는 좀 차이가 있다. 가장 큰 차이점은 미국의 연방제에 따른 사법제도의 차이에서 나온다. 즉 미국식 로스쿨은 각 주(州) 별로 이루어지며 다른 주로 가면 변호사시험을 다시 봐야 한다. 그리고 변호사시험에서 인원제한이 있는 것이 아니며, 로스쿨 정원도 제한되지 않는다. 이에 비해서 우리나라 법학전문대학원의 전체 정원과 변호사시험 합격자 정원에 제한이 있다. 법학전문대학원의 설립도 엄격한 심사에 의한 인가를 받아야 하고, 1회 인가되어 2009년 발족된 후 추가로 인가된 적이 없다. 변호사시험도 단일한 시험으로 치른다. 무엇보다도 법률시장과의 교류가 활발히 이루어지지 못하도록 여러 가지 제약이 있다는 점이 미국과는 다르다. 일본이 우리보다 먼저 미국식 로스쿨제도를 받아들였지만 미국과 우리나라와도 또 다른 제도를 운영하고 있다. 일본이 우리와 다른 점은 같은 대학교의 학부과정에 법학과가 있으면서 동시에 법학전문대학원을 설립할 수 있으며,

설립이 자유롭다는 점, 특히 사법시험과 병존하고 있다는 점이 우리와는 다른 점이다.

이도령이 과거에 급제하여 암행어사가 되었다는 점은 그 과거시험이 기본적으로 현재의 행정고시와 비슷하다고 하겠다. 물론 당시에 사법부가 독립되어 있지 않아서 엄밀히 말하자면 사법시험과 행정고시를 통합한 것에 해당되겠다. 현재 행정고시에 합격하면 사무관, 즉 5급공무원으로 임용이 된다. 5급이면 시골에서는 면장이다. 매우 높은 직위다. 그러나 처음부터 면장이 되기는 어렵다. 직무와 관련하여 경험을 많이 쌓아야 하기 때문이다. 그런 점에서 이도령이 과거에 급제하자마자 암행어사가 되는 것은 비현실적이다. 지방수령에 대한 감찰을 수행하려면 그보다 직급이 더 높아야 할 뿐만 아니라 행정에 대해서 잘 알아야 가능한 일이기 때문이다. 현재는 국무총리실의 암행감찰반과 비슷한 업무라고 하겠다. 물론 암행어사이므로 공개적으로 활동하는 일반어사와는 다르다. 일반어사는 감사원의 역할이라고 할 수 있다.

또 다른 과거시험이라고 할 수 있는 외무고시는 국립외교원 제도로 대체되었다. 기술직 고위공무원의 통로였던 기술고시는 행정고시에 통합되었다.

남대문 밖 썩 나서서 서리, 심부름꾼, 중방, 역졸 등을 거느리고 청파역에서 말 잡아타고 남대문 시장, 종로 포도청, 배다리 얼른 넘어 밥전거리 지나 동작이를 얼른 건너 남태령을 넘어 과천읍에서 점심을 먹고 사근내, 미륵당이를 지나 수원에서 잠을 잔다.……
진위읍에서 점심 먹고……성환역에서 잠을 잔다.……천안읍에서 점
심 먹고…김제역에서 말 갈아타고……원터에서 잠을 잔다.……여산
읍에서 숙소 잡고 이튿날 서리, 중방 불러 분부하되,
"이곳은 전라도 초읍 여산이라.……너는 좌도로 들어 진산, 금산, 무주,
용담, 진안, 장수, 운봉, 구례 등 여덟 개 읍으로 순행하여 아무 날 남원
읍으로 대령하라. 중방, 역졸 너희 등은 우도로 들어……무안, 함평으로
순행하여 아무 날 남원읍으로 대령하라.……"

 공무와 사익

지금의 지명과 별 다르지 않아 어떤 경로로 가는지 알 수 있
다. 그런데 구체적으로 어느 지방을 감찰하라는 명령도 없었는
데 전라도 지방 그 중에서도 남원에서 최종 집결하는 것으로
나온다. 춘향전을 읽고 있는 우리는 이몽룡 어사가 왜 남원읍으
로 모이라 하는지 잘 안다. 거기에서 춘향이가 기다리고 있기
때문이다. 여기서 생각해 볼 문제는 공무를 집행하는 공무원이
공무를 빙자하여 자기 사적인 일을 처리해도 되는가이다. 결론
적으로 말하면 공무가 우선이고 사적인 일은 공무를 방해하지
않는 한도 내에서 허용된다고 하겠다. 공무원은 법령을 준수하
며 성실히 직무를 수행하여야 하며(국가공무원법 §56), 공무 외
에 영리를 목적으로 하는 업무에 종사하지 못한다(같은 법§64
①). 국회의원의 경우, 국가이익을 우선하여 양심에 따라 직무를

행한다(헌법 §46②)고 별도로 규정하였다.

각 읍 수령들이 어사 온다는 말을 듣고 민정(民情)을 가다듬고 이미 한 일을 염려할 제 아랫사람들인들 편하리오. 이방, 호장 넋이 달아나고 공사회계(公事會計)하는 형방, 서기 여차하면 도망가려 준비하고, 허다한 각 관리들이 넋을 잃어 분주하다. 이때 어사또는 임실, 구화 뜰 근처를 당도하니 이때는 마침 농사철이라.

 행정감사

지금으로 치면 행정감사가 내려오는 것에 해당된다. 시도(市道)에 대한 감사이므로 감사원 감사이거나 지방자치를 총괄하는 행정자치부 감사일 가능성이 높다. 물론 각 부(部)는 소관사항에 대하여 지방자치단체를 감사할 수 있다. 정부조직법 §26③은 "장관은 소관사무에 관하여 지방행정의 장을 지휘·감독한다."고 되어 있다. 예컨대 보건복지부 장관은 보건이나 복지 분야의 업무에 관하여 서울시장이나 경기도지사를 지휘·감독할 수 있다는 의미이다. 당연히 행정에 관하여 감사(監査)할 수 있다.

다만 현대는 감사를 예고하고 미리 준비시키는 데 비해서, 이몽룡은 암행어사이므로 불시에 들이닥치는 것이다. 그런데도 수령들은 이미 소문을 듣고 준비하거나 어쩔 수 없어 지난 일에 대하여 걱정하는 장면이 나온다. 당시에도 현대 못지않은 공무원들의 기강해이를 추측케 한다.

원문에서는 어사또가 농부들을 만나 춘향이 소식을 넌지시 물어보는 장면이 이어진다. 그리고 나서 춘향이 편지를 전하러 가는 하인을 만나는 장면이 나온다.

하직하고 한 모퉁이를 돌아드니 젊은 아이 하나 온다. 지팡이 막대 끌면서 시조(時調) 절반, 사설(辭說) 절반 섞어 하되,
"오늘이 며칠인고. 천릿길 한양성을 며칠이나 걸어 올라가랴, 조자룡이 강을 넘던 청총마가 있었다면 하루 만에 가련마는. 불쌍하다. 춘향이는 이서방을 생각하여 옥중에 갇히어서 목숨이 경각이라. 불쌍하다. 몹쓸 양반 이서방은 한번 간 후 소식을 끊어 버리니 양반의 도리는 원래 그러한가."
어사또 그 말 듣고,
"이 애. 어디 사니?"
"남원읍에 사오."
"어디를 가니?"
"서울 가오."
"무슨 일로 가니?"
"춘향이 편지 갖고 이전 사또 댁에 가오."
"이 애. 그 편지 좀 보자꾸나."
"그 양반 철모르는 양반이네."
"웬 소린고?"
"글쎄 들어 보오. 남자 편지 보기도 어렵거든 하물며 외간 여자 편지를

보잔 단 말이오?"

"이 애 들어라. '행인이 임발우개봉(行人 臨發又開封)'이란 말이 있느니라. 좀 보면 어떠랴?"

"그 양반 몰골은 흉악하구만 문자 속은 기특하오. 얼른 보고 주오."

비밀침해죄와 우편물 등 개봉 훼손의 죄

이몽룡이 우연히 춘향이 편지를 전하는 하인을 만나 춘향이가 보내는 편지를 열어본다는 내용이다. 결과적으로 자신에게 보내는 편지라 문제될 것이 없겠지만, 현실에서는 남의 편지를 열어보는 것은 형법상 금지된다. 즉 형법 §316①은 "봉함 기타 비밀장치한 사람의 편지, 문서 또는 도화를 개봉한 자는 3년 이하의 징역이나 금고 또는 500만 원 이하의 벌금에 처한다."고 하여 비밀침해죄를 규정하고 있다. 또 우편법 §48①은 "우편관서 및 서신송달업자가 취급 중인 우편물 또는 서신을 정당한 사유 없이 개봉, 훼손, 은닉 또는 방기(放棄)하거나 고의로 수취인이 아닌 자에게 내준 자는 3년 이하의 징역 또는 3천만 원 이하의 벌금에 처한다."고 하여 우편물 등 개봉 훼손의 죄를 규정하고 있다. 또 우편법 §48②은 실제로 우편업무 또는 서신송달업무에 종사하는 자가 이런 행위를 하면 더 엄중하게 처벌하는 조항이다. 따라서 이몽룡과 하인은 모두 처벌의 대상이 되나 사실은 이몽룡이 수취인이므로 처벌은 되지 않을 것이다.

그런데 여기서 그 하인이 이몽룡에게 편지를 보여주게 되는 계기가 재미있다. '행인임발우개봉'이라는 말에 "행색은 거지같지만 굉장히 똑똑하군요." 하면서 그냥 보여준 것이다. '行人臨發又開封'이라는 말은 중국 당나라의 문인(文人)인 장적(張籍)이란 사람의 시 구절에 나오는 말로, "곧 길을 떠나려는 순간에도 편지를 열어본다."는 뜻이다. 이 말이 일반적으로 통용되는 속담과 같은 것이라고 해도 편지를 타인에게 보여주어야 한다는 의미는 아니다. 그러나 하인은 그 말을 못 알아듣고 다만 당연히 보여주기만 하는 것은 죄가 되지 않는다고 지레짐작하여 보여주게 되는 것이다. 그래서 사람은 배워야 한다고 하지 않는가.

"……비록 만 번 죽는다고 하나 열녀의 정절을 지켜 두 지아비를 섬기지 않을 것이요. 첩의 생사와 늙은 어미의 신세가 어떻게 될지 모르오니 서방님은 깊이 헤아려 처치하옵소서."

 간통죄와 중혼죄

그 편지에는 춘향이 옥에 갇힌 그간의 사정을 말하고, 멋진 한시(漢詩)로 끝을 맺는다. 스스로 첩이라고 부르고 있으므로 정실부인이 아닌 것을 확인할 수 있다. 하긴 실제 첩이 아니지만 여자가 스스로 낮춰서 그렇게 부르는 경우도 있었다. 민법 §810는 "배우자가 있는 자는 다시 혼인을 하지 못한다."라고 규정하고 있지만, 헌법재판소의 위헌 결정(헌재 2015.2.26, 2011헌가31 등)에 따라 형법상의 간통죄가 폐지되어 형사처벌 규정은 없다.

일본이나 독일의 경우 중혼죄(重婚罪)로 처벌하기도 한다. 중혼죄는 두 번 결혼한다는 의미이므로 간통죄와는 약간 다른 개념이다.

춘향은 이몽룡에게 매달리거나 부담을 주지 않으려고 "깊이 헤아려 처치하옵소서."하기만 한다. 아무튼 이몽룡은 편지를 읽다가 눈물을 흘리게 되고, 그 하인이 이상하게 생각하니까 자기가 이도령과 죽마고우(竹馬故友)라고 둘러댄다. 그러다가 편지에 눈물이 묻는다고 당장 빼앗으려는 하인과 실랑이 하다가 허리에 두른 명주 전대 속에 있는 마패를 들키게 된다. 이에 신분 노출을 염려하여 신신당부를 하고 남원으로 향한다. 중간 여정은 생략하자. 결국 남원에 도착하여 춘향집에 당도했다.

그럭저럭 들어가니 안 뜰은 적막한데 춘향 어미 거동 보소. 미음 끓이는 솥에 불 넣으며,
"애고 애고 내 일이야. 모질도다 모질도다. 이서방이 모질도다. 위태로운 내 딸 아주 잊어 소식조차 돈절(頓絕 편지나 소식 따위가 딱 끊어짐) 하네. 애고 애고 설운지고. 향단아 이리 와 불 넣어라."하고 나오더니 울타리 안의 개울물에 흰 머리 감아 빗고 정화수 한 동이를 단 아래에 받쳐 놓고 엎드려 기원한다.
"천지지신(天地之神) 일월성신(日月星辰)은 한 마음 되옵소서. 무남독녀 춘향이를 금쪽 같이 길러 내어 외손봉사 바라더니 무죄한 매를 맞고 옥중에 갇혔으니 살릴 길이 없삽니다. 천지지신은 감동하사 한양성 이몽룡을 벼슬 높이 올려 내 딸 춘향 살려지이다."

공정한 재판과 심급제

　월매가 옥에 갇힌 춘향이를 위해 치성을 드리는 장면이다. 연락이 끊어진 사위에 대한 서운함과 혹시라도 높은 벼슬을 하여 그 덕에 춘향이 풀려나기를 기대하는 마음을 이야기 하고 있다. 그러나 현대법에서는 춘향이처럼 억울하게 교도소(또는 구치소)에 가는 일이 없으려니와, 혹시 그런 일이 있다고 하더라도 남편이 고위직이라서 무죄로 풀려나지는 않는다. 재판은 공정하게 이루어져야 한다. 그러나 수사(搜査)와 기소(起訴), 그리고 재판도 결국 사람이 하는 일이라서 진실이 왜곡되고 억울한 사람이 생길 수는 있다. 이에 대하여 심급제(審級制)가 마련되어 있다. 범죄가 발생한 경우 경찰의 수사와 조사를 거쳐 검사가 기소(起訴)를 하게 되고, 기소가 되면 사법부(법원)로 넘어가게 된다. 즉 경찰, 검사, 판사 등 서로 다른 사람들이 사건을 판단하게 되며, 그 과정에서 왜곡된 사실은 바로잡혀질 수 있다. 재판의 단계에서도 재판의 결과에 불복하게 되면 상급법원에서 다시 재판을 받아볼 수 있다. 이를 심급제라고 한다. 보통 지방법원-고등법원-대법원의 단계를 거치므로 삼심제(三審制)라고 하지만 반드시 3번 재판을 받는 것은 아니고 더 많이 재판을 받는 경우도 생긴다. 아무튼 모든 재판이 끝나서 확정되면 사실 억울한 경우에도 더 이상 방법이 없다. 어쩔 수가 없다. 신(神)만이 해결할 수 있을 것이다. 물론 그 이후 특정한 사유에 해당하면 극히 예외적으로 재판을 다시 하는 경우도 있기는 있는데, 이를 재심(再審)이라고 한다. 자세한 것은 너무 전문적인 설명이 필요하므로 생략한다.

이몽룡이 장모인 월매를 만났다. 몰골을 보고 기가 막혀 하는데, 아버지는 벼슬길 끊어지고 가산은 탕진되어 훈장질하러 내려가고 자신은 춘향이에게 와서 돈이나 얻어갈까 하고 왔다고 거짓말을 한다. 월매는 배고프다는 이몽룡을 박대하나 향단이는 밥상을 차려준다. 향단이는 아가씨를 생각하여 훌쩍이기 시작하니,
이몽룡은 "여봐라 향단아. 울지 마라 울지 마라. 너의 아기씨가 살지 설마 죽을쏘냐. 행실이 지극하면 사는 날이 있느니라."며 위로한다.
춘향이를 보러 가자는 이몽룡을 월매는 여전히 박대하나 향단이가 먼저 나서니 모두 함께 감옥으로 간다.
이때 마침 통금 해제하는 종을 뎅뎅 치는구나. 향단이는 미음 상 이며 등불을 들고 어사도 뒤를 따라 옥문에 당도하니 인적이 고요하고 옥졸도 간 곳 없네.

공무원의 직장이탈금지 의무

원문이 장황하여 대강 줄여서 서술하였다. 그런데 옥졸이 자리를 비웠다면 공무원의 직장(근무지) 이탈에 해당된다. 국가공무원법 §58①은 "공무원은 소속 상관의 허가 또는 정당한 사유가 없으면 직장을 이탈하지 못한다."고 하여 공무원의 직장이탈금지를 규정하였고, 이를 위반하면 국가공무원법 §78에 정한 징계사

유에 해당된다. 1992년 군대 내의 부재자 투표과정의 부정을 고발한 이지문 중위 사건에서 이 중위가 처벌된 법조항은 근무지(직장) 이탈금지 위반이었다.

이어 춘향과 이몽룡이 오랜만에 만나서 서로의 처지를 확인하는 장면이 이어진다. 이 부분도 간략히 서술하였다. 사태를 파악한 춘향의 말을 들어보자.

"서방님 내 말씀 들으시오. 내일이 본관사또 생신이라.
술에 취해 주정나면 나를 올려 칠 것이니,
형장 맞은 다리 장독(杖毒)이 났으니 수족인들 놀릴쏜가.
치렁치렁 흐트러진 머리 이럭저럭 걷어 얹고
이리 비틀 저리 비틀 들어가서 곤장 맞고 죽거들랑
삯군인 체 달려들어 둘러업고 우리 둘이 처음 만나 놀던
부용당 적막하고 고요한 데 뉘어놓고
서방님 손수 염습하되 나의 혼백 위로하여
입은 옷 벗기지 말고 양지 끝에 묻었다가
서방님 귀히 되어 벼슬에 오르거든 잠시도 지체 말고
육진장포(六鎭長布 함경북도의 육진이 있던 곳에서 나는 베)로
다시 염습하여 조촐한 상여 위에 덩그렇게 실은 후에
북망산천 찾아갈 제
앞 남산 뒤 남산 다 버리고 한양성으로 올려다가
선산발치 묻어 주고 비문에 새기기를,

수절원사 춘향지묘(守節寃死 春香之墓) 여덟 자만 새겨주오."

 유언

내일 변사또 생일에 죽을 것 같으니 일단 묻었다가 나중에 벼슬하여 출세하면 정식으로 장사를 지내 달라는 말을 하는 것이다. 이렇게 죽은 이후를 당부하는 말을 유언이라고 한다. 민법 §1073①에 따르면 유언은 유언을 한 사람이 죽어야 법적인 효력이 발생한다. 유언을 하려면 17세에 달해야 한다(민법 §1061). 유언은 자필증서, 녹음, 공정증서, 비밀증서와 구수증서의 5가지 방식으로만 이루어진다(민법 §1065). 이들 방식에 대한 자세한 내용은 민법의 관련 규정들을 참고하기 바란다. 구수증서(口授證書)란 받아쓰게 하고 서명 또는 기명날인한 것을 말한다.

춘향과 헤어진 이몽룡은 다음 날 변사또 생일잔치에 손님들 사이에 끼어 말석에 앉았다. 다들 시를 한 수씩 짓는데 운(韻)은 높을 고(高) 기름 고(膏) 두 자이다. 여기서 우리 모두 들어는 봤지만 한자(漢字)로 외우지는 못하는 유명한 시를 짓는다.

금준미주(金樽美酒) 천인혈(千人血)이요
옥반가효(玉盤佳肴) 만성고(萬姓膏)라.
촉루낙시(燭淚落時) 민루낙(民淚落)이요
가성고처(歌聲高處) 원성고(怨聲高)라.

금 동이의 아름다운 술은 일만 백성의 피요
옥 소반의 아름다운 안주는 일만 백성의 기름이라.
촛불 눈물 떨어질 때 백성 눈물 떨어지고
노랫소리 높은 곳에 원망소리 높았더라.

다른 사람들은 이 시를 보고 큰일 난 것을 알아차렸으나, 변사또는 취해서인지 알아차리지 못했다.

본관사또가 술주정이 나서 분부하되,
"춘향을 급히 올리라."
이때에 (부하들이) 어사또 부하들과 내통한다.……
달 같은 마패를 햇빛같이 번쩍 들어,
"암행어사 출도야."……
이 때 어사또 분부하되,
"이 골은 대감이 좌정하시던 골이라. 잡소리를 금하고 객사(客舍)로 옮겨라."
자리에 앉은 후에
"본관사또는 봉고파직(封庫罷職)하라." 분부하니
"본관사또는 봉고파직이오."
사대문에 방을 붙이고 옥형리 불러 분부하되,
"네 골 옥에 갇힌 죄수를 다 올리라."……
다 각각 죄를 물은 후에 죄가 없는 자는 풀어줄새,
"저 계집은 무엇인고?"

형리 여쭈오되,

"기생 월매의 딸이온데 관청에서 포악한 죄로 옥중에 있삽나이다."

"무슨 죄인고?"

형리 아뢰되,

"본관사또 수청 들라고 불렀더니 수절이 정절이라. 수청 아니 들려 하고 사또에게 악을 쓰며 달려든 춘향이로소이다."……

어사또 분부하되, "얼굴 들어 나를 보라."

 제척사유

그 다음은 잘 아는 대로 일사천리 해피엔딩이다. 당시에 사법부의 독립이 이루어지지 않았고 관리가 행정과 재판을 함께 하던 때이므로 양해하고 보더라도 즉석에서 재판을 하는 것은 현대의 재판 원칙에는 맞지 않는다. 재판은 증거재판주의이므로 신분이 보장되고 독립적인 판사가 법에 정해진 절차에 따라 형식을 갖춘 후에 증거에 따라서만 재판을 한다. 그러므로 즉석에서 무죄한 사람을 골라내어 풀어주는 일은 불가능하다. 더구나 춘향이는 자신의 사실혼관계의 부인이므로 제척사유에 해당하여 재판하지 못한다. 형사소송법 §17는 일정한 경우 법관은 직무집행에서 제외된다고 규정하고 있다. 그 사유는,

"1. 법관이 피해자인 때

2. 법관이 피고인 또는 피해자의 친족 또는 친족관계가 있었던 자인 때

3. 법관이 피고인 또는 피해자의 법정대리인, 후견감독인인 때
4. 법관이 사건에 관하여 증인, 감정인, 피해자의 대리인으로 된 때
5. 법관이 사건에 관하여 피고인의 대리인, 변호인, 보조인으로 된 때
6. 법관이 사건에 관하여 검사 또는 사법경찰관의 직무를 행한 때
7. 법관이 사건에 관하여 전심재판 또는 그 기초되는 조사, 심리에 관여한 때" 등이다.

즉 춘향이는 재판을 하는 이몽룡의 친족에 해당된다고 할 수 있으므로 재판을 해서는 안 된다. 이러한 사유 외에도 불공평한 재판을 할 염려가 있으면 검사 또는 피고인은 해당 법관에 대하여 기피신청을 할 수 있다(형사소송법 §18). 또 법관 자신이 이에 해당한다면 스스로 그 재판을 회피할 수 있다(형사소송법 §24). 형사소송법 뿐만 아니라 민사소송법을 비롯하여 재판의 형식으로 이루어지는 모든 경우에 제척, 기피, 회피제도가 적용된다(민사소송법 §41 이하 참조).

한편 봉고파직은 무엇일까? 조선시대는 감찰의 한 방법으로 지방관의 비위사실을 적발한 뒤 관서의 창고를 봉하였는데, 봉고는 이러한 제도이다. 이는 증거보존을 위한 조처였지만 당사자의 직위해제, 곧 파직을 상징하며 보통 '봉고파직(封庫罷職)' 혹은 '봉파(封罷)'라고도 하였다. 원문의 이러한 즉석에서의 처

분도 현대법에는 맞지 않는다. 감찰을 하여 비위가 적발되었다고 하여도 감사위원회 등 절차를 밟아서 징계를 요청하거나 형사고발을 하여 처벌을 받게 하는 것이 일반적이다. 감사원법은 징계 및 문책 처분의 요구에 관한 사항은 감사위원회의 의결사항으로 규정하고 있다(**감사원법 §21①**).

그리고 행복하게 잘 살았다. 춘향전에서 법적 설명이 필요한 장면을 더 찾다보면 너무 늘어질 것 같다. 아쉽지만 여기서 마무리하고 심청전으로 넘어가자.

II. 심청전

1. 심청이를 만나보자

심청전은 춘향전과 함께 독자들에게 널리 읽혀졌던 고대 소설이다. 판소리로도 유명하다. 따라서 이본(異本)이 많은데 판본, 필사본, 그리고 활자본으로 나누어 볼 수 있고 각각 수많은 이본이 있다. 이 책에서 기본으로 한 것은 완판A본을 현대어로 풀어쓴 것이다. 작자에 의하면 내용이 가장 다채롭고 흥미로운 것이 완판본이고 그 중에서 A본이 가장 오래된 것이라고 한다(최운식, 심청전, 시인사, 1996 참조). 다만 고어체로 되어 있어서 이해하기 어려운 부분은 필자가 현대어로 풀어 썼다는 점을 밝혀둔다.

심청전/서울대 소장 완판 71장본 심청전 원전/현대문
정하영 편, 춘향전[한국고전문학전집 13], 고려대 민족문화연

구소, 1995

송나라 말년에 황주 도화동에 한 사람이 있으되 성은 심이요, 명은 학규라. 원래는 대대로 높은 벼슬을 하던 집안이었으나 벼슬을 하지 못하게 되자 가문이 쇠퇴하여 빈천하게 되었다. 가까운 친척이 별로 없고 더구나 눈이 안 보이니 누가 접대하랴마는 양반의 후예로 행실이 청렴하고 지조가 있으니 사람마다 군자라 칭하더라. 그의 처 곽씨부인은 현명하고 덕행이 있으며, 예기(禮記) 가례(家禮) 등을 잘 알고, 이웃과 화목하고 지조가 있었다. 그러나 가난하여 집 한 칸에 세간이라고는 바가지 밖에 없는지라. 전답도 없고 노비도 없어 가련해진 곽씨부인은 품을 팔아 삯바느질로 집안을 꾸려갔다. 일년 삼백육십일을 하루 반 때도 놀지 않고 손톱 발톱 잦아지게 품을 팔아 돈을 모은 뒤 이웃집 착실한 데 빚을 주어 실수 없이 이자를 더하여 받아 조상들 제사하고 심봉사를 공경하니 사람들이 칭찬하더라.

 금전소비대차와 대부업

심봉사가 원래는 양반이었고 벼슬하던 집안 사람이었으나 몰락하여 가난하게 되었다는 심청전의 배경이야기다. 그의 부인 곽씨도 현명하고 부지런한 사람이라는 설명이다. 품을 팔아 돈을 모아서 이자를 받아서 가계를 꾸려갔다고 한다. 여기서 돈을 남에게 빌려주는 것은 금전소비대차(金錢消費貸借)라고 한다. 목적물을 빌려주었다가 다시 돌려받는 임대차(賃貸借)와 구별된다. 소비대차는 어떤 물건을 빌려주는데, 빌리는 사람이 이를 아주 갖는 것이며(소유권이 이전됨) 다시 같은 가치의 물건으로 되갚는 것이다. 민법 §598는 "소비대차는 당사자 일방이 금전 기타 대체물의 소유권을 상대방에게 이전할 것을 약정하고 상대방은 그와 같은 종류, 품질 및 수량으로 반환할 것을 약정함으로써 그 효력이 생긴다."고 거창하게 규정하고 있다. 쉽게 말하면 금전소비대차는 '돈을 꾸어주는 것'이다. 돈을 꾸어간 후 약속된 기한 내에 갚게 되는데 이 때 원금 뿐 아니라 빌려준 대가로 약간의 돈을 더 주는 것으로 약속할 수 있는데 이를 이자(利子)라고 한다.

그런데 이렇게 돈을 꾸어주고 이자를 받는 것을 직업적으로 하는 사람들이 있는데 대부업법이 마련되어 있어서 돈을 꾸는 사람들을 보호하고 있다. 물론 기업적으로 돈을 빌려주는 등의 금융기관들도 있는데 이 경우는 은행법이 규율하고 있다.

하루는 심봉사가 곽씨부인에게 말하되
"전생의 무슨 은혜로 이 세상의 부부되어 앞 못 보는 나를 위하여 주야로 벌어서 어린아이 받들 듯이 행여 배고플까 행여 추워할까 의복 음식 때 맞추어 극진히 공양하니 나는 편타마는 마누라 고생하는 일이 도리어 불편하니 이후부터는 날 공경 그만하고 사는 대로 살아가되, 나이 사십에 슬하에 일점 혈육도 없어 조종향화(朝宗香火) 끊게 되니 죽어 지하에 간들 무슨 면목으로 조상을 대면할까? 그러니 명산대찰에 신공이나 드려보아 다행히 눈먼 자식이라도 남녀 간에 낳게 되면 평생 한을 풀

것이니 지성으로 빌어 보오."라고 하였다.

곽씨부인 대답하되

"옛글에 이르기를 불효삼천(不孝三千) 무후위대(無後爲大)라. 집안은 가난하고 서방님의 뜻을 몰라 먼저 말씀드리지 못하였으나 먼저 말씀하시오니 지성으로 공을 드려보겠습니다."라고 하였다.

부부의 상호부양의무

조종향화는 조상에게 제사드리는 일을 말한다. 또 불효삼천에 무후위대란 불효하는 일이 삼천 가지나 되는데 자식이 없어 뒤를 잇지 못하는 것이 제일 크다는 말이다. 아무리 당시에는 자식이 있어야 하는 사회라 하더라도 봉사로써 모든 것을 부인에게 의지하는 처지에, 없는 아들을 치성을 들여서라도 낳아달라는 것은 좀 심했다. 심봉사는 부인이 고생해서 먹여 살리는 것에 미안한 마음이 들어 자신을 그만 공경해도 된다고 이야기한다. 그러면서 자식이 없으면 조상에게 불효하는 것이므로 자식이나 하나 낳을 수 있도록 치성을 드리자고 하니, 자식을 낳게 되면 어쩌란 말인가? 공경을 안 해도 된다는 말에 진정성이 느껴지지는 않는다. 이런 말을 비진의 의사표시라고 하는데, 앞서 춘향이가 처음 만난 이몽룡에게 대답하던 장면에서 설명하였다.

아무튼 부부는 동거하며 서로 부양하고 협조하여야 한다(민법 §826①). 심봉사는 시각장애인이므로 당시에는 경제활동을 하기 어려워 경제력이 없었을 것이다. 따라서 부인이 남편을 부양하는 것이 법률상의 의무로 되어 있다. 또한 부부는 일상의 가사에 관하여 서로 대리권이 있다(민법 §827①). 즉 생활에 필요한 의식주 등에 대해서는 서로 책임이 있다는 의미이다. 즉 부인이 동네 쌀가게에서 외상으로 쌀을 사왔다면 가게 주인은 남편에게 갚으라고 할 수 있고 남편은 갚아야 하는 것이다. 그러나 부인이 남편 몰래 1억 원을 빌려 주식투자를 하여 다 없어졌다고 하면, 주식투자는 일상가사(日常家事)가 아니므로 남편은 부인의 빚을 갚아야 할 법률상의 의무는 없는 것이다. 물론 남편이 부인의 빚을 갚는 것은 가능하지만, 채권자(이 경우 돈을 꿔준 은행이나 사람)는 남편에게 청구할 권리가 없다. 즉 강제로 남편에게서 받을 수는 없다. 이몽룡과 춘향이 헤어지는 장면에서 설명한 바 있다.

곽씨부인은 품 팔아 모은 재물로 온갖 공을 다 들였다. 그 후 갑자 사월 초파일에 한 꿈을 꾸었는데, 한 선녀가 학을 타고 하늘로부터 내려와서,

"서왕모(西王母) 딸이었는데 반도(蟠桃) 진상 가는 길에 옥진비자를 만나 놀다가 시간에 늦게 가서 상제(上帝)께 죄를 지어 인간 세상으로 쫓겨 오게 되었습니다." 하며 품안으로 들어오는데 깨어보니 꿈인지라. 심봉사에게 말해보니 같은 꿈을 꾸었다고 한다. 그 달부터 태기가 있어 열 달 후에 아기를 낳게 되었다. 딸이라는 말을 듣고 곽씨부인은 서운해 하는데 심봉사는,

"마누라 그 말 마오. 첫째는 순산이요, 딸이라도 잘 두면 어느 아들 주

어 바꾸겠소." 한다.

첫 국밥 얼른 지어 삼신상에 받쳐놓고 두 손 들어 비는 말이,
"삼십삼천 도솔천 제석전에 발원하니 삼신 제왕님네 굽어보옵소서. 사십 후에 점지한 자식 한두 달에 이슬 맺어, 석 달에 피 어리어, 넉 달에 인형 생기어, 다섯 달에 외포 생겨, 여섯 달에 육정 나고, 일곱 달에 골격 생겨 사만 팔천 털이 나고, 여덟 달에 찬침 받아 금강문 해탈문 고이 열어 순산하오니 삼신님네 덕이 아니신가. 다만 무남독녀 딸이오니 복을 주어 잔병 없이 일취월장 주옵소서."라고 한다.

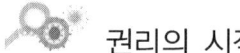 권리의 시작

서왕모는 중국 고대의 선녀이며, 곤륜산에서 지내며 삼천년마다 열리는 반도 복숭아를 한나라 무제에게 주었다고 한다. 그 심부름을 가던 선녀가 다른 선녀인 옥진비자를 만나 노닥거리다가 늦게 가서 상제(하느님)의 노여움을 사서 인간세상으로 쫓겨나게 되었다는 이야기다. 꿈 얘기는 그냥 넘어가자. 옛 이야기에 어떤 암시를 하기 위해 단골로 등장하는 메뉴다. 선녀가 인간세상으로 쫓겨나 심청이가 되었다니까 심청전의 결말을 예측해 볼 수 있게 한다.

심봉사가 치성 드리는 가운데 어머니 뱃속에서 차차 사람으로 자라가는 것을 묘사한 이야기가 나온다. 그럼 법적으로 언제부터 인간으로 취급되는가? 즉 언제부터 인간으로서의 권리와

의무를 가지는가? 이를 권리의 시기(始期 시작하는 때)라고 한다. 법에 따르면 "사람은 생존한 동안 권리와 의무의 주체가 된다(민법 §3)". 즉 사람은 태어나면서부터 죽을 때까지 권리와 의무의 주체가 되는 것이 원칙이다. 다만 예외적인 경우가 인정된다. 태어나기 전, 즉 태아일 때도 생명권의 보호대상이 된다. 그리고 예외적으로 불법행위로 인한 손해배상청구, 상속, 유류분(遺留分), 유증(遺贈), 인지(認知) 및 유족연금 수급 등에 있어서는 태아에게도 권리능력이 인정된다. 이 책의 다른 부분에서 설명하는 것 외에 자세한 것은 전공서적을 참조하기 바란다.

언제 태어난 것으로 볼 것인지도 논란이 될 수 있다. 민사사건의 경우에는 완전히 태어난(모체로부터 분리된) 후부터 사람으로 보는 데 별 문제가 없지만 형사사건의 경우는 좀 다르다. 예를 들어 보자. 형법상 사람을 살해한 자는 사형, 무기 또는 5년 이상의 징역에 처한다(형법 §250①). 참작할 만한 이유가 있는 경우, 분만 중 또는 분만직후의 영아(嬰兒)를 살해한 때에는 10년 이하의 징역에 처한다(형법 §251). 그러나 태아를 죽게 한 경우는 낙태죄로 처벌된다. 약물 기타 방법으로 낙태한 때에는 1년 이하의 징역 또는 200만 원 이하의 벌금에 처한다(형법 §269①). 즉 분만이 시작되기 전에 죽이면 1년 이하의 징역에 해당되므로 훨씬 형량이 가볍다. 따라서 형사사건에서는 분만이 시작되면 사람으로 보는 것이 합리적이다. 분만이 시작되면, 즉 산모에게 진통이 시작되면 이미 낳은 것으로, 완전한 사람으로 본다. 그러므로 분만이 시작된 후 엄마 뱃속의 아이를 죽이면 낙태죄가 아니라 살인죄로 처벌된다.

뜻밖에 산후별증(産後別症)이 났구나. 곽씨부인이 초칠일 못다 가서 외풍을 과히 쐬어 병이 났네.
"애고 배야. 애고 머리야. 애고 가슴이야. 애고 다리야."
온 몸에 병이 났구나. 병세 점점 위중하니 심봉사 겁을 내어 건너 마을 성생원을 모셔다가 진맥한 연후에 약을 썼다. 그러나 죽을병이 들었는지 병에 맞는 약이 없었다. 병세가 점점 중하여 결국 죽을 지경이 되었다. 곽씨부인 또한 살지 못할 줄 알고 심봉사의 손을 잡고 말한다.
"우리 둘이 서로 만나 백년해로 하려 하였으나 천명이 그뿐인지 인연이 끊어졌는지 어쩔 수가 없구려. 내 눈을 감고 어찌 갈까. 내가 죽으면 눈 어두운 우리 가장 사고무친 혈혈단신 의탁할 곳 없어 바가지 들고 지팡이 부여잡고 구덩이에도 빠지고, 돌에도 채여 엎어지고, 가가문전 찾아가서 밥 달라는 슬픈 소리 귀에 들리는 듯, 나 죽은 후 혼백인들 차마 어찌 보고 들을까. 사십에 낳은 자식 젖 한번 제대로 못 먹이고 얼굴도 채 못보고 죽는단 말인가……
저 건너 이동지 집에 돈 열냥 맡겼으니 찾아다가 초상에 보태어 쓰고, 장 안의 양식 해복 쌀로 두었으니 양식하옵소서. 진어사댁 관복 한 벌 지어 보에 싸서 농에 넣었으니 나 죽어 초상 후에 찾아오면 내어주고, 건너 마을 귀덕어미 나와 절친하게 다녔으니 어린 아이 안고 가서 젖을 먹여 달라 하면 괄시하지 않으리라.
천행으로 이 아이 죽지 않고 커서 제 발로 걷거든 내 무덤 앞에 찾아와서 '너의 죽은 모친 무덤이로다.' 가르쳐 모녀상면 시켜주오. 애고 애고 잊었소. 저 아이 이름은 청이라 지어 주오."

 유언

심청이 어머니가 출산 후유증으로 죽으면서 유언을 하는 장면이다. '유언(遺言)'이란 사람이 그가 죽은 뒤의 법률관계를 정하려는 생전의 의사표시로서 유언자의 사망으로 그 효력이 생긴다. 유언은 민법에 정한 방식에 따라야 효력이 있는데, 민법은 자필증서, 녹음, 공정증서, 비밀증서와 구수증서의 5가지를 규정하고 있다(민법 §1060, §1065). 유언을 할 수 있으려면 17세가 되어야 한다(민법 §1061). 유언은 법률관계에 대한 의사표시이므로 법적으로는 단순한 당부 등은 그 대상이 되지 않으며, 상속이나 신분(가족관계) 또는 유언의 집행과 관련된 사항들이 그 대상이다. 심봉사는 곽씨부인의 배우자이므로 법적으로 당연히 상속을 받을 수 있으며, 자식이라야 청이밖에 없으므로 별 문제가 없다. 정확히는 심봉사의 재산과 곽씨부인의 재산을 나누어 생각해야 하고, 곽씨부인의 재산은 심봉사와 청이가 공동으로 상속을 받아야 하며, 그 비율은 1.5:1이다. 하지만 여기서는 모든 재산을 심봉사가 상속하고 처리하는 것으로 유언한 것이다.

그리고 곽씨부인은 옆에 누운 청이를 잡아당겨 한탄하다가 결국 숨을 거둔다. 100여 집 되는 도화동 사람들이 모두 모여 십시일반

으로 장사를 지낸다. 심봉사 애통하다가 생각하기를
'죽은 사람은 다시 살아날 수 없으니 이 아이나 잘 키워내리라.' 하고 어린 아이 있는 집을 차례로 물어보아 동냥젖을 얻어 먹인다. 할머니도 외할머니도 없고 봐줄 사람이 아무도 없어 아이 젖을 먹여 뉘이고 틈새에 동냥을 한다. 한푼 두푼 모아 청이를 기른다.

무정한 세월은 흐르는 물과 같아서 어느덧 청이가 칠팔세가 되었다.

어느 날 청이가 하는 말이,

"아버지 눈 어두신데 밥 빌러 가시다가 높은 데 깊은 데와 좁은 길로 천방지방 다니다가 엎드러져 상하기 쉽고, 궂은 날 비바람 불고 서리 친 날 추워 병이 나실까 주야로 염려되오니 오늘부터 아버지는 집이나 지키시면 내가 나서서 밥을 빌어다가 조석근심 덜게 하오리다."

심봉사 웃고 하는 말이,

"네 말이 기특하다. 인정은 그러하나 어린 너를 내보내고 앉아 받아먹는 마음 내 어찌 편하리오. 그런 말 다시 말라."

청이가 다시 간청하자 심봉사가 허락한다.

"기특하다 내 딸이야. 효녀로다 내 딸이야. 네 말대로 그리하여라."

 사회복지

맹인 아버지와 미성년자 어린 딸. 아무 친척도 없는 형편이다. 이런 경우 국가에서 기본적인 생활을 보장해 주어야 한다. 우리나라는 다양한 사회복지 관련 법률이 만들어져 있다. 대표

적인 것들에 대해 살펴보자.

　국민기초생활보장법 §1는 "이 법은 생활이 어려운 사람에게 필요한 급여를 실시하여 이들의 최저생활을 보장하고 자활을 돕는 것을 목적으로 한다."고 하고 있다. 또 §7에 따르면 형편에 따라 생계급여, 주거급여, 의료급여, 교육급여, 해산급여(解産給與), 장제급여(葬祭給與), 자활급여 등을 받을 수 있다. 다만 §3①에 의하면 이러한 "급여는 수급자가 자신의 생활의 유지·향상을 위하여 그의 소득, 재산, 근로능력 등을 활용하여 최대한 노력하는 것을 전제로 이를 보충·발전시키는 것을 기본원칙으로"하는 것일 뿐, 능력이 있으면서 일을 하지 않는 사람들을 국가가 먹여 살려 주는 것은 아니다.

　생계급여의 경우 "의복, 음식물 및 연료비와 그 밖에 일상생활에 기본적으로 필요한 금품을 지급하여 그 생계를 유지하게 하는 것" 이며, 중위소득의 30% 이상을 보장해 준다(국민기초생활보장법 §8①②).

　한편 시각장애인인 심봉사의 경우 장애인복지법에 따른 도움을 받을 수 있다. 장애인복지법 §1는 "장애인의 인간다운 삶과 권리보장을 위한 국가와 지방자치단체 등의 책임을 명백히 하고, 장애발생 예방과 장애인의 의료·교육·직업재활·생활환경개선 등에 관한 사업을 정하여 장애인복지대책을 종합적으로 추진하며, 장애인의 자립생활·보호 및 수당지급 등에 관하여 필요한 사항을 정하여 장애인의 생활안정에 기여하는 등 장애인의 복지와 사회활동 참여증진을 통하여 사회통합에 이바지함을 목적으로 한다."고 선언하고 있다. 이 법에 따라 각종 의료와 재활치료, 교육과 직업훈련, 사회생활에서의 편의, 자녀교육비와 장애수당 등을 받을 수 있다.

심청이 이날부터 밥 빌러 나설 제……

엄동설한 모진 날에 추운 줄을 모르고 이집 저집 문 앞 문 앞 들어가서 애근히(애를 쓰며 어렵게) 비는 말이,

"모친은 세상 버리시고 우리 부친 눈 어두워 앞 못 보는 줄 뉘 모르시리까. 십시일반이오니 밥 한 술 덜 잡수시고 주시면 눈 어두운 나의 부친 시장을 면하겠소."

보고 듣는 사람들이 마음이 감격하여 그릇, 밥, 김치, 장 아끼지 않고 주며, 혹은 먹고 가라 하면 심청이 하는 말이,

"추운 방의 늙은 부친 응당 기다릴 것이니 어찌 나 혼자 먹사오리까. 어서 바삐 돌아가서 아버지와 함께 먹겠나이다."

이럭저럭 얻은 밥이 두세 집 얻으니 족한지라. 속히 돌아와서 방문 앞에 들어오며,

"아버지 춥지 않소? 아버지 시장하시지요? 아버지 기다렸소? 자연히 더디었소."

심봉사 혀를 끌끌 차며, 눈물지으며,

"애고 애고 애닯도다 너의 모친. 무상하다 나의 팔자야. 너로 하여금 밥을 빌어먹고 살잔 말인가. 애고 애고 모진 목숨 구차히 살아서 자식 고생 시키는구나."……

이렇듯이 공양하며 춘하추동 사시절 없이 동네 걸인 되었더니, 한

해 두 해 지나가니 재질이 민첩하고 침선이 능란하니 동네 바느질을 공밥 먹지 아니하고 삯을 주면 받아 모아 부친 의복 찬수(饌需)하고, 일 없는 날은 밥을 빌어 근근히 연명하여 가니, 세월이 여류하여 십오 세에 당하더니, 얼굴이 추월(秋月) 같고, 인사가 비범하니 천생려질(天生麗質 하늘이 낸 아름다운 자질)이라. 가르쳐 행할소냐. 여자 중의 군자요 새 중의 봉황이라. 이러한 소문이 원근에 자자하니 하루는 월편 무릉촌 장승댁 부인이 시종을 통하여 심청을 불렀다.

의무교육

심청이 심봉사를 봉양하면서 저절로 예쁘고 똑똑하고 손재주 있고 효심 가득한 아이로 성장해 갔다니 참 다행이다. 현실에서는 참 기대하기 어려운 상황이다. 특히 요즘처럼 부모의 재력이 자녀의 학력과 비례한다고 비판받는 세상에서는 말이다. 원문에서는 아무튼 다행이지만, 법적으로는 학교를 보내야 하는 것이 국민의 의무로 되어 있다.

헌법 §31①은 "모든 국민은 능력에 따라 균등하게 교육을 받을 권리를 가진다."고 하여 교육이 국민의 기본권이라는 점을 규정하였다. 한편, §31②은 "모든 국민은 그 보호하는 자녀에게 적어도 초등교육과 법률이 정하는 교육을 받게 할 의무를 진다."고 하여 교육의 의무를 규정하고 있다. 이에 따라 제정된 법률인 교육기본법은 §8①에서 "의무교육은 6년의 초등교육과 3년의 중등

교육으로 한다."고 하여 초등학교와 중학교 교육을 국민의 의무로 규정하였다. 그런데 그 의무를 지는 사람은 학교에 갈 어린이가 아니라 그 부모이다. 즉 초·중등교육법 §13①은 "모든 국민은 보호하는 자녀 또는 아동이 6세가 된 날이 속하는 해의 다음 해 3월 1일에 그 자녀 또는 아동을 초등학교에 입학시켜야 하고, **초등학교를 졸업할 때까지 다니게 하여야 한다.**"고 하였다. 중학교에 대해서는 §13③에 같은 내용을 규정하였다. 초등학교나 중학교에 가야 할 학생을 학교에 보내지 않으면 100만 원 이하의 과태료를 내야 한다(초·중등교육법 §68①). 한편 헌법 §31③에 따르면 "의무교육은 무상으로 한다."고 하였다. 무상교육의 범위는 기본적으로 학생으로부터 수업료를 받을 수 없으며, 학교에 다니는 데 필요한 것을 재정이 허용하는 한도에서 지원해 주는 것을 말한다.

그렇다면 심봉사는 심청이를 초등학교에도 보내지 않은 것이 되므로 법을 위반한 것이고 과태료 100만 원에 해당한다. 물론 소설이니까 다음 장면으로 넘어가자.

심청이 부친께 아뢰고 시종을 따라 장승댁으로 갔다.……
반백이 넘은 부인 의상이 단정하고 **풍염**(살이 포동포동하고 아름다움)하여 복이 있게 보이더라. 심소저를 보고 반겨하여 손을 쥐며, "네가 과연 심청이냐? 듣던 말과 같도다.……
전세(**前世** 전생)를 모르느냐? 분명히 선녀로다. 도화동에 내려오니 월궁(**月宮**)에 놀던 선녀가 벗 하나를 잃었구나. 오늘 너를 보니 우연한 일

아니로다. 무릉촌에 내가 있고, 도화동에 네가 나니, 무릉촌에 봄이 들고 도화동에 개화(開花)로다. 내 말을 들어라. 승상이 일찍 세상을 뜨고 아들이 삼형제라. 다들 나가 벼슬하니 며느리들이 아침저녁으로 문안한 후 다 각기 제 할 일을 하니 적적한 빈 방에, 대하나니 촛불이요, 보나니 고서(古書)로다. 너의 신세 생각하니 어찌 아니 불쌍하랴. 나의 수양딸 되어 바느질도 배우고 문산(文算 글과 계산)도 배우게 하여 내가 낳은 자식처럼 길러내어 말년의 즐거움을 보려 하는데 네 뜻은 어떠냐?"

심소저 일어나 재배(再拜 두 번 절함)하고 여쭈되,

"팔자가 기구하여 낳은 지 초칠일 안에 모친이 세상을 버리시매 눈 어두운 나의 부친 동냥젖 얻어 먹여 겨우 살았으니 모친은 얼굴도 모르매 그 아픔 끊어질 날이 없었으며 나의 부모 생각하여 남의 부모도 공경터니, 오늘 승상부인께서 미천한 절 딸을 삼으려 하신다니 모친을 다시 뵈온 듯 황송 감격하여 마음을 둘 곳이 전혀 없습니다. 부인의 말씀을 좇자 하면 몸은 영귀하오나 눈 어두운 우리 부친 조석공양과 사철 의복 누가 이으리까. 부친 모시옵기를 모친 겸 모시옵고, 부친 날 믿기를 아들 겸 믿사오니, 내가 부친 아니면 어떻게 이제까지 살았으며, 내가 만일 없어지면 우리 부친 남은 해를 마칠 길이 없사오니 서로 의지하여 내 몸이 다하도록 길이 모시려 하옵니다."

말을 마치매 눈물이 얼굴을 적신다.

"효녀로다 효녀로다. 네 말이 응당 그러할 듯하다. 늙어 정신이 혼미하여 미처 생각지 못하였구나."

부인이 말리지 못하여 채단(綵緞 비단)과 피륙이며 양식을 후히 주어 시비(侍婢 시중드는 여자 종)와 함께 보낸다.

"부디 나를 잊지 말고 모녀간 의를 두면 노년의 다행이라."

심청이 대답하되,

"부인의 뜻이 이같이 미쳤으니 가르치심을 받자오리다."

 양자

심청의 소문이 자자하여 인근의 정승 부인이 심청을 양녀(양자)로 삼고자 불렀으나 심청은 앞 못 보는 아버지를 생각하여 정중히 거절하는 장면이다. 소문을 제대로 들었더라면 심봉사 문제를 고려했어야 마땅한데, 정승 부인이 생각이 짧았다고 할 수 있겠다. 정승 부인 정도면 심봉사도 불러서 함께 지낼 수 있었을텐데 하는 생각이 든다. 아무튼 소설의 내용이 그러하니 만약에 라는 생각은 하지 말자. 여기서 생각해 볼 문제는 양자(養子)이다.

우리나라 조선시대의 전통적인 양자제도는 아들이 없는 집에서 가계의 대를 잇기 위하여 동성동본의 남자를 아들로 맞아들이는 제도였다. 양자는 양부로부터 혈통과 재산, 사회적 신분을 모두 이어받았다. 따라서 동성동본의 남자를 대상으로 하는 것이 관례였다. 현행 민법에 따르면 양자를 들이는 것을 입양(入養)이라고 한다. 입양을 할 수 있는 사람은 성년이어야 한다(민법 §866). 미성년자를 입양하려면 가정법원의 허가를 받아야 한다(민법 §867). 이 경우 양자가 될 사람이 13세 미만이면 법정대리인이, 13세 이상의 미성년자이면 법정대리인의 동의를 받아서 본인이 양자가 되겠다는 승낙을 하게 된다(민법 §869). 배우자가 있는 사람은 공동으로 입양을 하여야 하며, 배우자가 있는 사람이 양자가 되려면 배우자의 동의를 얻어야 한다(민법 §874). 일단 입양이 되면 친생자와 동일한 법적 지위를 갖게 되며, 입양 전의 친족관계는 변함이 없다(민법 §882-2).

미성년자인 심청이 양자로 가려면 아버지인 심봉사의 동의를 얻어야 한다. 하지만 소설 속에서는 그런 일이 일어나지 않았으니 다음 이야기로 넘어가자.

2. 공양미 삼백 석에 팔려가는 심청

이때에 심봉사 홀로 앉아 심청을 기다릴 제, 배고파 등이 붙고, 방은 추워 턱이 떨리고, 새들은 잘 자리로 날아들고, 먼 데 쇠북소리가 들리니 날이 저문 줄 짐작하고 혼자 하는 말이,
"내 딸 청이는 무슨 일에 골몰하여 날이 저문 줄 모르는고? 주인에게 잡혀 못 오는가, 오는 길에 동무를 만나 못 오는가?"
지팡이 찾아 짚고 사립문 밖에 나가다가 길가 개천에 밀친 듯이 떨어지니 면상에 흙빛이요 의복에 얼음이라. 뛴들 도로 더 빠지며 나오려고 한 즉 미끄러져 하릴없이 죽게 되어 아무리 소리친들 뉘라서 건져주리. 마침 이때 몽운사 화주승(化主僧 보시 즉 물품을 절에 바치는 것을 구하는 스님)이 절을 중창하려고 권선문(勸善文 절에서

건축하거나 수리할 때 시주한 신도들의 이름과 액수를 적은 비망록) 둘러메고 내려왔다. 바람결에 사람 살리라는 소리 듣고 소리 나는 곳을 찾아가더니 어떤 사람이 개천에 빠져 거의 죽게 되었거늘, 급한 마음에 죽장 던져 놓고 장삼 띠 달린 채 벗어 놓고 물에 달려들어 심봉사 상투 덥석 잡아 당겨 건져 놓으니 전에 보던 심봉사라.

 착한 사마리아 조항

물에 빠진 심봉사를 몽운사 화주승이 구해주는 장면이다. 그런데 만약 심봉사가 물에 빠진 것을 보고도 구해주지 않았다면 법적으로 어떻게 될까? 위난(危難)을 당한 사람이 구조를 필요로 하는데 이를 구조해 주지 않았을 때, 이를 도덕적으로만 비난할 것인가 아니면 법적으로 제재를 가할 것인가의 문제이다. 우리의 형법과 판례는, 법률상 또는 계약상 구조의무가 있는 경우에만 형법적 책임을 지우고 있다. 예컨대 몽운사 화주승이 본 것이 아니라, 개천이 크고 위험해서 동네에서 배치해 놓았던 안전요원이 물에 빠진 심봉사를 구하지 않아서 심봉사가 죽었다면 법적으로 책임이 있다. 그러나 그냥 지나가던 화주승이 구할 수 있었는데도 구하지 않았다고 법적으로 처벌되지는 않는다.

다른 나라의 경우 일반적인 구조의무를 법에 규정하여 책임을 지우는 나라들도 있다. 예컨대 핀란드와 터키는 구조불이행자에 대하여 벌금을 부과하고, 체코와 이디오피아는 3개월 이하의 구류, 독일・그리스・헝가리・유고는 1년 이하의 징역, 프랑

스는 5년 이하의 징역 등을 부과할 수 있도록 하고 있다. 이러한 조항을 '착한 사마리아인 조항'(the Good Samaritan Clause)이라고 한다. '착한 사마리아인'이라는 것은 기독교 성경에서 강도 만난 사람을, 제사장은 도와주지 않았지만, 유대인으로부터 무시당하던 사마리아 지방 사람이 도와줬다는 이야기에서 유래하는 말이다.

심봉사 정신차려 묻는 말이,
"게 뉘시오?"
"몽운사 화주승이요."
"그렇지 활인지불(活人之佛 사람을 살리는 자비한 부처)이로고. 죽을 사람 살려 놓으니 은혜 백골난망이라."
화주승이 심봉사를 업어다 방안에 놓고 자초지정을 들었다.
"불쌍하오. 우리 절 부처님은 영검이 많으셔서 빌어서 안 되는 일이 없으니, 공양미 삼백 석을 부처님께 올리옵고 지성으로 공양하면 정녕 눈을 떠서 천지만물을 보오리다."
심봉사 자신의 형편은 생각지 않고 눈 뜬단 말에 혹하여,
"그러면 삼백 석을 적어 가시오."
화주승이 허허 웃고,
"여보시오, 댁의 가세를 살펴보니 삼백 석을 무슨 수로 하겠소?"
심봉사 홧김에 하는 말이,
"여보시오, 어느 놈이 부처님께 적어 놓고 빈말 하겠소? 눈 뜨려다가 앉은뱅이 되게요? 사람 업신여기지 말고 염려 말고 적으시오."

화주승이 제일 층 붉은 띠에 '심학규 백미 삼백 석'이라 적은 후 하직한다.

 ## 계약의 무효

심봉사는 물에 빠졌다가 겨우 살아난 후 몽운사 화주승에게 공양미 삼백 석을 덜컥 약속하고 만다. "공양미 삼백 석을 바치면 눈을 뜨게 해 준다."고 단순화해서 생각하자. 즉 '지성으로 공양'하는 종교적 행위는 여기서 따지지 말아 보자. 이렇게 서로 반대급부를 약속하는 것을 계약이라고 한다. 계약이란 복수의 당사자가 서로 반대방향의 의사표시를 하고 그 내용에 따라 법적 효력이 생기는 법률행위이다. 의사표시가 하나인 경우에 법률효과가 나타나는 것을 단독행위, 복수의 당사자가 반대방향이 아닌 같은 방향의 의사표시를 하는 것을 합동행위라고 하여 계약과 구분한다. 단독행위에는 유언, 권리의 포기 등이 해당되며, 합동행위에는 조합의 설립 같은 경우가 해당된다. 대부분의 법률행위는 계약이다. 원칙적으로 계약은 자유이다. 그러나 "선량한 풍속 기타 사회질서에 위반한 사항을 내용으로 하는 법률행위는 무효로 한다(민법 §103)."

공양미 삼백 석을 바치면 눈을 뜨게 해준다는 것이 선량한 풍속이나 사회질서에 위반된다고 하기는 어렵겠다. 선량한 풍속 기타 사회질서를 줄여서 공서양속(公序良俗)이라고 하는데 도박계약이나 인신매매 등을 말하며 이러한 내용의 계약은 무효이

다. 공양미 삼백 석 약속은 여기에 해당하지는 않는다. 그러나 민법은 "당사자의 궁박, 경솔 또는 무경험으로 인하여 현저하게 공정을 잃은 법률행위는 무효로 한다(민법 §104)."고 규정하였다. 심봉사는 눈이 보이지 않아 개천에 빠지는 등 궁박(窮迫) 즉 매우 어려운 상황에 있다고 할 수 있겠다. 또 백미 삼백 석이면, 80Kg 한 석(가마니와 같은 말인데 가마니는 일본말 かます 가마스에서 온 말) 가격을 20만원으로 칠 때 6천만 원에 해당하는 거액이다. 큰 부자가 아니라면 현대의 중산층 가구에서도 선뜻 내기 어려운 액수다. 따라서 심봉사가 자기 형편을 생각하지 않고 경솔하게 합의했다고 할 수 있어서 이 계약은 무효라고 주장할 수 있겠다. '무경험' 요건에도 해당될 수 있다. 법률행위가 무효이면 처음부터 법적인 효력이 발생하지 않은 것이다. 그런데 상대방이 이를 순순히 인정하지 않으면 결국 재판을 통하여 무효라는 사실을 확인받아야 한다. 하지만 원문에서는 아무도 이를 무효라고 주장하지 않는다.

그런 뒤에 심봉사는 화주승을 보내고 다시금 생각하니, 시주 쌀 삼백 석을 장만할 길이 없어 복을 빌려다가 도리어 죄를 얻게 되니 이 일을 어이하리. 이 설움 저 설움, 묵은 설움 햇 설움이 동무지어 일어나니 견디지 못하여 울음을 운다.
"애고 애고 내 팔자야, 망녕할 사 내 일이야. 천지신명 공평하사 후하고 박함이 없건마는, 무슨 일로 맹인 되어 형세조차 가난하고, 일월같이 밝은 것을 분별할 길 전혀 없고, 처자 같은 친한 사람 대하여도 못 보겠

네. 우리 아내 살았더면 끼니 근심 없을 것을, 다 커가는 딸자식을 온 동네에 내놓아서 품을 팔고 밥을 빌어 근근이 살아가는 형편에 공양미 삼백 석을 호기 있게 적어 놓고 백 가지로 생각한들 방법이 없구나."

한창 이리 탄식할 제, 심청이 바삐 와서 아버지 모습 보고 깜짝 놀라 발을 구르면서 온 몸을 두루 만지며,

"아버지 이게 웬일이어요? 나를 찾아 나오시다가 이런 욕을 보셨나요, 이웃집에 가셨다가 이런 봉변 당하셨나? 춥긴들 오죽하며 분함인들 오죽하리. 승상댁 노부인이 굳이 잡고 만류하고 하다 보니 늦었어요."

"진지를 잡수셔요, 더운 진지 가져왔으니 국을 먼저 잡수셔요."

심봉사는 얼굴 가득 근심 띤 빛으로 밥 먹을 뜻이 조금도 없었다.

"아버지 웬일이어요? 어디 아파 그러신가요, 더디 왔다고 화가 나서 그러신가요."

"아니다. 너 알아 쓸 데 없다."

"아버지 그게 무슨 말씀이어요? 부자간 천륜이야 무슨 허물 있겠어요? 제 아무리 불효한들 말씀을 아니하시니 제 마음에 섭섭하네요."

심봉사가 그제야 자초지정을 말한다. 심청이 그 말을 반갑게 듣고 아버지를 위로한다.

"아버지 걱정 마시고 진지나 잡수셔요. 후회하면 진심이 못 되옵니다. 아버지 눈을 떠서 천지만물 보신다면 공양미 삼백 석을 어떻게 해서든지 준비하여 몽운사로 올리지요."

"네가 아무리 애를 쓴들 이런 어려운 형편에 어찌 할 수 있겠느냐?"

심청이 여쭙기를,

"제 효성이 비록 옛 사람만 못하지만 지성이면 감천이라 하니, 공양미는 얻을 길이 있을 테니 깊이 근심 마셔요."

갖가지로 위로하고, 그날부터 목욕재계하여 몸을 깨끗이 하며 집을 청소하고 뒤꼍에 단을 쌓아, 밤이 깊어 사방이 고요할 때 등불을 밝혀 놓고 정화수 한 그릇 떠 놓고 북쪽을 향하여 빈다.

자연채무

심청은 당연히 심봉사에게 공양미 삼백 석을 마련하여 주려고 한다. 심봉사와 몽운사 사이의 공양미 계약이 무효라고 해도 심청이 심봉사를 대신하여 삼백 석을 마련해서 넘겨주면 몽은사는 받을 수 있다. 법적으로 효력이 없다는 설명은 잘못된 것일까? 그렇지는 않다. 만약 이 계약이 법적으로 유효하다면, 심봉사가 삼백 석을 몽은사에 내지 않으면 몽은사는 심봉사를 상대로 재판을 청구하여 법원의 판결에 따라 강제로 가져갈 수 있는 것이다. 그러나 무효라면 그렇게 강제로 가져갈 수 없다는 의미이다. 즉 법적으로 이행을 강제할 수 없게 된다. 무효인데도 스스로 주었다면 받을 수는 있다. 이를 자연채무라고 한다.

위에서 예로 들은 도박계약을 살펴보자. 화투로 고스톱을 한다고 하자. 룰을 정하여 3점이 나면 1점당 천 원을 주기로 합의하였다. 참여자 모두 합의하였으므로 형식상 계약은 성립하였다. 그러나 도박은 선량한 풍속에 위배되어 민법상 무효이고, 형법상 도박죄로 처벌된다(형법 §246). 이미 잃은 돈은 다시 달라고 할 수 없고, 게임에 이기고 아직 받지 못한 돈도 달라고 할 수 없다. 법적 효력이 생기지 않기 때문이다. 다시 말해 도박빚은 안 갚아도 된다. 다만 사기도박의 경우는 그 자체가 불법이므로 계약의 무효와는 달리 피해자를 보호해 줘야 한다.

이렇게 빌기를 계속하던 중에 하루는 들으니,
"남경 장사 뱃사람들이 열다섯 살 난 처녀를 사려 한다." 하더라. 심청이 그 말을 반겨 듣고 귀덕어미를 사이에 넣어 사람 사려 하는 까닭을 물으니,
"우리는 남경 뱃사람으로 인당수를 지나갈 제 제물로 제사하면 가없는 너른 바다를 무사히 건너고 수만 금 이익을 내기로, 몸을 팔려 하는 처녀가 있으면 값을 아끼지 않고 주겠습니다." 하였다.
심청이 반겨 듣고,
"나는 이 동네 사람인데, 우리 아버지가 앞을 못 보셔서 '공양미 삼백 석을 지성으로 불공하면 눈을 떠 보리라.' 하기로, 집안 형편이 어려워 장만할 길이 전혀 없어 내 몸을 팔려 하니 나를 사 가는 것이 어떠하실런지요?" 하니,
뱃사람들이 이 말을 듣고,
"효성이 지극하나 참으로 가련하군요." 하며 허락하고, 즉시 쌀 3백 석을 몽운사로 날라다 주고는,
"오는 3월 보름날에 배가 떠나기로 되어 있습니다." 하고 떠나갔다.
심청이 아버지께 여쭙기를,
"공양미 삼백 석을 이미 실어다 주었으니, 이제는 근심치 마셔요."

공서양속과 인간의 존엄성

처녀를 바다에 넣기 위해 돈을 주고 산다는 내용의 계약은 위에서 설명한 선량한 풍속에 위배되는 계약이므로 무효이다. 또한 이는 헌법이 보장하는 인간의 존엄성(헌법 §10)을 침해한다. 다음으로 넘어가자.

심청이는 심봉사에게 차마 사실대로 말하지 못하고 지난번에 갔던 장승댁에 수양딸로 가게 되었다고 거짓말을 한다. 그리고 더욱 정성을 다하여 심봉사를 봉양한다. 그러다가 드디어 떠나야 할 날이 되었다.

아버지 신세 생각하며 저 죽을 일 생각하니 정신이 아득하고 몸이 떨려 밥을 먹지 못하고 물렸다. 그런 뒤에 심청이 사당에 하직하려고 들어갈 제, 다시 세수하고 사당문을 가만히 열고 하직인사를 올렸다.

"못난 여손(女孫) 심청이는 아비 눈 뜨기 위하여 인당수 제물로 몸이 팔려 가오매, 조상 제사를 끊게 되오니 사모하는 마음을 이기지 못하겠습니다."

울며 하직하고 사당문 닫은 뒤에 아버지 앞에 나와 두 손을 부여잡고 기절하니, 심봉사가 깜짝 놀라,

"아가 아가, 이게 웬일이냐? 정신 차려 말 하거라."

심청이 여쭙기를,

"제가 못난 딸자식으로 아버지를 속였어요. 공양미 삼백 석을 누가 저에

게 주겠어요. 남경 뱃사람들에게 인당수 제물로 몸을 팔아 오늘이 떠나는 날이니 저를 마지막 보셔요."

심봉사가 이 말을 듣고,

"참말이냐, 참말이냐? 애고 애고, 이게 웬말인고? 못 가리라, 못 가리라. 네가 날더러 묻지도 않고 네 마음대로 한단 말이냐? 네가 살고 내가 눈을 뜨면 그는 마땅히 할 일이나, 자식 죽여 눈을 뜬들 그게 차마 할 일이냐?"

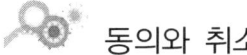 동의와 취소

당시에 주민등록증이 없었으므로 심청의 나이를 정확히 확인하고 사 간다고 하지는 못했을 테지만, 15살 처녀를 구한다고 했으므로 심청의 나이는 대충 그쯤 되었을 것이다. 그렇다면 민법상 미성년자이다. 민법상 19세가 되어야 성년이고(민법 §4) 그 미만은 미성년자이다. 그런데 미성년자가 법률행위를 하려면 법정대리인의 동의를 얻어야 한다(민법 §5①). 공양미 삼백 석을 받고 몸을 파는 계약은 내용적으로도 무효지만, 심청이 미성년자이므로 법정대리인인 부모, 즉 심봉사의 동의를 얻었어야 한다. 다만 당연히 무효는 아니며 이미 계약이 이루어진 경우라면 취소할 수 있다(민법 §5②). 나중에 알고 이를 인정해 주는 추인을 할 수도 있다. 상대방인 남경 뱃사람은 심청의 아버지에게 추인할 것인지 취소할 것인지 1개월 이상의 기간을 정하여 촉구할 수 있고, 그 기간 내에 확답이 없으면 추인한 것으로 본다

(민법 §15②). 물론 심청이 미성년자인 것을 모르고 계약했다면, 남경 뱃사람이 이러한 계약을 없었던 것으로 하자고 할 수도 있다(민법 §16①).

심청이 아버지를 붙들고 울며 위로하기를,
"아버지 할 수 없어요. 저는 죽지마는 아버지는 눈을 떠서 밝은 세상 보시고, 착한 사람 구하셔서 아들 낳고 딸을 낳아 후사나 전하고, 못난 딸자식은 생각지 마시고 오래오래 평안히 사십시오. 이도 또한 천명이니 후회한들 어찌하겠어요?"……
뱃사람들이 그 딱한 형편을 보고 모여 앉아 공론하기를,
"심소저의 효성과 심봉사의 일생 신세 생각하여 굶지 않고 헐벗지 않게 한 살림을 꾸며주면 어떻겠소?"
"그 말이 옳소."
쌀 2백 석과 돈 3백 냥이며, 무명 삼베 각 한 동씩 마을에 들여 놓고 동네 사람들을 모아 당부하기를,
"쌀 2백 석과 돈 3백 냥을 착실한 사람 주어 실수 없이 온전하게 늘려 심봉사에게 바칩시다."……
(이 소식을 들은 무릉촌 장승상댁 부인이 심청이를 불러 이별하고, 심청이는 돌아와 아버지를 위로하고 동네 사람에게 아버지를 붙들게 한 후 뱃사람을 따라 간다.)

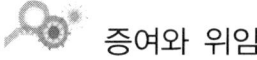 증여와 위임

뱃사람들이 심봉사의 딱한 사정을 알게 되어 심청이와의 계약과는 별개로 '쌀 2백 석과 돈 3백 냥이며, 무명 삼베 각 한 동'을 심봉사에게 주어 굶지 않게 해주려는 것이다. 아무 대가 없이 주는 것이므로 민법상 증여(贈與)에 해당된다. 민법 §254에 따르면 "증여는 당사자 일방이 무상으로 재산을 상대방에 수여하는 의사를 표시하고 상대방이 이를 승낙함으로써 그 효력이 생긴다."고 하고 있다. 따라서 심봉사가 뱃사람들이 이러한 것들을 주는 것을 받겠다고 의사표시를 하면 계약이 성립하고 법적인 효력이 생긴다. 원문에서는 심봉사의 명시적인 의사표시가 나오지는 않지만 심봉사가 반대할 이유가 없으므로 증여를 승낙했으리라고 추정할 수 있겠다.

그런데 이렇게 쌀과 돈을 준들 시각장애인인 심봉사가 잘 관리할 수 있을지 의문이다. 그래서 뱃사람들은 이것들을 '착실한 사람'에게 주어 관리를 시키고 그 과실을 심봉사에게 주어 먹고 살 수 있게 해주자고 한다. 이것은 민법상 위임(委任)에 해당된다. 즉 "위임은 당사자 일방이 상대방에 대하여 사무의 처리를 위탁하고 상대방이 이를 승낙함으로써 그 효력이 생긴다(민법 §680)." 일을 맡은 사람 즉 수임인은 선량한 관리자의 주의로써 일을 처리해야 한다(민법 §681). 또 "수임인은 위임사무의 처리로 인하여 받은 금전 기타의 물건 및 그 수취한 과실을 위임인에게 인도하여야 한다(민법 §684①)." 원문에서는 그 과실을 뱃사람이 아니라 심봉사에게 주도록 하였다.

(심청이 배를 타고 가면서 꿈인지 생시인지 역사 속 인물들과 풍경들을 만난다.)
한 곳에 다다라 돛을 지우고 닻 내리니 여기가 바로 인당수라.······ 심청을 목욕시켜 흰 옷으로 갈아입혀 상머리에 앉힌 뒤에, 도사공(都沙工 사공의 우두머리)이 앞에 나서 북을 둥둥 울리면서 고사를 지낸다.
"우리 동무 스물네 명 장사를 직업삼아 십여 세에 조수타고 서호를 떠다니니, 인당수 용왕님은 사람 제물 받잡기로 유리국 도화동에 사는 십오 세 효녀 심청을 제물로 드리오니······"
심청이 다시 정신 차려 할 수 없어 일어나서 온 몸을 잔뜩 끼고 치마폭을 뒤집어쓰고, 종종걸음으로 물러섰다 바다 속에 몸을 던지며,
"애고 애고, 아버지 나는 죽소."

 살인죄와 자살

위에서 뱃사람들과 심청이 맺은 인신매매계약은 선량한 풍속에 위배되어 무효라고 한 바 있다. 아무튼 원문에서는 그 계약에 대하여 아무도 이의를 달지 않고 내용대로 진행되었다. 그리고 여기는 심청이가 인당수 바닷물에 빠지는 장면이다. 뱃사람들이 심청이를 들어서 물에 빠뜨렸다면 형법상 살인죄에 해당

된다. 직접 물에 빠뜨린 것이 아니라고 하더라도 강요나 다른 방법으로 스스로 물에 빠질 수밖에 없도록 만들었다면 마찬가지로 살인죄를 질 수밖에 없다. 형법 §250①에 따르면 "사람을 살해한 자는 사형, 무기 또는 5년 이상의 징역에 처한다."

그런데 형법상 "법령에 의한 행위 또는 업무로 인한 행위 기타 사회상규에 위배되지 아니하는 행위는 벌하지 아니한다(형법 §20)." 예컨대 사형집행인이나 전쟁에서 적군을 총으로 쏘아 죽이는 행위는 정당한 행위로 인정되어 형벌을 받지 않는다. 그런데 원문에서는 이러한 법적인 정당성이 인정되지 않으므로 살인죄에 해당된다고 할 수 있다.

한편 형법위반 행위가 피해자의 승낙을 받고 했다면 처벌하지 않는다(형법 §24). 그러나 여기에는 조건이 있는데, '처분할 수 있는 자의 승낙'이 필요하다. 그러면 심청이 자신의 생명을 처분할 수 있는지가 문제된다. 자살 자체는 처벌조항이 없지만 자살하게 만들거나 자살을 도와준 사람은 형법상 '1년 이상 10년 이하의 징역으로' 처벌된다(형법 §252②).

3. 용궁에서 나온 심청이 심봉사를 찾다

옥황상제는 인당수 용왕과 사해용왕에게 명을 내려,

"심청이를 수정궁으로 모셔 들여 3년 받들고 단장하여 세상으로 돌려보내라."고 하였다.

이에 팔선녀가 심청을 가마에 태워 수정궁으로 데려갔다. 그래서 심청이 수정궁에 머물게 되었다. 하루는 광한전 옥진부인이 오신다 하니 수궁이 뒤눕는(물체가 뒤집히듯이 몹시 흔들림) 듯, 용왕이 겁을 내어 사방이 분주하였다. 원래 이 부인은 심봉사의 처 곽씨부인이 죽어 광한전 옥진부인이 되어 있었는데, 그 딸 심소저가 수중에 왔단 말을 듣고 상제께 말미를 얻어 모녀상면하려 오는 길이었다.

심소저는 뉘신 줄을 모르고 멀리 서서 바라볼 따름인데,

"내 딸 청아!"

부르는 소리에 어머니인 줄 알고 왈칵 뛰어 나서며,

"어머니 어머니, 나를 낳고 초칠일 안에 죽었으니 지금까지 15년을 얼굴도 모르오니 천지간 한 없이 깊은 한이 개일 날이 없었습니다."

(마을 사람들이 심맹인의 돈과 곡식을 늘려서 집안형편이 해마다 늘어갔다. 이때 그 마을에 서방질 잘하는 뺑덕어미가 심봉사의 돈과 곡식이 많이 있는 줄을 알고 자원하여 첩이 되어 살았다. 그런데 뺑덕어미는 양식 주고 떡 사먹기, 베를 주어 돈을 받아 술 사먹기, 정자 밑에 낮잠 자기, 이웃집 벽에 밥 붙이기, 마을 사람더러 욕설하기, 일꾼들과 싸우기 등 온갖 악증을 다 겸하였다. 심봉사는 이런 줄도 모르고, 집안 살림은 점점 줄어들었다. 그래서 약간 남은 살림살이 다 팔아서 이고지고 타향으로 떠돌이 생활에 나섰다.)

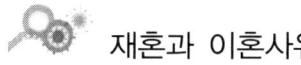 재혼과 이혼사유

심청이의 수궁생활과 죽은 어머니와의 상봉 이야기는 현실에서는 있을 수 없는 일이므로 그냥 넘어가자.

한편 심봉사는 뺑덕어미와 살게 되었다. 원문에 "첩이 되어 살았다."고 하였으나 이미 부인이 죽은 터라 재혼으로 볼 수 있다. 물론 조선시대에는 정실부인이 없을 때 정실부인 자리를 공석으로 하고 첩(소실)을 들이는 경우가 있었다.

민법에 따르면 "배우자 있는 자는 다시 혼인하지 못한다(민법 §810)." 다만 우리 형법에 따르면 중혼을 처벌하는 규정은 없고 대신 간통죄로 처벌하였다. 그러나 간통죄도 헌법재판소의 위헌 결정으로 없어졌으므로 형법상 처벌할 수는 없다. 그런데 우리 법률에 따르면 법률혼, 즉 신고를 해야 혼인한 것인데 요즘은 모두 전산처리가 되어 있으므로 이중으로 혼인신고를 해서 중혼이 되기는 현실적으로 매우 어렵다. 따라서 배우자의 부정행위로 이혼사유가 되고(민법 §840ⅰ), 중혼금지 조항에 따른 손해배상을 할 수 있을 뿐이다.

재혼이라고 한다면 법적으로 아무 문제가 없다. 다만 우리는 부부별산제를 택하고 있으므로 혼인할 때 심봉사의 재산이라면 뺑덕어미 입장에서는 자기 재산이 아니다. 심봉사가 직접 재산을 관리할 수 없어서 뺑덕어미한테 재산관리를 맡겼다면 선량한 관리자의 의무를 다해야 하는데 대부분을 낭비해 버린 것이다. 이 또한 이혼사유가 될 수 있다.

하루는 옥황상제께서 사해용왕에게 말씀을 전하시기를,

"심소저 혼약할 기한이 가까우니, 인당수로 돌려보내어 좋은 때를 잃지 말게 하라."

분부가 지엄하시니 사해용왕이 명을 듣고 심소저를 보내실 제……
심청이 하직하고 돌아서니, 순식간에 꿈같이 인당수에 번듯 떠서 뚜렷이 수면을 영롱케 하니 천신의 조화요 용왕의 신령이었다. 이 때 남경 갔던 뱃사람들이 억십 만 금 이문을 내어 고국으로 돌아오다가 인당수에 다달아 배를 매고 제물을 깨끗이 차려 용왕에게 제를 지내면서 비는 말이,

"우리 일행 수십 명 몸에 재액을 막아 주시고 소망을 뜻한 대로 이루어 주셔서 용왕님의 넓으신 덕택을 한 잔 술로 정성을 드리오니, 어여삐 보셔서 이 제물을 받아 주시옵소서." 하고, 제를 올린 뒤에 제물을 다시 차려 심소저의 혼을 불러 슬픈 말로 위로한다.

제물을 풀고 눈물을 쏟고 나서, 한 곳을 바라보니 한 송이 꽃봉오리 너른 바다 가운데 두둥실 떠 있으니 뱃사람들이 이상히 여겨 저희들끼리 의논하기를,

"아마도 심소저의 영혼이 꽃이 되어 떴나 보다."

가까이 가서 보니 과연 심소저가 빠졌던 곳이어서 마음이 감동하여 꽃을 건져내어 놓고 보니, 크기가 수레바퀴처럼 생겼고 두세 사람이 넉넉히 앉을 만했다. 돌아와서 억십 만 금이 넘는 재물을 다 각기 나누어 가질 적에, 도선주는 무슨 마음에서인지 재물은 마다하고 꽃봉이만 차지하여 자기 집 깨끗한 곳에 단을 쌓고 두었더니 향취가 온 집안에 가득하고 주위에 무지개가 둘러 있더라.

이때 송 천자는 황후가 별세하신 후 간택을 아니하시고, 화초를 구하여 상림원에다 채우고 황극전 뜰 앞에도 여기저기 심어두고 기화요초(琪花瑤草 옥같이 고운 풀에 핀 구슬같이 아름다운 꽃) 벗을 삼아 지내실 제, 화초도 많고 많다. 벌 나비 새 짐승이 춤추며 노래하니 천자께서 흥을 붙여 날마다 구경하시었다.

이때 남경 뱃사람이 대궐 안 소식을 듣고 문득 생각하기를,

'옛 사람이 벼슬을 등에 지고 천자를 생각하니, 나도 이 꽃을 가져다가 천자께 드린 후에 정성을 논하리라.'하고,

인당수에서 얻은 꽃을 옥분에 옮겨 심어 대궐 문 밖에 다달아 이 뜻을 아뢰니, 천자께서 반기시어 그 꽃을 들여다가 황극전에 놓고 보니 빛이 찬란하여 해와 달이 빛을 내는 것 같고, 크기가 짝이 없고 향기가 특출하니 세상 꽃이 아니었다. 그 꽃 이름을 '강선화(降仙花 선녀가 내려와 된 꽃)'라 하시고 크게 기뻐 하사 화단에 옮겨 놓으니 천자께서 아시던 다른 꽃은 다 버리고 이 꽃뿐이었다.

하루는 천자께서 당나라의 옛 일을 본받아 궁녀에게 명하시어 화청지에 목욕가시고 친히 달을 따라 화단을 배회하시는데, 무슨 소리가 나는 듯했다. 천자께서 몸을 숨겨 가만히 살펴보니 예쁜 용녀가 얼굴을 반만 들어 꽃봉이 밖으로 반만 내다보더니, 사람 자취 있음을 보고 도로 헤치고 들어갔다. 가까이 가서 꽃봉이를 가만히 벌리고 보시니 한 처녀와 두 미인이 있기에 천자 반기며 물으시기를,

"너희가 귀신이냐 사람이냐?"

미인이 즉시 내려와 땅에 엎드려 여쭙기를,

"소녀는 남해 용궁 시녀이온데 소저를 모시고 세상으로 나왔다가 황제의

모습을 뵈오니 극히 황공하옵니다." 하니,

천자 마음속으로 생각하시기를,

'상제께옵서 좋은 인연을 보내신 것이로구나. 하늘이 내리신 바를 받아들이지 않으면 이런 좋은 기회가 다시는 오지 않으리라.' 하시고, '배필을 정하리라.' 결심하시어 태사관으로 하여금 날을 잡으라 하니 5월 5일 갑자일이었다. 심소저를 황후로 봉하여 승상의 집으로 모신 뒤에 혼례를 치렀다. 온 나라에 사면령을 내리고, 남경 갔던 도선주를 특별히 무장태수로 임명하시고, 온 조정 여러 신하들은 축하를 보내고 온 백성들은 기뻐 환호하였다.

 사면

심청이 황후가 되는 이야기다. 위에서 심봉사가 뺑덕어미와 재혼을 한 이야기를 하였는데, 천자가 재혼을 하는 것도 법적으로 아무 다를 바가 없다. 현대에는 모든 사람이 신분의 차이가 없고, 법 앞에 평등하다(헌법 §11①). 사회적 특수계급의 제도는 인정되지 아니하며, 어떠한 형태로도 이를 창설할 수 없다(헌법 §11②).

여기서는 천자가 혼례를 치루면서 사면령을 내렸다는 이야기가 나오므로 사면에 대하여 알아보자. 지금은 황제가 없으므로 헌법상 국가원수인 대통령이 사면권을 가지고 있다. 헌법 §79①은 "대통령은 법률이 정하는 바에 의하여 사면(赦免)·감형(減刑) 또는 복권(復權)을 명할 수 있다."고 규정하였다. 사면에는 특별사면과 일반사면의 두 종류가 있다. 특별사면은 이미 형의 선고를 받은 특정인에 대하여 형의 집행을 면제하여 주는 것을 말한다. 일반사면이라 함은 범죄의 종류를 지정하여 이에 해당하는 모든 범죄인에 대해서 형의 선고의 효과를 전부 소멸시키거나, 또는 형의 선고를 받지 아니한 자에 대한 공소권(公訴權)을 소멸시키는 것이다. 사면의 절차에 대한 법률은 사면법인데, 제헌국회가 의결한 대한민국 제2호 법률이다. 일제강점기에 독립운동을 하다 투옥된 억울한 사람들을 사면하기 위해서였다. 참고로 제1호 법률은 정부조직법이다. 일반사면을 하려면 국무회의의 심의를 거쳐 국회의 동의를 얻어야 한다(헌법 §79②). 감형(減刑)은 이미 확정된 형량을 줄여주는 것을 말한다. 복권(復權)은 형 선고의 효력으로 인하여 상실되거나 정지된 자격을 회복시켜주는 것이다(사면법 §5).

심황후의 덕과 은혜가 지중하여 해마다 풍년이 들어 태평성대가 되었다. 심황후는 부귀 극진하나 늘상 마음 속에 숨은 근심이 아버지 생각뿐이었다. 하루는 근심을 이기지 못하여 시종을 데리고 옥난간에 기대 서 있었더니, 가을 달은 밝아 산호 발에 비쳐 들고 귀뚜라미 슬피 울어 방 안에 흘러들어 무한한 심사를 점점이 불러낼 제, 높은 하늘 외로운 기러기 울면서 내려오니 황후께서 반가운 마음에 바라보며,

"오느냐, 너 기러기. 거기 잠깐 머물러서 나의 한 말 들어 봐라. 소중랑이 북해상에서 편지 전하던 기러기냐, 푸른 물 흰 모래밭에 그리움을 못

이기어 내려오는 기러기냐, 도화동에 우리 아버지 편지를 매고 네 오느냐, 이별 3년에 소식을 못 들으니 내가 이제 편지를 써서 네게 전할 테니 부디부디 잘 전하여라."

얼른 써서 가지고 나와 보니 기러기는 간 데 없고 아득한 구름 밖에 은하수만 기울어졌다. 하릴없어 편지를 집어 상자에 넣고 소리 없이 울고 있는데, 이때 황제께서 내전에 들어오셔서 황후를 바라보며 물으셨다.

"무슨 근심이 계시길래 눈물 흔적이 있는지요? 귀하기는 황후가 되어 있으니 천하에 제일 귀하고, 부하기는 사해를 차지하였으니 인간에 제일 부자인데 무슨 일이 있어 저렇게 슬퍼하시는가요?"

"제가 사실은 용궁 사람이 아니오라 황주 도화동에 사는 맹인 심학규의 딸로서, 아비의 눈뜨기를 위하여 몸이 뱃사람에게 팔려 인당수 물에 제물로 빠졌었습니다." 하고 그 동안 있었던 일을 자세히 여쭈니 황제께서 들으시고,

"그러하시면 어찌 진작 말씀을 못하시었소? 어렵지 않은 일이니 너무 근심치 마시오." 하시고 그 다음날 조회를 마친 뒤에 온 조정 신하들과 의논하시고,

"황주로 관리를 보내어 심학규를 부원군으로 대우하여 모셔오라." 하였더라.

황주자사가 장계를 올렸는데 떼어 보니,

"분명히 본주의 도화동에 맹인 심학규가 있었으나 1년 전에 떠난 뒤로 사는 곳을 알 수 없습니다." 라고 되어 있었다. 황후께서 들으시고 망극한 마음을 이기지 못하여 눈물을 흘리며 길이 탄식하시니 천

자께서 간곡히 위로하시기를,

"죽었으면 할 수 없겠지만 살아 있으면 만날 날이 있지, 설마 찾지 못하겠습니까?"

황후께서 크게 깨달으셔서 황제께 여쭈었다.

"저에게 한 계책이 있사오니 그대로 하옵소서. 천하 맹인을 모두 모아 잔치를 하옵소서. 그러하면 그 가운데 혹시 저의 아버님을 만날 수도 있을 것이니, 이는 저의 소원일 뿐 아니오라 또한 나라에 화평한 일도 될 듯 하니 이 일이 어떠하온지요?"

 주민등록과 실종선고

심청이 황후가 되어 아버지 심봉사를 그리워하다가 천자에게 알려져서 심봉사를 찾는 장면이다. 심봉사 살던 집에 가 보니 이미 1년 전에 떠돌이 걸인생활을 시작했다는 것을 알고 전국의 맹인들을 초대하는 잔치를 연다는 이야기다.

요즘 사람을 찾기 위해서는 일단 주민등록을 조회해 보아야 한다. 주민등록법은 "주민을 등록하게 함으로써 주민의 거주관계 등 인구의 동태(動態)를 항상 명확하게 파악하여 주민생활의 편익을 증진시키고 행정사무를 적정하게 처리하도록 하는 것을 목적으로 한다(주민등록법 §1)." 그런데 주민등록표의 열람이나 등·초본의 교부신청은 본인이나 세대원이 할 수 있는 것이 원칙이며, 그밖에 공무나 공익상 필요한 경우에 할 수 있다(같은 법 §29②).

심청이는 결혼 전에는 심봉사의 세대원이었으므로 가능하였겠으나 지금은 황후로서 출가하여 따로 살고 있으므로 심봉사의 세대원은 아닐 것이다.

주민등록법 외에 국민의 출생·혼인·사망 등 가족관계의 발생 및 변동사항에 관한 등록과 그 증명에 관한 사항을 규정하는 것은 「가족관계의 등록 등에 관한 법률」이다. 호주제가 헌법재판소의 위헌결정으로 폐지되면서 호적법이 없어지고 만들어진 법률이다. 한편 한 국가의 구성원인 국민의 요건을 정하는 것은 국적법이다. 국적법은 국적의 취득과 상실 등을 정해놓고 있다.

현실에서는 경찰에 실종신고를 하여 찾아달라고 하여야 한다. 실종된 사람의 권리관계를 정리하기 위하여 민법에는 실종선고가 규정되어 있다. 부재자의 생사가 5년간 분명하지 아니한 때에는 법원은 이해관계인이나 검사의 청구에 의하여 실종선고를 하여야 한다(민법 §27①). 전쟁이나 선박의 침몰, 항공기 추락 등의 경우에는 사망의 원인이 된 위난(危難)이 종료된 후 1년이 지나면 실종선고가 이루어진다(민법 §27②). 실종선고가 이루어지면 5년(또는 1년)이 지난 때에 사망한 것으로 본다(민법 §28).

천자께서 이 말을 들으시고 크게 칭찬하시기를,
"과연 여자 중의 요순(堯舜)이로소이다. 그렇게 하십시다." 하시고,
천하에 반포하시기를,
"높은 관리에서 서민에 이르기까지 맹인이면 성명과 거주지를 기록하여

각 읍으로부터 기록해 올리도록 하라. 그들을 잔치에 참례하게 하되, 만일 맹인 하나라도 명을 몰라 참례치 못한 자가 있으면 해당 도의 감사와 수령은 마땅히 중한 벌을 받을 것이다."

명령을 내리시니 나라의 각도와 각 읍이 놀라고 두려워 성화같이 시행하였다.

 장애인복지법

위에서 장애인복지법을 소개한 바 있다. 장애인복지법 §32에 따르면 장애인 본인이나 법정대리인 또는 대통령령이 정하는 보호자는 장애상태 등 필요한 사항을 시장·군수 또는 구청장 등에게 등록을 하여야 한다. 또 장애인복지법이 정한 기준에 맞으면 장애인등록증을 발급받게 된다. 그리고 이에 근거하여 각종 복지서비스를 받을 수 있게 된다(장애인복지법 §32-3 이하).

이때 심봉사는 뺑덕어미를 데리고 여기저기 떠돌아 다니던 차에 하루는 서울에서 맹인잔치를 베푼다는 소문을 듣고 그날로 길을 떠나 뺑덕어미 앞세우고 며칠을 가서 한 역촌에 이르러 잠을 자게 되었다.

마침 그 근처에 황봉사라 하는 소경이 있었는데 이는 반소경이었고 집안 형편도 넉넉한 편이었다. 황봉사가 뺑덕어미에게 관심을 보이자 뺑덕어미도 생각하기를,

'막상 내가 따라 가더라도 잔치에 참례할 길이 전혀 없고, 돌아온

들 형편도 전만 못하고 살 길이 전혀 없을테니, 차라리 황봉사를 따라가면 말년 신세는 편안하겠구나.' 하였다.

일부러 자는 체하고 누웠더니 심봉사가 잠이 깊이 들었기에 두말 없이 도망하여 달아나버렸다. 심봉사 주인에게 물어보고 나서 그제야 달아난 줄 알고 혼자 탄식하며 하는 말이,

"공연히 그런 잡년을 정들였다가 살림만 날리고 도중에 낭패하니 이 모든 것이 나의 신수소관이라, 누구를 원망하고 누구를 탓하랴."

날이 밝으니 심봉사는 다시 길을 떠났다. 이때는 마침 오뉴월이라, 더위는 심하고 땀은 흘러 등을 적시니, 시냇가에 의관과 봇짐을 벗어놓고 목욕을 하고 나와 보니 의관과 봇짐이 간 데 없었다.

심봉사가 오도 가도 못하여 소리 내어 울며 탄식할 제, 이때 무릉태수가 서울에 갔다가 내려오는 길이었다. 이에 태수에게 신세한탄하며 호소를 하여 의복과 신발을 얻어 다시 길을 떠난다. 어떤 마을에 닿아서는 방아 찧는 아낙네들을 만나 방아를 대신 찧어주고 방아타령도 불러 즐겁게 해준 후 밥을 얻어먹고 또 길을 간다.

사실혼의 해소

심봉사와 뺑덕어미의 관계는 현대라고 가정하면 사실혼에 해당된다. 사실혼이란 혼인신고 없이 사실상 혼인생활을 하여 법률혼으로 인정되지 않는 부부관계를 말한다. 사실혼이 성립하려면 당사자 사이에 주관적으로 혼인할 의사가 있고 객관적으로 부부공동생활이라고 인정할 만한 혼인생활의 실체가 존재하여

야 한다. 사실혼 관계는 사실상의 관계를 기초로 하여 존재하는 것이므로 당사자 일방의 의사에 의하여 해소될 수 있다. 즉 당사자 일방의 파기로 인하여 공동생활의 사실이 없게 되면 사실상의 혼인관계는 해소되는 것이다. 다만 정당한 사유 없이 일방적으로 해소된 때에는 책임 있는 일방이 상대방에 대하여 손해배상의 책임을 진다.

원문에서 뺑덕어미는 처음부터 심봉사의 사정을 알고 사실혼 관계에 들어갔으며, 자신의 낭비로 가산이 기울어 떠돌이 생활을 하게 되자 일방적으로 도망간 경우다. 따라서 사실혼관계는 해소되었으나 심봉사에게 손해배상을 해 줄 책임이 있다. 그러나 심봉사는 천성이 착하므로 욕 한마디 했을 뿐, 자책하고 포기한 채 자기 길을 간다. 심청전의 결말을 알고 있는 우리는 만약 뺑덕어미가 끝까지 함께 해서 황후가 된 심청이를 만나게 된다면 해피엔딩으로 소설을 끝내기 어렵다는 것을 쉽게 상상할 수 있다.

심봉사가 거기서 하직하고, 성 안에 들어가니 억만 장안이 모두 다 소경들로 가득하여 서로 '딱딱' 부딪쳐 다니기 어려웠다.
한 곳 을 지나는데 어떤 여자가 문 밖에 섰다가,
"저기 가는 분이 심봉사시오?"
"게 누군고, 날 알 사람이 없는데 그 뉘가 나를 찾나?"
"여보, 댁이 심봉사 아니오?"
"그렇기는 하오마는 어쩐 일이시오?"

"그렇잖은 일이 있으니 게 잠깐 머물러 계시오." 하고 들어가더니 다시 나와 인도하여 사랑에다 앉히고 저녁밥을 내 온다.

심봉사가 생각하기를, "고이한 일이다. 이게 어쩐 일인고?" 차려온 음식과 반찬이 예사 음식이 아니어서 밥을 달게 먹었다. 그리고 나서 안방에 불려 들어갔다. 거기서 한 여인을 만나는데, 점을 잘 치는 스물 다섯 처녀인 안씨맹인이었다. 안씨맹인이 꿈에 본 배필을 찾고 있었는데 그가 심봉사라고 하였다. 그날 심봉사와 안씨맹인은 부부의 연을 맺었다. 그런데 그 날 밤 심봉사가 꿈을 꾸었다. "내 몸이 불에 들어가고, 내 가죽을 벗겨 북을 매고, 또 나뭇잎이 떨어져 뿌리를 덮으니 아마도 나 죽을 꿈이 아닌가 하오."

안씨맹인이 해몽을 하여 주는데,

"몸이 불 속에 들어가니 만날 기약 있겠고, 가죽을 벗겨 북을 만드니, 가죽은 궁성(宮聲)이라 궁궐에 들어갈 징조요, 낙엽이 뿌리로 돌아가니 자손을 만나리라. 좋은 꿈이오니 대단히 반갑습니다."라고 하였다.

심봉사는 "내 본디 자손이 없는데 누구를 만나겠소. 잔치에 참례하면 궁궐에 들어가고 관청의 밥은 먹게 될 테지요." 하고 대꾸했다.

 결혼과 혼인

심봉사가 세 번 째 혼인을 한다. 비현실적인 전개지만 그냥 그러려니 하자. 재혼과 사실혼 등은 위에서 설명한 바 있다.

법률용어로는 결혼이라고 하지 않고 혼인이라고 한다. 다른 의미는 없다. 이혼은 법에서도 이혼이라고 한다. 그런데 일상용어로는 자동사로만 쓰이지만, 재판에서는 "A와 B는 이혼한다."라고 타동사로도 쓴다. 즉 법원이 A와 B를 법적으로 이혼시킨다는 의미다.

심봉사가 그 집을 떠나 궁궐에 도착하여 보니 이미 잔치는 벌어지고 있었다. 이때 심황후는 여러 날 동안 맹인잔치를 하면서 맹인 명부를 아무리 들여놓고 보아도 심씨맹인이 없으니 혼자 탄식하기를, '이 잔치를 연 까닭은 아버님을 뵈옵자는 것이었는데 아버님을 뵙지 못하니 내가 인당수에 죽은 줄로만 아시고 애통하여 죽으셨는가, 아니면 몽운사 부처님이 영험하여 그 동안에 눈을 떠서 천지만물을 보시어 맹인 축에서 빠지셨는가, 잔치가 오늘 마지막이니 내가 몸소 나가 보리라.'
황후는 잔치를 다 끝낸 뒤에 맹인 명부를 올리라 하여 의복 한 벌씩을 내어주시니, 맹인들이 모두 사례하는데 명단에 들지 못한 맹인 하나가 우두커니 서 있었다. 황후께서 보시고,
"저 사람은 어떤 맹인이오?" 하고 상궁을 보내어 물으시니,
심봉사가 겁을 내어,
"저는 집이 없어 천지로 집을 삼고 사해로 밥을 부치어 떠돌아다니오니, 어느 고을에 산다고 할 수가 없어서 명단에도 들지 못하여 제 발로 들어왔습니다."
황후께서 반가워하시면서 가까이 들라 하시니 상궁이 명을 받아 심봉사의 손을 끌어 별전으로 들어갔다.
"처자는 있으신가요?"

심봉사가 땅에 엎드려 눈물을 흘리면서 살아온 이야기며 공양미 삼백 석에 팔려간 딸 아이 이야기를 모두 여쭈었다.

"눈도 뜨지 못하고 자식만 잃었사오니 자식 팔아먹은 놈이 세상에 살아 쓸 데 없으니 죽여주옵소서."

황후께서 들으시고 눈물을 흘리며, 버선발로 뛰어 내려와서 아버지를 안고,

"아버지, 제가 정녕 인당수에 빠져 죽었던 청이어요."

심봉사가 깜짝 놀라, "이게 웬 말이냐?" 하더니,

어찌 반갑던지 뜻밖에 두 눈에서 딱지 떨어지는 소리가 나면서 두 눈이 활딱 밝았다. 그 자리에 가득 모여 있던 맹인들이 심봉사 눈 뜨는 소리에 일시에 눈들이 뜨이는데, 천지개벽이나 다름없었.

심봉사가 반갑기는 반가우나 눈을 뜨고 보니 도리어 처음 보는 얼굴이라, 딸이라 하니 딸인 줄 알지마는 한 번도 보지 못한 얼굴이라 알 수가 있나. 하도 좋아서 죽을동 살동 춤추며 노래한다.

그 날로 심봉사에게 예복을 입혀 임금과 신하의 예로 인사를 하고 다시 내전에 들어가서 여러 해 쌓였던 회포를 풀며 안씨 맹인의 일까지 낱낱이 이야기했다. 황후께서 들으시고 비단 가마를 내어 보내어 안씨를 모셔 들여 아버지와 함께 지내게 하였다. 천자가 심학규를 부원군으로 봉하시고 안씨는 정렬부인으로 봉하시고, 또 장승상 부인에게는 특별히 많은 재물을 상으로 내리셨다.

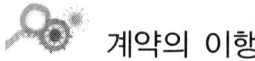 계약의 이행

  심봉사와 몽운사 화주승과의 계약은 어떻게 된 것일까? 계약의 내용대로 실현하는 것을 이행(履行)이라고 한다. 일반적으로 계약을 할 때는 이행의 시기나 방법 등을 정해 놓는데, 심봉사와 화주승은 그런 것을 자세히 정해 놓지 않았다. 심봉사는 화주승이 자기를 속였다고 생각했지만 결과적으로 보면 그 계약은 내용대로 이행이 된 셈이다. 비록 3년이나 걸렸고, 심청이 인당수에 빠져 죽은 것으로 알았지만 결말은 심봉사의 눈이 뜨이고 황후와 부원군이 되었으니 말이다.

그 뒤에 황후와 정렬부인 안씨가 같은 해 같은 달에 아기를 가져 같은 달에 해산하니 둘 다 아들이었다.
무정세월 물 흐르듯 하여 태자의 나이 열세 살이 되니 황후께서 태자를 혼인시키려 할 때, 외삼촌과 같은 달 같은 날에 혼례 올리기를 청하시니, 황제께서 기꺼워하시며 널리 알아보라 하셨다.
이때 마침 좌강로 권성운이 딸 하나를 두었는데 뛰어난 덕행과 빼어난 재질을 가졌으며 인물은 우미인을 앞지를 만했다. 또 연왕이 공주를 두었는데 안양공주라 했으며, 덕행이 뛰어나고 일을 처리함이 민첩하다고 소문이 났다. 임금이 이 소문을 듣고 연왕과 권강로를 들라 하여 어전에서 청혼하시니, 공주와 소저가 다 같이 열여섯 살 동갑이었다. 그 두 사람이 모두 기꺼이 허락하니 임금께서 하교하시기를,

"권소저로 태자의 배필을 정하고, 연왕의 공주로 태동의 배필을 삼음이 어떠하실는지오?" 하시니,

주위의 신하들이 모두,

"좋은 일입니다." 하고 허락하니, 황후와 부원군이며 온 조정이 즐거워했다.

 혼인연령

춘향전에서 설명한 바와 같이 결혼을 하기 위해서는 만 18세가 되어야 한다(민법 §807). 물론 미성년자는 부모의 동의를 얻어야 결혼할 수 있다(민법 §808). 따라서 심청 황후와 정렬부인 안씨의 아들들은 13세로 법적으로 결혼할 수 없다. 배필들도 16세라 하니 부모의 동의를 얻어도 결혼할 수 없다. 물론 고전소설이니까 그럴 수 있다고 하고 넘어가자.

"내가 진작 태동을 조정에 들이고자 했으나 장가를 들기 전이라 지금까지 벼슬을 주지 못했는데 경들의 소견은 어떠하시오?" 하시니,

문무백관이 아뢰였다.

"인물이 출중하오니 곧바로 불러다 벼슬을 내리소서."

임금이 즉시 태동을 불러들여 한림학사 겸 간의태부 도훈관에 이부시랑의 직품을 내리시고, 그 부인은 왕렬부인을 봉하시었다. 이럭저럭 한림의 나이 스무 살이 되었을 때 직위를 높이시어 이부상서 겸 태학관을 시키시고 태자와 함께 공부하라 하시며, 그 아버

지의 직위를 높이시어 남평왕을 봉하시고 정렬부인 안씨는 인성왕후를 봉하시었다.

 성년의제

민법상 성년은 19세이다(민법 §4). 즉 19세 미만이면 미성년자로 법률상 행위능력에 제한이 따른다(민법 §5 이하). 그러나 미성년자가 혼인한 경우에는 법률상 성년자로 취급된다. 이를 성년의제(成年擬制)라고 한다(민법 § 826-2). 따라서 성년과 마찬가지로 모든 법률행위를 할 수 있게 된다. 미성년자는 부모(친권자)의 동의를 얻어서 어떤 법률행위를 하거나 나중에라도 추인을 받아야 한다. 그런데 이미 결혼을 해서 한 가정을 이룬 상태에서 부모의 동의를 얻게 하면 배우자 입장에서는 일일이 시부모나 장인·장모의 동의를 얻게 하는 것이라 매우 불편하고 가정을 꾸려가는 데 장애가 될 수 있어서 도입된 제도이다.

심청전에서 태동이 아직 미성년자이나 결혼을 한 후 벼슬을 맡게 되는 이야기가 나오는데 민법상 성년의제에 해당된다. 나이 스무 살이 되었을 때 벼슬을 더욱 높이는 이야기가 뒤따른다. 현재의 민법으로는 19세가 성년이 되는 나이지만 당시에는 20세를 성인의 기준으로 한 것으로 볼 수 있겠다. 물론 결혼한 미성년은 성년과 같은 권리의무능력을 지니므로, 20세가 되어서 벼슬을 높였다는 것은 권리의무능력에 변화가 있다는 것은 아니고 그만큼 경험과 식견이 높아졌다는 것으로 이해하면 될 것이다.

남평왕이 나이 팔순이 되었을 때, 우연히 병을 얻어 온갖 약이 효험이 없었다. 이에 심황후의 어지신 효성과 부인의 착한 마음에 오죽 잘 간호했으랴마는, '죽는 사람은 다시 살릴 방도가 없는 법이라.' 세상을 버리시니 황후는 삼년 상복을 입으셨다. 부원군이 젊어서 고생하던 일을 생각하면 무슨 여한이 있으리오. 어화, 세상 사람들아, 예와 지금이 다를소냐. 부귀영화 한다 하고 부디 사람 무시 마소. '기쁨이 다하면 슬픔이 오고, 괴로움이 다하면 즐거움이 온다.'는 이치는 누구에게나 해당되는 일이다. 심황후의 어진 이름 길이길이 전해진다.

 권리능력의 종기

남평왕이 된 심봉사가 세상을 하직한다. "사람은 생존한 동안 권리와 의무의 주체가 된다(민법 §3). 따라서 자연인의 권리능력은 사망과 동시에 종료한다. 민법상 권리능력의 소멸사유는 사망뿐이며 형벌 등에 의해서 인격(권리의무능력)을 박탈하는 제도는 인정되지 않는다. 사망한 것으로 보는 실종선고제도는 실종지를 중심으로 한 법률관계를 종료할 뿐 권리능력 자체를 소멸시키지는 않는다. 사람이 사망을 하게 되면 상속이 개시되고 일신전속권이 아닌 권리와 의무는 상속인에게 이전된다(민법 §1005). 또 유언의 효력이 발생한다(민법 §1073①). 물론 살아있는 배우자는 재혼이 가능하게 된다.

  이제 심청이 이야기를 마치고 기구한 인생을 산 또 다른 인물 홍길동 이야기로 넘어간다.

III. 홍길동전

1. 서자로 태어난 홍길동

　홍길동전도 많은 판본을 가지고 있다. 대표적인 것이 경판24장본, 경판17장본, 완판본 등이 있는데, 이 책에서 기본으로 한 것은 완판본이다. 이해하기 어려운 부분은 현대어로 바꾸었지만 한자투의 표현이 대부분인데 이 기회에 한자 또는 한문을 공부할 기회라고 생각하자. 그리고 법적인 설명이 필요하지 않은 부분은 생략한 곳도 있다는 점을 말해둔다.

　조선국 세종대왕 즉위 십오 년에 홍회문 밖에 한 재상이 있으되, 성은 홍이요, 명은 문이니, 위인이 청렴강직하여 덕망이 거룩하였다. 일찍 용문에 올라 벼슬이 한림에 처하였더니 명망이 조정의 으뜸이 되고, 임금이 덕망을 높이 여기사 벼슬을 돋우어 이조판서,

좌의정을 하시었다.

하루는 승상이 난간에 기대어 잠깐 졸더니, 한풍이 길을 인도하여 한 곳에 다다르니, 청산은 암암하고 녹수는 양양한데 세류 천만 가지 녹음이 파사(婆娑 춤추는 소매가 가볍게 나부끼는 모양)하고, 황금 같은 꾀꼬리는 춘흥을 희롱하여 양류 간에 왕래하며 기화요초 만발한데, 청학 백학이며 비취 공작이 춘광을 자랑하거늘, 승상이 경물(景物 계절에 따라 달라지는 경치)을 구경하며 점점 들어가니, 만장절벽은 하늘에 닿았고, 굽이굽이 벽계수는 골골이 폭포되어 오운이 어리었는데, 길이 끊어져 갈 바를 모르더니, 문득 청룡이 물결을 헤치고 머리를 들어 고함을 지르고 산이 무너지는 듯 하더니, 그 용이 입을 벌리고 기운을 토하여 승상의 입으로 들어오거늘, 깨달으니 평생 길몽이라. 혼자 생각하기를,

"필연 군자를 낳으리라." 하여, 즉시 내당에 들어가 시비(侍婢 곁에서 시중을 드는 계집종)를 물리치고 부인을 이끌어 취침코자 하나, 부인이 정색하여,

"승상(丞相)은 국지재상(國之宰相)이라, 백주에 이같이 하시니 재상의 체면이 어디에 있나이까?"

부인이 밖으로 나가시니, 승상이 무료하신 중에 외당으로 나오시니, 마침 시비 춘섬이 상을 드리거늘, 좌우 고요함을 인하여 춘섬을 이끌고 울화를 덜으시나 못내 한탄하시더라.

춘섬이 비록 천인이나 재덕이 순직한지라, 불의에 승상의 위엄으로 친근하시니 감이 위령(違令 명령을 어김)치 못하여 순종한 후로는 그 날부터 중문 밖에 나가지 아니하고 행실을 닦으니 그 달부터 태기 있어 열 달이 지나 거처하는 방에 오색운무 영롱하며 향

내 기이하더니, 혼미 중에 아기를 낳아 보니 남자 아이더라. 삼일 후에 승상이 들어와 보시니 일변 기뻐하나 그 천생(賤生 천첩에게서 난 자손)됨을 안타까이 여기더라. 이름을 길동이라 하니라.

 혼인 외의 출생자

홍대감이 길몽을 꾸고 부인에게 거절당하자 여자 종인 춘섬과 외도를 하여 길동이를 낳게 된다는 이야기다. 당시에는 흔한 일이었으나 현재로는 중혼에 해당하여 법적으로 허용되지 않는 상황이다. 그러나 법은 늘 제대로 지켜지지 않는 상황을 고려하여 만드는 것이므로 법적으로 허용되지 않아도 이를 어겨 아이를 낳는 경우가 현실에서도 발생한다. 이렇게 낳은 아이를 '혼인 외의 출생자'라고 한다.

혼인 외의 출생자는 인지(認知)에 의하여 자식임을 인정받을 수 있다. 즉 민법은 "혼인 외의 출생자는 그 생부나 생모가 이를 인지할 수 있다(민법 §855①)."고 하고 있다. 인지란 혼인 외에서 출생한 자를 자기의 자(子)로 인정하는 의사표시를 말한다. 혼인 외에서 출생한 자는 법률상 당연히 부(父)가 없다. 부가 자기의 자임을 승인하거나 자(子)가 소송을 제기하여 승소함으로써 법률상 부를 가질 수 있다. 물론 "혼인 외의 출생자는 그 부모가 혼인한 때에는 그때로부터 혼인 중의 출생자로 본다(민법 §855②)." 그러나 춘섬이 홍승상과 정식으로 결혼하게 되는 것은 아니므로 그렇게 될 수는 없겠다. 혼인 외의 출생자의 출생

신고는 모(母)가 해야 한다. 그러나 모가 신고할 수 없는 경우에는 동거하는 친족이, 동거하는 친족이 신고할 수 없는 경우에는 분만에 관여한 의사·조산사 또는 그 밖의 사람이 신고해야 한다(가족관계의 등록 등에 관한 법률 §46②③).

춘향전에서 변사또의 수청을 거절하는 춘향과 홍길동전에서 잠자리를 거부하는 홍대감의 부인은 모두 성적 자기결정권을 적극적으로 표현하는 사례라고 할 수 있다.

세월이 유수 같아 길동의 나이 팔세라. 상하 다 아니 칭찬할 이 없고 대감도 사랑하시나, 길동은 가슴의 원한이 부친을 부친이라 못하고 형을 형이라 부르지 못하매 스스로 천생(賤生)됨을 한탄하더라. 칠월 어느 날 달밤에 배회하더니 바람은 쌀쌀하고 기러기 우는 소리는 사람의 외로운 심사를 돕는지라.

홀로 탄식하여, "대장부 세상에 나매 공맹의 도학을 배워 출장입상(出將入相 나가서 장수가 되고 들어와서 재상이 됨. 문무 벼슬을 다 지냄)하여 대장인수를 요하에 차고 대장단에 높이 앉아 천병만마를 지휘 중에 넣어두고, 남으로 초를 치고, 북으로 중원을 정벌하며, 사업을 이룬 후에 얼굴을 빛내고, 이름을 후세에 유전함이 대장부의 떳떳한 일이라. 옛 사람이 이르기를 '왕후장상이 씨 없다.' 하였으니 나를 두고 한 말인가. 세상 사람이 아무리 천해도 부형을 부형이라 하되 나는 홀로 그렇지 못하니 어떤 인생으로 그러한고."

억울한 마음을 걷잡지 못하여 칼을 잡고 달밤에 춤을 추며 장(壯)한 기운 이기지 못하더니, 이때 승상이 달을 보려고 창을 열었다

가, 길동의 거동을 보시고 놀래 가로되,

"밤이 이미 깊었거늘 네 무슨 즐거움이 있어 이러하느냐?"

길동이 칼을 던지고 엎드려 말하기를,

"소인은 대감의 정기를 타 당당한 남자로 태어나니 이만한 즐거운 일이 없사오되, 평생 설워하옵기는 아비를 아비라 부르지 못하옵고, 형을 형이라 못하여 상하 노복이 다 천히 보고, 친척들도 손으로 가리켜 아무의 천생이라 이르오니 이런 원통한 일이 어디에 있사오리까?"

인하여 대성통곡하니, 대감이 마음에 긍휼히 여기시나 만일 그 마음을 위로하면 방자할까 하여 꾸짖어,

"세상에 천비 소생이 너 뿐 아니라. 자못 방자한 마음을 두지 말라. 이후에 다시 그런 말을 번거이 하는 일이 있으면 눈 앞에 용납하지 아니하리라."하시니,

길동은 한낱 눈물을 흘릴 뿐이라.

 신분제도

당시에는 양반과 상민의 차별이 있던 때다. 물론 홍길동전에서는 적자(嫡子)와 서자(庶子)을 말한다. 이러한 신분제는 근대와 전근대(또는 중세)를 나누는 기준이다. 우리 헌법 §11①은 "모든 국민은 법 앞에 평등하다. 누구든지 성별·종교 또는 사회적 신분에 의하여 정치적·경제적·사회적·문화적 생활의 모든 영역에 있어서 차별을 받지 아니한다."고 선언하였다. 또 §11②은 "사회적 특수계급의 제도는 인정되지 아니하며, 어떠한 형태로도 이를

창설할 수 없다."고 하고 있다. 물론 여기서 말하는 차별금지는 선천적 신분에 따른 차별을 금지한다는 의미이다. 이에 비하여 후천적 신분, 즉 사회생활을 하면서 자기가 책임질 사유로 얻게 된 신분으로 인하여 달리 취급되는 것은 가능하다. 예컨대 전과자(前科者)는 특정 직업에 종사하는 것이 금지되는 등 일정한 제한이 따를 수 있다. 그러나 전과자의 자식이라는 이유로는 어떤 불이익도 받아서는 안 된다. '전과자의 자식'은 선천적 신분에 해당하기 때문이다.

그런데 시대가 현대라면 여덟 살 아이가 달밤에 마당에서 칼춤을 추면 아버지에게 혼나는 것은 당연할 것 같다. 물론 원문에서 길동이가 아버지에게 혼나는 것은 다른 이유지만.

길동이 돌아와 어미를 붙들고 통곡하며,
"모친은 소자와 전생연분으로 구로지은(劬勞之恩 자기를 낳아 애써서 기른 어버이의 은혜)을 생각하오면 호천망극(昊天罔極 하늘이 끝이 없다는 뜻으로, 어버이의 은혜가 넓고 커서 다함이 없음을 이르는 말)하오나, 남아가 세상에 나서 입신양명(立身揚名 출세하여 세상에 이름을 떨침)하여야 하거늘, 이 몸은 팔자 기박하여 천생이 되어 남의 천대를 받으니, 대장부 어찌 구구히 근본을 지키어 후회를 남기리요. 이 몸이 당당히 조선국 병조판서 인수(印綬 병권[兵權]을 가진 무관이 발병부[發兵符] 주머니를 매어 차던 길고 넓적한 사슴가죽 끈)를 띠고 상장군이 되지 못할진대, 차라리 몸을 산중에 붙여 세상영욕을 모르고자 하오니, 모친은 자식의 사정을 살피사 아주 버린 듯이 잊고 계시면 후일에 소자 돌아와 오조지정(烏鳥之情 까마귀가 어미 새의 키워 준 은혜를 갚음)을 이룰 날 있사오니 그리 아옵소서."

 거소지정과 징계권

　길동이 아버지에게 하소연하였으나 별다른 위로의 말을 듣지 못하자 어머니에게 가서 신세한탄을 하면서 장차 집을 나가겠다고 통보하는 장면이다. 원문에서는 8살이라고 했는데, 아무리 조선시대라 아이들이 조숙했다고 하더라도 가출을 실행하기에는 너무 나이가 어리다. 하지만 소설이니까 그냥 넘어가자. 성년이 되려면 19세가 되어야 한다. 미성년의 경우 법률행위를 혼자서 할 수 없다는 것은 앞서 설명한 바 있다. 부모는 미성년자의 친권자(親權者)가 된다(민법 §909①). 부모가 혼인 중에 있는 경우 공동으로 친권을 행사한다. 그런데 부와 모가 의견이 달라서 미성년 자녀에 대한 어떤 결정을 할 수 없는 경우 당사자의 청구에 의하여 가정법원이 이를 정한다(민법 §909②). 물론 부와 모 중 한 명이 친권을 행사할 수 없는 경우 다른 일방이 친권을 행사한다(민법 §909③). 친권자는 미성년 자녀를 보호하고 가르칠 권리와 의무가 있다(민법 §913). 또한 살 곳을 지정할 수 있는데(민법 §914), 이를 거소지정권이라고 한다. 거소를 지정했지만 자녀가 부모 말을 안 들었다고 형법처럼 곧바로 어떤 법적 제재가 이루어지지는 않는다. 다만 친권자는 징계권(민법 §915)을 행사하여 "그 자를 보호 또는 교양하기 위하여 필요한 징계를 할 수 있고 법원의 허가를 얻어 감화 또는 교정기관에 위탁할 수 있다."

  길동의 혼인 외의 출생자 문제가 해결되었다고 한다면, 보호하고 가르칠 권리와 의무는 홍대감과 춘섬이 동시에 가진다고 하겠다. 홍대감이 포기했다면 춘섬이 권리와 의무를 행사해야 한다. 거소지정권이 있으므로 집을 나간다는 것을 허락할 수도 안 할 수도 있다.

그런데 초낭 즉 곡산모는 곡산 기생으로 대감의 총첩이 되어 뜻이 방자하기로, 노복이라도 맘에 들지 않으면 한 번 참소(譖訴 남을 헐뜯어서 죄가 있는 것처럼 꾸며 윗사람에게 고하여 바침)할 때 죽기 살기로 하고, 사람이 잘 못 되면 기뻐하고 잘 되면 시기하더니, 대감이 용몽을 얻고 길동을 낳아 사람마다 칭찬하고 대감이 사랑하시매, 총애를 빼앗길까 길동 모자를 눈의 가시같이 미워하여 해할 마음이 급하매, 흉계를 내어 재물을 흩어 요괴로운 무녀 등을 불러 계략을 짠다. 그리하여 동대문 밖 용하다는 관상녀에게 재물을 주고 대감댁 일을 낱낱이 가르치고, 길동 제거할 약속을 정한 후에 날을 기약하고 보내었다.
하루는 대감이 내당에 들어가 길동을 부른 후에 부인을 대하여 가로되,
"이 아이 비록 영웅의 기상이 있으나 어디다 쓰리요."하시며 희롱하시더니, 문득 한 여자 밖으로부터 들어와 뜰 아래 뵈거늘, 대감이 괴히 여겨 그 연고를 물으신대, 그 여자 엎드려 말하기를,
"소녀는 동대문 밖에 사옵더니, 어려서 한 도인을 만나 사람의 상(相 관

상) 보는 법을 배운바, 두루 다니며 관상차로 만호장안(萬戶長安 집이 많아 사람이 많이 사는 서울)을 편람하옵고, 대감댁 만복을 높이 듣고 천한 재주를 시험코자 왔나이다."

대감이 어찌 요괴로운 무녀를 대하여 문답이 있으리요마는 길동을 희롱하시던 끝인 고로 웃으시며,

"네 가까이 올라 나의 평생을 얘기하라."하시니,

관상녀 당에 올라 먼저 대감의 상을 살핀 후에 이왕지사(已往之事 이미 지나간 일)를 역력히 아뢰며 앞일을 보는 듯이 얘기하니, 대감의 마음에 어긋나는 말이 하나도 없는지라. 대감이 크게 칭찬하시고 연하여 집안 사람의 관상을 의논할 새, 낱낱이 본 듯이 평론하여 한 말도 허망한 곳이 없는지라. 대감과 부인이며 좌중제인이 크게 반하여 신인(神人 신령한 사람)이라 일컫더라.

끝으로 길동의 상을 의논할 제 크게 칭찬하여,

"소녀가 열 읍에 주류하며 천만인을 보았으되 공자의 상 같은 이는 처음이려니와,······부인의 소생이 아닌가 하나이다."

대감이 속이지 못하여,

"그는 그러하거니와 사람마다 길흉영욕(吉興榮辱)이 각각 있나니 이 아이 상을 각별히 말해 보거라." 하니,

관상녀가 이윽히 보다가 거짓 놀라는 체 하거늘, 괴히 여겨 그 연고를 물으신대 함구하고 말이 없더라.

대감이 가로되,

"길흉을 조금도 이상하게 보지 말고 보이는 대로 말하여 나의 의혹이 없게 하라."

관상녀 가로되,

"이 말씀을 바로 아뢰면 대감의 마음을 놀라게 할까 하나이다."

대감이 말하되,

"옛날 곽분양(모든 부귀와 공명을 한 몸에 지니는 좋은 팔자를 이르는 말로, 중국 당나라 때의 분양왕[汾陽王] 곽자의의 팔자가 아주 좋았다는 데서 유래)같은 사람도 길한 때도 있고 흉한 때도 있었으니 무슨 여러 말이 있느냐? 상법 보이는 대로 말해 보라."하시니,

관상녀 마지 못하여 길동을 나가게 한 후에 그윽히 아뢰되,

"공자의 앞날은 여러 말씀 버리옵고 성즉 군왕지상이요, 패즉 측량치 못할 환이 있나이다."한대,

대감이 크게 놀래었으나 이윽고 진정한 후에 관상녀를 후히 상급하시고 가로되,

"이 같은 말을 삼가 발설치 말라."엄히 분부하시고,

"저 아이가 늙도록 출입치 못하게 하리라."하시니,

관상녀 말하기를,

"왕후장상이 어디 씨 있으리까?"

대감이 누누이 당부하시니, 관상녀 공손히 인사하고 가니라.

살인의 예비음모

  홍대감의 소실인 초낭이 시기심에 흉계를 써서 홍대감에게 길동이 왕이 될 기운, 즉 역적이 될 관상이라고 믿게 만드는 장면이다.

살인예비음모죄는 살인을 위하여 예비 또는 음모를 한 경우에 처벌하는 것이다. 형법은 살인예비음모죄의 경우 10년 이하의 징역에 처하게 함으로써 상당히 무겁게 처벌하고 있다(형법 §255). 예비는 살인흉기를 준비하고 계획을 하는 등의 행위를 말하는데 아직 살인을 시작하지는 않은 상태를 말한다. 예컨대 흉기를 가지고 살해하려고 다가섰으나 다른 사람에 의하여 방해를 받아 실제 살인을 하지는 못하였다고 하더라도 실행의 착수는 있는 것으로 보아 살인예비음모가 아니라 살인미수죄(형법 §254)로 처벌된다. 음모라는 것은 두 사람 이상이 살인을 계획한 것을 말한다.

초낭이 길동이 살해를 권유하기 위하여 흉계를 꾸민 것만 가지고 살인예비음모죄로 처벌하기는 좀 어렵다. 이야기가 이어지니 더 들어보고 판단하자.

대감이 이 말을 들으신 후로 내념에 크게 근심하사 일념에 생각하시되,

"이놈이 본래 범상한 놈이 아니요, 또 천생됨을 자탄하여 만일 범람한 마음을 먹으면 누대(대대로) 갈충보국(竭忠報國 충성을 다하여 나라의 은혜에 보답함)하던 일이 쓸 데 없고 큰 화가 집안에 미치리니 미리 저를 없애어 집안의 화를 덜고자 하나 인정에 차마 못할 바라."

생각이 이러한즉 어찌할 도리 없어 일념이 병이 되어 식욕도 없고 잠도 잘 못 자게 되었다.

초낭이 기색을 살핀 후에 여쭈오되,

"길동이 관상녀의 말씀같이 왕기(王氣 왕이 나거나 왕이 될 징조) 있어 만일 무슨 일이 있으면 집안의 화가 장차 측량치 못할지라. 어리석은 소견은 큰일을 생각하여 저를 미리 없애는 것만 같지 못할까 하나이다."

대감은 초낭을 책망하고 내보낸다. 초낭은 내당에 들어와 부인에게 대감과의 대화를 고한다. 부인이 말하기를,

"일은 그러하거니와 인정천리에 차마 할 바가 아니라."하시니,

초낭이 다시 여쭈오되,

"이 일이 여러 가지 관계하오니, 하나는 국가를 위함이요, 둘은 대감의 환후를 위함이요, 셋은 홍씨 일문을 위함이오니, 어찌 적은 사정으로 우유부단하여 여러 가지 큰일을 생각지 아니하시다가 후회막급이 되오면 어찌 하오리까?"하며, 끈질기게 이야기하니 부인은 마지못하여 허락하시었다.

이에 초낭이 남몰래 나와 특자라 하는 자객을 청하여 앞뒤 설명한 후에 은자(銀子 은으로 만든 돈)를 많이 주어 오늘 밤에 길동을 해하라 약속을 정하고, 다시 내당에 들어가 부인 전에 여쭈오니, 부인이 들으시고 발을 구르시며 못내 애달프고 안타깝게 여기시었다.

살인의 교사

원문에는 초낭이 자객을 섭외하여 길동을 죽이라고 시키는 내용이 나온다. 살인을 시킨 것이므로 살인에 대한 교사(敎唆)에 해당된다. 즉 타인을 교사하여 죄를 범하게 한 자는 죄를 실행한 자와 동일한 형으로 처벌한다(형법 §31①). 범죄를 시킨 교

사범과 실제 범죄를 행한 정범은 공범관계이다. 그런데 교사를 받은 자가 범죄의 실행을 승낙하고 실행의 착수에 이르지 아니한 때에는 교사자와 피교사자를 음모 또는 예비에 준하여 처벌하며, 교사를 받은 자가 범죄의 실행을 승낙하지 아니한 때에도 교사자에 대하여는 예비음모죄로 처벌한다(**형법 §31②③**).

자객은 일단 승낙을 하였으나 실제 실행을 했는지 아닌지를 알아야 정확히 알 수 있으므로 다음 이야기를 읽어봐야 한다. 다만 여기서 대감과 부인의 혐의를 생각해 보자. 대감은 살해계획을 거절하고 내 보내었으니 아무 문제없으나, 부인은 살해계획을 승낙한 것으로 묘사되어 있다. 그렇다면 부인도 초낭과 같은 혐의를 벗어나기 어렵다. 다만 실제라면 어느 정도 적극적으로 가담했는지에 따라 달라질 수 있다. 그 다음에 사건이 어떻게 전개되는지 궁금하니 얼른 다음 장면을 보자.

이때의 길동은 나이 십일세라. 기골이 장대하고, 총맹이 절륜하며, 시서백가어를 무불통지(無不通知 무슨 일이든지 환히 통하여 모르는 것이 없음)하나, 대감이 분부하여 바깥출입을 막으시더라.
홀로 별당에 처하여 손오의 병서를 통리하여 귀신도 측량치 못하는 술법이며 천지조화를 품어 풍운을 임의로 부리며, 육정육갑(六丁六甲 둔갑술을 할 때에 부르는 신장[神將]의 이름)이 신장을 부려 신출귀몰지술을 통달하니 세상에 두려운 것이 없더라.
이날 밤 삼경이 된 후에 장차 서안(書案 사랑방용 평좌식 책상)을 물리치고 취침하려 하더니 문득 창 밖에서 까마귀 세 번 울고 서

로 날아가거늘, 마음에 놀라,

"까마귀 세 번 '객자와 객자와' 하고 서로 날아가니 분명 자객이 오는지라. 어떤 사람이 나를 해코자 하는고? 아무튼 방신지계(防身之計)를 하리라." 하고, 방중에 팔진을 치고 각각 방위를 바꾸어, 남방의 이허중은 북방의 감중련에 옮기고, 동방 진하련은 서방 태상절에 옮기고, 건방의 건삼련은 손방 손하절에 옮기고, 곤방의 곤삼절은 간방 간상련에 옮겨, 그 가운데 풍운을 넣어 조화무궁(造化無窮) 벌리고 때를 기다리니라.

이때에 특자가 비수를 들고 길동 거처하는 별당에 가서 몸을 숨기고 그 잠들기를 기다리더니, 난 데 없는 까마귀 창 밖에 와 울고 가거늘 마음에 크게 의심하여 말하기를,

"이 짐승이 무슨 앎이 있어 천기를 누설하는고? 길동은 실로 범상한 사람이 아니로다. 필연 나중에 크게 쓰이리라." 하고, 돌아가고자 하다가 은자에의 욕심에 몸을 돌리지 못하고 방중에 들어가니,

길동은 간 데 없고, 일진광풍이 일어나 뇌성벽력이 천지진동하며 운무 자욱하여 동서를 분별치 못하며 좌우를 살펴보니 천봉만학이 중중첩첩하고, 대해 창일하여 정신을 수습치 못하는지라.

특자 속으로 헤아리되,

"내 아까 분명 방중에 들어왔거늘 산은 어인 산이며, 물은 어인 물인고?" 하여 갈 바를 알지 못하더라. 문득 옥적(玉笛 옥으로 만든 피리)소리 들리기에 살펴보니 청의동자 백학을 타고 공중에 날아 다니며,

"너는 어떠한 사람이관대 이 깊은 밤에 비수를 들고 누구를 해코자 하느

냐?"

특자 대답하기를,

"네 분명 길동이로다. 나는 너의 부형의 명령을 받아 너를 취하러 왔노라." 하고,

비수를 들어 던지니, 문득 길동은 간 데 없고, 음풍이 대작하고 벽력이 진동하며, 중천에 살기뿐이로다. 크게 겁을 내어 칼을 찾으며,

"내 남의 재물을 욕심하다가 사지에 빠졌으니 누구를 원망하리요?"하며, 길게 탄식하더라.

문득 이윽고 길동이 비수를 들고 공중에서 외쳐,

"필부는 들으라. 네가 재물을 탐하여 무죄한 인명을 살해코자 하니 이제 너를 살려두면 나중에라도 무죄한 사람이 허다히 상할지라. 어찌 살려보내리요."한대,

특자 애걸하여 말하기를,

"과연 소인의 죄 아니오라 공자 댁 초낭자의 소위오니, 바라옵건대 가련한 인명을 구제하셔서 후일 개과(改過 잘못을 뉘우치고 고침)하게 하옵소서."

길동이 더욱 분을 이기지 못하여,

"너의 악행이 하늘에 사무쳐 오늘 나의 손을 빌어 악한 무리를 없애게 함이라."하고,

말을 마치자 특자의 목을 쳐버리고……

정당방위와 과잉방위

11살짜리 길동이 혼자 스스로 공부해서 이렇게 신통력을 갖추게 된 것에 대해 의문을 품지는 말자. 소설이니까.

'대감이 분부하여 바깥출입을 막으시더라.' 이 부분은 위에서 설명한 민법상 친권자의 거소지정권(민법 §914)에 해당된다.

자객이 죽이려고 왔는데 반대로 길동이 자객을 죽이는 장면이 나오는데 형법상 정당방위(정당방어)에 해당한다고 할 수 있다. 즉 형법 §21①은 "자기 또는 타인의 법익에 대한 현재의 부당한 침해를 방위하기 위한 행위는 상당한 이유가 있는 때에는 벌하지 아니한다."고 하고 있다. 그런데 길동의 경우 자기가 죽을지도 몰라 반격하는 것이 아니라 이미 자객에 의하여 죽을 상황은 아닌 것으로 묘사되어 있다. 그렇다면 과잉방어에 해당될 수 있다. 형법 §21②에 "방위행위가 그 정도를 초과한 때에는 정황에 의하여 그 형을 감경 또는 면제할 수 있다."고 하였다. 정당방어가 인정되면 무죄가 되어 형사처벌을 안 받지만 정당방어 행위가 지나쳐서 정당방어로 보기 어려운 과잉방위의 경우 형을 감면(감경 또는 면제)해 줄 수 있을 뿐이다.

동대문 밖의 관상녀를 잡아다가 그 행위를 꾸짖어,
"네 요망한 년, 재상가에 출입하며 인명을 상해하니 네 죄를 네 아느냐?"

관상녀 제 집에서 자다가 풍운에 싸여 끝도 없이 어디로 가는 줄

모르더니, 문득 길동의 꾸짖는 소리를 듣고 애걸하여,

"이는 다 소녀의 죄가 아니오라 초낭자의 가르침이오니 바라건대 어진 마음에 내 죄를 너그러이 용서하옵소서." 하거늘,

길동이 가로되,

"초낭자는 나의 의모(義母 아버지가 재혼하여 얻은 아내)라. 뭐라 하기 어려우나 너 같은 악종을 내 어찌 살려두리요?" 하고,

칼을 들어 머리를 베어 특자의 주검한테 던지더라. 분한 마음을 걷잡지 못하여 바로 대감 전에 나아가 이 변괴를 아뢰고 초낭을 베려다가 홀연 생각하기를,

"영인부아(寧人負我)언정, 무아부인(毋我負人)이라(남이 나를 저버릴지언정 나는 남을 저버리지 않겠다)." 하고, 또 "내 일시 분으로 어찌 인륜을 끊으리요." 하였다.

국가형벌권과 사형(私刑)

길동이 자객을 죽이고 여기 연루된 관상녀를 죽이고, 어머니뻘 되는 초낭은 차마 죽이지 못하였다는 이야기가 나온다. 위에서 정당방위에 대하여 설명하였는데 이는 예외적인 상황이고, 원칙적으로 법을 어긴 것에 대한 제재는 국가가 하는 것이다. 이를 국가형벌권이라고 하며, 사형(私刑)은 금지된다. 즉 국가는 형법을 제정하여 범죄와 이에 대한 형벌을 규정하고 있으며, 범죄가 구체적으로 발생한 경우에는 이를 수사·소추·심판하고 선고된 형벌을 집행한다. 여기서 형법은 '**형법**(1953.9.18, **법률** 제

293호)' 이외에도 형벌이 규정된 단행법들을 모두 포함하는 말이다.

물론 역사적으로 국가형벌권이 확립되기 전에는 피해자나 피해자의 가족이 직접 복수(復讐)를 할 수밖에 없었다. 그러나 직접 복수하는 것은 정의롭지 못하다. 복수할 능력이 없으면 복수를 할 수 없으며, 또 복수는 복수를 낳을 수 있기 때문이다. 국가권력이 정비되면서 복수를 일정한 범위까지 제한하는 과정을 거쳐 국가가 대신 복수를 하게 되었는데 이것을 응보형(應報刑)이라고 한다. 그러다가 현대에 와서는 국가형벌권의 의미도 교육형(敎育刑), 즉 범죄자에 대하여 교육을 통하여 다시 사회에 복귀시키는 것이 목적이 되었다. 일제강점기에 형무소(刑務所)라고 부르던 교정시설을 지금은 교도소(矯導所)라고 부르는 것이 그러한 의미를 표현하고 있다.

길동이 관상녀를 죽인 것은 살인죄(형법 §250)에 해당된다. 물론 실제로 재판을 받는다면 살해의 동기는 참작할 만한 사유에 해당될 수 있겠다. 다만 실제라면 길동의 나이가 형사미성년에 해당하여 처벌되지 않는다. 형법은 "14세 되지 아니한 자의 행위는 벌하지 아니한다(형법 §9)"고 규정하였다. 원문에는 길동이 11세로 나오므로 형사미성년자이다. 한편 10세 이상 14세 미만의 아동이 범죄를 한 경우는 촉법소년이라고 한다(소년법 §4①ii). 따라서 길동은 촉법소년이다.

그리고 길동은 바로 대감 침소에 나아가 뜰아래 엎드리더니, 이때

대감이 잠을 깨어 문밖에 인적이 있음을 이상히 여겨 창을 열고 보시니, 길동이 뜰아래 엎드렸거늘,

"이제 밤이 이미 깊었거늘 네 어찌 자지 아니하고 무슨 연고로 이러하느냐?"

길동이 눈물을 흘리며 말하기를,

"가내에 흉한 변이 있사와 목숨을 도망하여 나가오니 대감 전에 하직차로 왔나이다."

대감이 생각하되,

'필연 무슨 곡절이 있도다.' 하고 가로되,

"무슨 일인지 날이 새면 알려니와 급히 돌아가 자고 분부를 기다리라."

길동이 엎드려 말하기를,

"소인이 이제 집을 떠나가오니 대감 건강하시기를 바라옵니다. 소인이 다시 뵈올 기약이 막막하오이다."

대감이 헤아리되, 길동은 보통 아이가 아니라 만류하여도 듣지 아니 할 줄 짐작하시고,

"네 이제 집을 떠나면 어디로 가느냐?"

길동이 엎드려 말하기를,

"목숨을 도망하여 천지로 집을 삼고 나가오니 어찌 정처 있사오리까마는 평생 원한이 가슴에 맺혀 원통함을 풀 길이 없사오니 더욱 서러워하나이다."

대감이 위로하여 말하되,

"오늘로부터 호부호형(呼父呼兄 아버지를 아버지라 부르고 형을 형이라 부름)을 허락하노라. 네 원통함을 풀어주는 것이니 네 나가 사방에 두루

돌아다닐지라도 부디 죄를 지어 부형에게 근심을 끼치지 말고 쉬이 돌아와 나의 마음을 위로하라. 여러 말 아니하니 부디 조심하여라."

길동이 일어나 다시 절하고,

"부친이 오늘날 오랜 소원을 풀어 주시니 이제 죽어도 한이 없사옵니다. 엎드려 비오니 아버님은 만수무강하소서."하며, 하직을 구하고 나와 바로 그 모친 침실에 들어가 어미를 대하여 가로되,

"소자가 이제 목숨을 도망하여 집을 떠나오니 모친은 불효자를 생각지 마시고 계시오면 소자 돌아와 뵈올 날이 있사오니 달리 염려 마옵시고 삼가 조심하여 천금귀체(千金貴體 천금같이 귀한 몸)를 귀히 여기소서."

하였다. 그리고 초낭의 음모를 낱낱이 고하니, 그 어미 그 변괴를 자세히 들은 후에 길동을 만류치 못할 줄 알고 탄식하여 말하되,

"네 이제 나가 잠간 화를 피하고 어미 낯을 보아 쉬이 돌아와 나로 하여금 실망하는 병이 없게 하라."하며 못내 설워하더라.

길동이 무수히 위로하며 눈물을 거두어 하직하고 문 밖에 나서니 광대한 천지간에 한 몸이 용납할 곳이 없는지라. 탄식하며 정처 없이 가니라.

 미성년자 보호와 교양

길동이 부모를 하직하고 집을 나가는 장면이다. 부모가 모두 허락하였으니, 집 밖에 나가지 말고 집안에서만 있으라고 하였던 거소제한이 풀린 것으로 볼 수 있다. 그런데 민법은 부모(친권자)는 미성년 자녀에 대하여 보호하고 교양(敎養)할 권리의무

가 있다고 규정하고 있다(민법 §913). 길동이는 이때가 11세이니 당연히 미성년자이고 부모인 홍대감과 춘섬은 길동이를 보호하고 교육시킬 의무가 있다. 그런데 민법은 권리의무라고 표현하고 있다. 즉 미성년 자녀에 대한 보호와 교양은 권리이자 의무라는 뜻이다. 대부분의 권리는 권리를 가진 사람에게 어떤 이익을 주고 권리의 상대방은 의무를 지게 된다. 또한 권리는 의무와 밀접하게 연결되어 있다. 예를 들어 A가 자동차를 B에게 팔기로 하였다고 해 보자. A는 B로부터 자동차 대금에 해당되는 돈을 받을 권리가 있고 대신에 B는 대금을 지불해야 할 의무가 있다. 또 B는 자동차를 넘겨받을 권리가 있으며 A는 자동차를 넘겨야 할 의무가 있다. 자동차와 돈은 동시에 서로 주고받아야 한다. 실제로는 약간 시차가 있어서 먼저 자동차를 받고 돈을 나중에 줄 수도 있지만 법적으로는 동시에 이행하여야 한다(동시이행의 항변권).

그러나 친권의 경우 권리이자 의무인데, 의무로서의 성격이 크다. 자녀에 대하여 보호와 교양을 하였다고 하여 그 자녀 또는 다른 사람으로부터 어떤 이익을 대가로 받지는 않는다. 친권뿐 아니라 가족관계에 적용되는 권리와 의무는 일반적으로 재산관계에 적용되는 권리의무와는 성격이 좀 다른 경우가 많다는 점을 잊지 말아야 한다.

이때에 부인은 초낭이 자객을 길동에게 보낸 줄 아시고 밤이 새도록 잠을 이루지 못하고 무수히 탄식하시니, 장자 길현이 위로하여,

"소자도 능히 막지 못한 일이오니 길동이 죽은 후에라도 어찌 한이 없사오리까? 제 어미를 더욱 후대하여 일생을 편케 하옵고, 길동의 시신을 후히 장례하여 애처러운 마음을 만분지일이나 덜을까 하나이다."하고 밤을 지새더라.

이튿날 아침 초낭이 별당에서 날이 밝도록 소식 없음을 괴히 여겨 사람을 보내 탐지하니, 길동은 간 데 없고 목 없는 주검 둘이 방 중에 거꾸러져 있거늘, 자세히 보니 특자와 관상녀라. 초낭이 이 말을 듣고 크게 놀라 급히 내당에 들어가 이 사연을 부인께 고하니, 부인이 크게 놀라 장자 길현을 불러 길동을 찾되 끝내 거처를 알지 못하는지라. 대감을 청하여 자초지정을 아뢰며 죄를 청하니, 대감이 말하기를,

"가내에 이런 변고를 지으니 화가 장차 미치리라. 간밤에 길동이 집을 떠나노라 하고 하직을 고하기로 무슨 일인지 몰랐더니 원래 이 일이 있음을 어찌 알았으리요."하고 초낭을 책망하여,

"네가 얼마 전에 괴이한 말을 자아내기로 꾸짖어 물리치고 그 같은 말을 다시 내지 말라 하였거늘, 네 끝내 마음을 고치지 아니하고 집안에 이렇듯 변을 지으니 죄를 의논컨대 죽기를 면치 못하리라. 어찌 내 안전에 두고 보리요."하더라. 노복을 불러 두 주검을 남이 모르게 치우고 마음 둘 곳을 몰라 좌불안석하시더라.

 범인은닉죄

자객은 살인미수죄에 해당되므로 초낭은 살인미수죄의 교사

범에 해당된다. 그런데 홍대감 부부는 초낭이 자객을 시켜 길동을 살해하려고 했던 것을 알면서도 아무 조치를 취하지 않았다.

형법 §151①은 "벌금 이상의 형에 해당하는 죄를 범한 자를 은닉 또는 도피하게 한 자는 3년 이하의 징역 또는 500만원 이하의 벌금에 처한다."고 하여 범인은닉죄를 규정하였다. 그러나 법도 인지상정(人之常情)을 무시하지는 않는다. 가족이 어떻게 다른 가족의 범죄를 알았다고 그를 경찰서에 고발하겠는가? 따라서 '친족 또는 동거의 가족'이 범인인 경우 그를 숨겨주었다고 하더라도 형법상 처벌하지 않는다(형법 §151②).

초낭을 친족으로 본다면 범인은닉죄로 처벌할 수는 없겠다.

마찬가지 의미로 가족 간에 무엇을 훔쳐갔다고 하더라도 처벌하지는 않는다. 이를 친족상도례(親族上盜例)라고 한다(형법 §344). 그러나 강도죄 등 심각한 범죄는 친족상도례가 적용되지 않고 형사처벌된다.

2. 활빈당 두목이 되다

이때에 길동이 집을 떠나 사방으로 주류(周流 두루 돌아다님)하다가 깊은 산골에 수백 인가가 즐비한 곳을 발견하고 그 촌중에 들어가니, 한 곳에 수백 인이 모여 잔치를 하고 있더라. 그런데 이곳은 도적의 소굴이었다. 이날 마침 장수(將帥 군사를 거느리는 우두머리)를 정하려 하는데 공론이 분분하더라.

길동이 이 말을 듣고 속으로 생각하되,

'내 갈 곳 없는 처지로 우연히 이곳에 당하였으니 이는 나로 하여금 하늘이 지시하심이로다. 몸을 녹림(綠林 형주[荊州]의 녹림산. 도적 떼를 가리키는 말)에 붙여 남아의 기개를 펴리라.'하고

좌중에 나아가 성명을 말하며 이르기를,

"나는 경성 홍승상의 아들로서 사람을 죽이고 망명도주하여 사방에 주류하옵더니, 오늘날 하늘이 지시하사 우연히 이곳에 이르렀으니 녹림호걸의 으뜸 장수됨이 어떻겠소?"하더라.

앉은 사람들이 이때 술이 취하여 바야흐로 공론이 분분하더니, 불의에 난데없는 총각아이 들어와 자청하매 서로 돌아보며 꾸짖어 말하기를,

"우리 수백 인이 다 절인지력(絶人之力 남보다 뛰어난 힘)을 가졌으되 지금 두 가지 일을 행할 이 없어 아직 못 결정하였거니와, 너는 어떠한 아이로서 감히 우리 연석에 돌입하여 말이 이렇듯이 괴망(怪妄 성격이나 언행이 괴상하고 망측함)하뇨? 인명을 생각하여 살려 보내니 급히 돌아가라."하고 등을 밀어 내치거늘,

길동이 돌문 밖에 나와 큰 나무를 꺾어 글을 쓰되,

"용이 얕은 물에 잠기어 있으니 어별(魚鼈 물고기와 자라)이 침노하며, 범이 깊은 수풀을 잃으매 여우와 토끼의 조롱을 받는도다. 오래지 아니해서 풍운을 얻으면 그 변화 측량키 어려우리로다."하였더라.

한 군사 그 글을 베끼어 좌중에 드리니, 상좌의 한 사람이 그 글을 보다가 여러 사람에게 청하여,

"그 아이 거동이 비범할 뿐 아니라, 더욱이 홍승상의 자제라 하니 그 아

이를 청하여 그 재주를 시험한 후에 처치함이 해롭지 아니하다."하니, 모두들 좋다고 하여 즉시 길동을 청하여 좌상에 앉히고,

"지금 우리 의논이 두 가지라. 하나는 이 앞의 초부석이라 하는 돌이 있으니 무게가 천여 근이라 좌중에서는 쉽게 들 사람이 없도다. 둘째는 경상도 합천 해인사에 재물이 많으나 수도중이 수천 명이라 그 절을 치고 재물을 빼앗을 모책이 없는지라. 네가 이 두 가지를 능히 행하면 오늘부터 우리 장수가 될 수 있다."하더라.

길동이 이 말을 듣고 웃으며,

"대장부 세상에 나오매 마땅히 상통천문(上通天文 천체에서 일어나는 여러 가지 일들에 대해서 잘 앎)하고, 부찰지리(俯察地理 몸을 구부려 지리를 관찰함)하고, 중찰인의(中察人義 사람의 일을 살핌)를 할지라. 어찌 이만한 일을 겁내리요?."하고,

즉시 팔을 걷고 그 곳에 나아가 초부석을 들어 팔위에 얹고 수 십 보를 행하다가 도로 그 자리에 놓되, 조금도 힘들어 하는 기색이 없으니 모든 사람이 크게 칭찬하여,

"실로 장사로다!"하고, 상좌에 앉히고 술을 권하며 장수라 일컬어 치하 하더라.

길동이 군사를 명하여 백마를 잡아 피를 마셔 맹세하고 제군에게 호령하여 말하기를,

"우리 수백 인이 오늘부터 생사고락을 함께 할지니 만일 약속을 배반하고 영을 어기는 자가 있으면 군법으로 시행하리라."하니,

제군이 일시에 명을 듣고 함께 즐기더라.

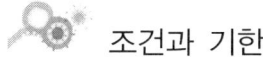 조건과 기한

　길동이 도적 무리의 두목이 되는 장면이다. 여기서 먼저 모여 있던 도적 무리가 장수(두목)가 되는 조건으로 두 가지를 제시했는데 무게가 천여 근이나 되는 돌을 옮기는 일과 해인사의 재물을 빼앗아 올 계략을 제시하는 일이었다. 길동이 쉽게 돌을 들어서 장수가 되었다는 이야기다.

　조건(條件)이란 법률행위의 효력의 발생 또는 소멸이 불확정한 장래의 사실에 의하여 제한되는 일을 말한다. 도적 무리와 길동이 사이에 돌을 든다는 것을 전제로 장수로 삼겠다는 약속이 있었다고 할 수 있다. 즉 돌을 들 수도 있지만 못 들 수도 있는 것이다. 들 수 있으면 장수가 되고 들지 못하면 장수가 되지 않는 것이다. 사실 두 번째 조건은 아직 이루어지지 않았으므로 아직 정식으로 장수가 된 것은 아니다. 또 하나의 조건인 해인사의 재물을 빼앗아 오는 것을 조건으로 하는 '조건부 장수'라고 하겠다.

　조건과 구분해야 할 개념으로 기한(期限)이 있다. 기한이란 법률행위의 효력의 발생과 소멸 또는 채무(債務)의 이행을 장래의 확정적인 사실에 좌우되게 덧붙이는 것을 말한다. 조건이 발생할 수도 안 할 수도 있는 것이라면 기한은 반드시 일어나는 일을 말한다. '한 달 후'나 '12월 12일' 등 날짜 같은 것이 일반적이지만 'A가 죽으면' 같이 일어날 것이 확실하지만 날짜를 특정하기 어려운 것도 기한에 해당된다.

수일 후에 길동이 부하들에게 분부하여 말하기를,
"내 합천 해인사에 가서 모책을 정하고 오리라."하고, 글공부하는 도련님 복장으로 나귀를 타고 종자 몇 명을 데리고 가니 완연한 재상의 자제더라. 해인사에 미리 알려,
"경성 홍승상댁 자제 공부차로 오신다."하니
중들이 그 말을 듣고 의논하되,
"재상가 자제가 절에 거처하시면 그 힘이 적지 아니하리로다."하고 일시에 동구 밖에 맞아 문안하더라.
길동이 혼연히 절에 들어가 좌정 후에 제승을 대하여,
"내 들으니 네 절이 경성에 유명하기로 소문을 듣고 먼 데를 헤아리지 아니하고 한 번 구경도 하고 공부도 하려고 왔으니, 너희도 괴롭게 생각지 말 뿐더러 사중에 머무는 잡일을 일체 물리치라. 내 아무 고을 관아에 가서 본관을 보고 백미 이십 석을 보낼 것이 아무 날 음식을 장만하라. 내 너희와 더불어 승과 속의 도리를 잊고 함께 즐긴 후에 그날부터 공부하리라."하니, 중들이 황공해 하며 명을 받더라.
길동이 법당 사면으로 다니며 두루 살핀 후에 산중으로 돌아와 수십 인을 시켜 백미 이십 석을 보내며,
"아무 관아에서 보내더라."이르니라.
중들이 어찌 그 흉계를 알리요. 행여 분부를 어길까 염려하여 그 백미로 즉시 음식을 장만하며, 절에 머무는 잡인을 다 내보내었다.
기약한 날에 길동이 부하들에게 분부하되,
"이제 해인사에 가 중들을 다 결박할 것이니 너희는 근처에 매복하였다가 일시에 절에 들어와 재물을 수탐하여 가지고 내가 이른 대로 행하되

부디 영을 어기지 말라." 하고, 장대한 하인 십여 명을 거느리고 해인사로 향하니라.

이때 중들이 동구 밖에 나와 맞이하는지라.

길동이 들어가 분부하되,

"절의 스님들은 노소 없이 하나도 빠지지 말고 일제히 절 뒤 냇가로 모이라. 오늘은 너희와 함께 종일 놀리라." 하더라.

중들이 먹기도 할 뿐더러 분부를 어기면 행여 죄 있을까 걱정하여 일시에 수천의 중들이 시냇가로 모이니 절은 통 비었는지라.

길동이 좌상에 앉고 중들을 차례로 앉힌 후에 각각 상을 받아 술도 권하며 즐기다가 밥상을 올리거늘, 길동이 소매로부터 모래를 내어 입에 넣고 씹으니 돌 깨지는 소리에 중들이 혼불부신(魂不附身 혼백이 사방으로 흩어진다는 뜻으로, 매우 놀라거나 혼이 나서 넋을 잃음)하는지라.

길동이 크게 노하여 말하기를,

"내 너희로 더불어 승과 속의 도리를 잊어버리고 즐긴 후에 머물러 공부하려고 했더니 이 건방진 중놈들이 나를 쉽게 보고 음식의 부정함이 이 같으니 분하지 않을 수 있겠나."

데리고 갔던 하인들을 호령하여,

"중들을 일제히 결박하라."

재촉이 성화같은지라. 하인들이 일시에 달려들어 중들을 결박할 새 어찌 사정을 봐주리요.

이때 부하들이 동쪽 사면에 매복하였다가 이 기미를 탐지하고, 단번에 달려들어 창고를 열고 수만금 재물을 제 것 가져가듯이 우마에 싣고 간들 사지를 요동치 못하는 중들이 어찌 막을 수 있으리오. 다만 입으로 원통하다 하는 소리 동네가 무너지는 듯 하더라.

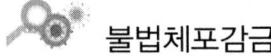 불법체포감금

　길동이 계략을 짜서 중들을 묶어 놓고 재물을 훔쳐가는 장면이다. 당시에 양반은 자신의 관리 하에 있는 상민에 대하여 일정한 형벌을 과할 수 있었다. 조선시대에 스님들은 신분상으로 양반이 아니었다. 다만 일률적으로 천민은 아니었고 다양한 계층의 신분으로 나누어져 있었다. 아무튼 서자도 양반취급을 못 받았으므로 중들을 묶을 수 있는 권한은 없었다. 체포 또는 감금할 법적 권한이 없었으므로 불법체포와 감금죄를 범한 것이다. 형법 §276①은 "사람을 체포 또는 감금한 자는 5년 이하의 징역 또는 700만 원 이하의 벌금에 처한다."고 규정하였다.

　법에 따라 정당하게 체포할 수 있는 경우는 법에 자세히 규정되어 있다. 헌법 §12③은 "체포·구속·압수 또는 수색을 할 때에는 적법한 절차에 따라 검사의 신청에 의하여 법관이 발부한 영장을 제시하여야 한다."고 하고 있다. 검사의 신청과 법관의 영장발부라는 이중적 장치를 둔 것은 체포의 권한이 남용되어 국민의 신체의 자유를 부당하게 침해하지 않도록 하기 위한 것이다. 자세한 규정은 형사소송법이 정하고 있다. 예컨대 형사소송법 §198-2①은 "지방검찰청 검사장 또는 지청장은 불법체포·구속의 유무를 조사하기 위하여 검사로 하여금 매월 1회 이상 관하 수사관서의 피의자의 체포·구속장소를 감찰하게 하여야 한다. 감찰하는 검사는 체포 또는 구속된 자를 심문하고 관련서류를 조사하여야 한다."고 하여 정상적인 체포 또는 구속인지 확인하도록 하고 있다.

이때 절 안에 한 목공(木公)이 있어 여기 참여하지 아니하고 절을 지키다가 난데없는 도적이 들어와 창고를 열고 제 것 가져가듯이 하매, 급히 도망하여 합천 관가에 가서 사건을 아뢰니, 합천 원님이 크게 놀라 한편 관졸을 보내며, 또 한편 관군을 모아 쫓아가게 하는지라.
모든 도적이 재물을 싣고 우마를 몰아 나서며 멀리 바라보니 수천 군사 비구름같이 몰려오매 티끌이 하늘에 닿은 듯 하더라. 도적들이 겁이 나서 갈 바를 알지 못하고 도리어 길동을 원망하는지라.
길동이 웃으며 말하기를,
"너희가 어찌 나의 비책을 알리요? 염려 말고 남쪽 길로 가라. 내 저기 오는 관군을 북편 길로 가게 하리라."하고,
법당에 들어가 중의 장삼을 입고, 고깔을 쓰고, 높은 봉에 올라 관군을 불러 외치되,
"도적이 북편 길로 갔사오니 이리로 오지 말고 그리 가 잡으소서."하며, 장삼 소매를 날려 북편 길을 가리키니, 관군이 오다가 남쪽 길을 버리고 노승이 가리키는 대로 북편 길로 가거늘, 길동이 내려와 축지법을 행하여 도적들을 인도하여 소굴로 돌아오니 도적들이 크게 칭찬하더라.
이때에 합천 원님이 관군을 몰아 도적을 쫓아가되 자취를 보지 못하고 돌아오매 모두 소동하는지라. 이 연유를 감영(監營 조선시대

각 도의 관찰사가 집무하는 관청)에 알리니, 관찰사가 듣고 놀래어 각 읍에 포고를 발하여 도적을 잡게 하였으나 종시 자취를 몰라 바쁘게 뛰어다니기만 하더라.

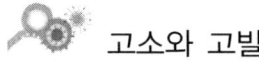 고소와 고발

우연히 일하러 온 목공이 사건을 알게 되어 관청에 고발(告發)하는 장면이다. 고발이란 가해자나 피해자가 아닌 제삼자가 어떤 범죄 사실을 경찰서나 검찰청에 신고하여 수사나 기소를 요구하는 것이다. 형사소송법 §234①은 "누구든지 범죄가 있다고 사료(思料)하는 때에는 고발할 수 있다."고 하였다. 또 §234②은 "공무원은 그 직무를 행함에 있어 범죄가 있다고 사료하는 때에는 고발하여야 한다."고 하여 공무원의 경우 직무와 관련하여 범죄를 알게 된 경우 반드시 고발하도록 하였다.

이와 구분되는 것으로 고소(告訴)가 있다. 고소란 범죄의 피해자나 그 법정대리인이 수사 기관에 범죄 사실을 신고하여 법적 처리를 구하는 일을 말한다. 형사소송법 §223는 "범죄로 인한 피해자는 고소할 수 있다."고 규정하였다. 한편 친고죄(親告罪)라는 것이 있다. 이것은 검사가 공소를 제기하기 위해서는 피해자 또는 일정한 자의 고소를 필요로 하는 범죄를 말한다. 예컨대 모욕죄의 경우 고소가 있어야 처벌할 수 있다(형법 §311, §312). 강간죄의 경우 형법개정으로 친고죄가 폐지되었다(2012).

하루는 길동이 도적들을 불러 의논하여 말하기를,

"우리, 비록 녹림에 몸을 붙였으나 다 나라의 백성이라. 만일 위태한 시절을 당하면 마땅히 돌과 화살을 무릅쓰고 민군을 도울지니라. 이제 군의 사기를 드높일 묘책이 있으니, 아무 날 함경감영 남문 밖의 능소(陵所) 근처에 땔감을 가져다 놓았다가 그날 밤 삼경에 불을 놓되 능소에는 붙지 않게 하라. 나는 남은 군사를 거느리고 기다려 감영에 들어가 군기와 창고를 탈취하리라."

약속을 정한 후 기약한 날에 군사를 두 무리로 나누어 한 무리는 땔감을 운반하라 하고, 또 한 무리는 길동이 거느려 매복하였다가 삼경이 되매 능소 근처에 불이 나서 하늘을 밝히거늘,

길동이 급히 들어가 관문을 두드리며 소리치되,

"능소에 불이 났사오니 급히 도와주옵소서."

감사가 잠결에 깜짝 놀라 나와 보니 과연 불꽃이 하늘에 퍼진지라. 하인을 거느리고 나가며, 한편 군사를 부르니 성(城) 안이 물 끓는 듯 하는지라. 백성들도 다 능소에 가고 성이 다 비어 노약자만 남았는지라. 길동이 도적들을 거느리고 일시에 달려들어 창고와 군기(軍旗)를 도적하여 가지고 축지법을 행하여 순식간에 소굴로 돌아오더라.

이때에 감사가 불을 끄고 돌아오니 창고의 곡식을 지키던 군사가 아뢰되,

"도적이 들어와 창고를 열고 군기와 곡식을 도적질하여 갔나이다."

크게 놀래어 사방으로 군사를 보내어 수색하되 흔적이 없는지라. 변괴인 줄 알고 이 사정을 나라에 알리니라.

이날 밤에 길동이 소굴에 돌아와 잔치를 베풀고 즐기며 말하기를,
"우리 이제는 백성의 재물은 추호도 탈취하지 말고, 악한 수령과 방백의 재물을 노략하여 혹 불쌍한 백성을 구제할지니, 이 동호를 '활빈당(活貧黨)'이라 하리라." 하고 또 가로되,
"함경감영에서 군기와 곡식을 잃고 우리 종적은 알지 못하매 저간에 애매한 사람이 허다히 상할지라. 내 몸이 죄를 지어 애매한 백성에게 돌려 보내면 사람은 비록 알지 못하나 천벌이 두렵지 아니하랴?" 하고,
즉시 감영 북문에 써 붙이되,
"창곡과 군기 도적한 것은 활빈당 당수 홍길동이라."
하였더라.

절도죄와 몰수

탐관오리(貪官汚吏 재물을 탐하고 행실이 깨끗하지 못한 관리)들의 물건을 빼앗아 가난한 백성들에게 나누어주자는 이야기가 나온다. 드디어 의적 홍길동이 탄생하는 순간이다. 그런데 탐관오리들은 백성들로부터 불법으로 재물을 빼앗은 것이니 도적들이 물건을 훔친 것과 다르지 않다. 따라서 그 재물들을 또 다시 훔치는 것은 법적으로 문제가 없을까? 그렇지 않다. 절도한 물건은 불법적으로 남의 물건을 가져온 것이므로 그 소유권은 법적으로 여전히 물건의 주인에게 있다. 다만 실질적으로 점유를 하지 못하는 상태에 불과한 것이다. 따라서 현대 법에 따르면 홍길동 같은 의적(義賊)이 있을 수 없다. 홍길동 뿐 아니

라 일지매, 임꺽정, 로빈훗 모두 현대의 법에 따르면 절도범이나 강도에 지나지 않는다. 탐관오리나 도적들의 물건은 국가가 처리해야 한다. 범죄자에 대하여 형사처벌을 하는 것은 당연하다. 그와는 별도로 범죄행위에 제공한 것이나 제공하려고 한 물건, 범죄행위로 인하여 생겼거나 취득한 물건, 또는 이것들을 대가로 취득한 물건 등은 국가가 몰수한다(형법 §48). 몰수(沒收)하기 어려운 경우 그에 해당되는 돈을 추징(追徵)한다. 어떤 행위를 한 자가 유죄판결을 받지 않는 경우에도 몰수에 해당되는 경우가 있다면 몰수만을 선고할 수도 있다(형법 §49).

하지만 홍길동의 경우처럼 국가형벌권이 불완전할 때, 즉 범인검거율이 극히 낮거나 권력자가 권력을 남용하여 서민들을 괴롭힐 때는 의적이 필요한 것일 수도 있겠다.

3. 홍길동 세상에 나오다

하루는 길동이 생각하되,
"나의 팔자 무상하여 집에서 도망하여 몸을 녹림호걸에 붙였으나 본심은 아니라. 입신양명하여 위로 임금을 도와 백성을 건지고 부모에게 영화를 보일 것이거늘, 남의 천대를 분히 여겨 이 지경에 이르렀으니 차라리 이로 인하여 큰 이름을 얻어 후세에 전하리라."하고,
초인(草人 짚으로 사람의 형상을 엮어 만든 허수아비) 일곱을 만들어

각각 군사 오십 명씩 붙여서 팔도에 나누어 보내되, 다 각기 혼백을 붙여 조화무궁하니 군사들이 보고 어느 도로 가는 것이 참 길동인 줄을 모르더라. 각각 팔도에서 거리낌 없이 행동하며, 불의한 사람의 재물을 빼앗아 불쌍한 사람을 구제하고, 수령이 받은 뇌물을 탈취하고, 창고를 열어 백성들에게 나누어 주더라.

팔도에서 활약하되 명백히 외쳐,

"활빈당 장수 홍길동이라."

누가 능히 종적을 잡으리요?

팔도 감사 일시에 임금에게 아뢰되,

"홍길동 대적이 능히 풍운을 부려 각 고을에서 난리를 일으키니 아무 날은 이러 이러한 고을의 군기를 도적하고, 아무 때는 아무 고을의 창곡을 탈취하였으되 이 도적의 자취를 잡지 못하여 황공한 사연을 우러러 고하나이다."하더라.

임금이 보고 크게 놀라, 각 도의 장문(狀聞 장계[狀啓]를 올려 임금에게 아룀) 일자를 살펴보니 길동이 난리 친 날이 모두 같은 날이라. 크게 근심하사 각 고을에 명하기를,

"누구든지 만일 이 도적을 잡으면 천금 상을 주리라."하시고, 팔도에 어사를 내리어, 민심을 안정시키고 이 도적을 잡으라 하시니라.

이 후로는 길동이 혹 쌍교(雙轎 말 두 마리가 각각 앞뒤의 채를 메고 가는 가마)를 타고 다니며 수령을 임의로 내쫓고, 혹 창고를 열어 백성에게 식량을 나누어주며, 죄인을 잡아 다스리며, 옥문을 열고 무죄한 사람을 풀어주며 다니되, 각 고을이 도무지 그 종적을 모르고 도리어 분주하여 나라가 흉흉한지라.

시 · 도지사와 대통령

　팔도에 동시에 나타난 홍길동으로 인한 소란 이야기가 나온다. 팔도 감사라면 지금의 광역자치단체장, 즉 서울시장이나 경기도지사 등에 해당된다. 임금은 대통령에 비유할 수 있겠다. 지금과는 달리 당시에는 지방자치라고 할 수는 없겠다. 물론 현재는 지방자치를 하여 시 · 도시자를 주민들이 뽑지만, 시장이나 도지사도 대통령의 하부기관으로 볼 수는 있다. 하부기관으로 보는 경우 직무에 관하여 보고하고 명령에 따를 의무가 있다. 국가공무원법 §57는 "공무원은 직무를 수행할 때 소속 상관의 직무상 명령에 복종하여야 한다."고 복종의 의무를 규정하였다. 물론 지방자치법에 따라 고유한 사무는 독자적으로 처리하게 된다. 다만 자치사무에 대하여 국가(중앙행정기관의 장)는 조언 · 권고 · 지도를 할 수 있으며(지방자치법 §166), 위임한 국가사무에 대하여 지도 · 감독을 행한다(지방자치법 §167).
　의적 홍길동 이야기가 계속된다.

전하 크게 노하여 가라사대,
"이 어떠한 놈의 용맹이 한 날에 팔도에 다니며 이같이 나라를 어지럽히는고? 나라를 위하여 이놈을 잡을 자가 없으니 참으로 한심하도다!"
하시니 섬돌 아래에 한 사람이 나와서 말하되,
"신이 비록 재주 없사오나 병사들을 주시면 홍길동 대적(大賊)을 잡아 전하의 근심을 덜리이다."하거늘,

모두 보니 이는 곧 포도대장 이업이라.

전하 기특하게 여기사 병사 일천을 주시니, 이업이 즉시 절하고 곧바로 대궐을 떠났다. 과천을 지나서는 각각 군사를 나누어 약속을 정하되, "너희는 이러 이러한 곳으로 좇아 아무 날 문경으로 모이라."하더라.

남루한 옷차림으로 길을 가서 며칠 후 한 곳에 이르니, 날이 저물어 주점에 들어가 쉬게 되었더라. 이윽고 어떤 서생이 나귀를 타고 동자 수인을 거느리고 들어와 앉아 통성명을 하고 이야기를 나누게 되었다.

그 서생이 차탄(嗟歎 탄식하고 한탄함)하여,

"온 하늘 아래가 임금의 땅이요, 온 백성이 임금의 신하라. 이제 대적 홍길동이 팔도에 나타나 민심을 소란케 하매 전하 크게 노하사 팔도의 관리에게 명하여 길동을 잡으라 하시되 도무지 잡지 못하니 분한 마음은 온 나라가 한 가지라. 나 같은 사람도 약간 용력이 있어 이 도적을 잡아 나라의 근심을 덜고자 하되 힘이 넉넉치 못하고 뒤를 도울 사람이 없으매 개탄스럽소이다."

이업이 그 서생의 모양을 보고, 말을 들으매 진실로 의기가 있더라. 마음에 감탄하여 나아가 손을 잡고,

"장하다, 이 말이여! 충의를 겸한 사람이로다! 내가 죽기로써 그대의 뒤를 도울 것이니 나와 함께 이 도적을 잡음이 어떠하뇨?"하더라.

그 소년이 말하기를,

"그대 말씀이 그러할진대 이제 나와 함께 가 재주를 시험하고 홍길동이 거처하는 데를 찾아보리라."하니,

이업이 승낙하고 그 소년을 따라 함께 깊은 산중으로 가더니, 그 소년이 몸을 솟구쳐 층암절벽 위에 올라앉으며 말하되,

"그대 힘을 다하여 나를 차면 그 용력을 가히 알리라."하거늘,

이업이 온 힘을 다하여 그 소년을 차니, 그 소년이 몸을 돌아앉으며 말하되,

"장사로다! 이만하면 홍길동 잡기를 염려치 아니하리로다! 그 도적이 지금 이 산중에 있으니 내 먼저 들어가 탐지하고 올 것이니 그대는 이곳에 있어 내가 돌아오기를 기다리라."하더라.

이업이 허락하고 그 곳에 앉아 기다리더니, 이윽고 형용이 기괴한 군사 수십 인이 다 황건을 쓰고 오며 외쳐 가로되,

"네가 포도대장 이업이냐? 우리는 지부대왕(地府大王 지하세계의 대왕 곧 염라대왕)의 명을 받아 너를 잡으러 왔노라."하고, 일시에 달려들어 철쇄로 묶어 가니, 이업이 놀라 넋이 나가 지하인지 세상인지 모르고 가더니, 곧 한 곳에 이르러 보니 기와가 궁궐 같은지라.

이업을 잡아 뜰아래 꿇리니 위에서 죄를 물어 말하기를,

"네 감히 활빈당 장수 홍길동을 쉽게 보고 잡으려고 하느냐? 홍장군이 하늘의 명을 받아 팔도에 다니며 탐관오리와 비리로 취하는 놈의 재물을 빼앗아 불쌍한 백성을 구휼하거늘, 너희 놈이 나라를 속이고 임금에게 무고하여 옳은 사람들 해코자 하매, 지부(地府 불교에서 사람이 죽은 뒤에 그 영혼이 가서 산다는 세상)에서 너 같은 간사한 놈들을 잡아다가 다른 사람을 경계코자 하시니 한탄하지 말라."하고 명하되,

"이업을 잡아 풍도(酆都 도교에서 말하는 지옥)에 붙여 영원히 세상에 나오지 못하게 하라."하더라.

이업이 머리를 땅에 두드리며 사죄하여,
"과연 홍장군이 각 읍에 다니며 민심을 소동케 하시매 국왕이 크게 노하시기로 신하의 도리에 앉아있지 못하여 포교로 명을 받아 나왔사오니 인간의 무죄한 목숨을 살려주소서."
무수히 애걸하니, 좌우 사람들이 위에서 그 거동을 보고 크게 웃으니, 군사를 명하여 이업을 풀어주고 전 위에 앉히고 술을 권하며,
"그대 머리를 들어 나를 보라. 나는 곧 주점에서 만났던 사람이요, 이 사람이 곧 홍길동이라. 그대 같은 이는 수만 명이라도 나를 잡지 못할지라. 그대를 유인하여 이리 온 것은 우리 위엄을 보이게 함이요, 나중에라도 그대와 같은 사람이 있거든 그대로 하여금 말리게 함이로다." 하더라. 또 몇 사람을 잡아들여 뜰 아래 꿇리고 죄를 물어,
"너희들을 단 번에 벨 것이로되 이미 이업을 살려 돌려보내기로 하였으니 너희도 풀어주리라. 돌아가서 이후에는 다시 홍장군 잡기를 생각지 말라." 하였더라.
이업이 그제야 지옥이 아니라 세상인 줄 아나 부끄러워 아무 말도 못하고 머리를 숙여 잠잠하더니, 이윽히 앉았다가 잠간 졸더니, 문득 깨달으니 사지를 요동치 못하고 눈에 보이는 것이 없는지라. 죽도록 벗어나니 가죽 부대에 들어 있는지라. 그 앞에 또 가죽 부대 둘이 달렸거늘, 끌러 보니 어젯밤에 함께 잡혀 갔던 사람이요, 문경으로 보낸 군사라.
이업이 어이없어 웃어 말하되,
"나는 어떠한 소년에게 속아 이러이러 하였거니와 너희는 어떻게 되었느

냐?" 물으니,

그 군사들 서로 웃어 말하되,

"소인 등은 아무 주점에서 자옵더니 어찌하여 이곳에 이른 줄 알지 못하나이다." 하고, 사면을 살펴보니 장안 북악이더라.

이업이 말하기를,

"허망한 일이로다! 삼가 남들에게 말하지 말라." 하더라.

 공무집행방해죄

임금이 포도대장 이업을 보내 길동을 잡아오라고 하였으나, 홍길동이 신통력을 발휘하여 이업을 놀리고 겁을 주어 돌려보내는 장면이다. 앞에서 홍길동은 절도범이라고 한 바 있다. 물론 강도범에 해당될 수도 있겠다.

그런데 범죄 용의자를 체포하려는 것을 방해하고 오히려 공무를 집행하는 공무원을 묶은 길동의 행위는 위에서 말한 불법체포죄에 해당되며, 공무집행방해죄에도 해당될 수 있다. 형법 §136①은 "직무를 집행하는 공무원에 대하여 폭행 또는 협박한 자는 5년 이하의 징역 또는 1천만 원 이하의 벌금에 처한다."고 규정하였다. 즉 공무를 집행하는 공무원에게 폭행이나 협박을 가한 경우에 처벌되는 것이다. 폭행이나 협박은 아니지만 공무원을 속여서 착오에 빠지게 하여 공무집행을 방해한 경우에는 위계에 의한 공무집행방해죄로 처벌된다(형법 §137). 예컨대 만우절에 112나 119에 장난전화를 걸어 불필요한 출동을 하게 하였다면 위계에 의한 공무집행방해죄로 처벌될 수 있다.

그런데 서생이 길동이 아니었고 사건과 관련 없는 사람이었고, 이업이 서생을 시켜서 길동을 찾았다면, 신분은 공무원이 아니지만 공무를 수행한 것으로 볼 수 있다. 이런 경우를 공무수탁사인이라고 한다.

이때에 길동의 수단이 신출귀몰하여 팔도에 횡행하되 능히 알 자가 없는지라. 수령의 비리를 적발하여 어사로 출두하여 선참후계(先斬後啓 관리가 군율을 어긴 죄인을 먼저 처형하고 뒤에 임금께 아룀)하고, 각 고을에서 거둬들인 뇌물을 낱낱이 빼앗으니 장안 백관이 얼굴을 들지 못하더라. 혹 수레를 타고 장안 대로로 왕래하며 난리를 피우니 상하 이민(吏民 지방의 아전과 백성)이 서로 의심하며 괴이한 일이 많아 나라가 어지럽더라.

임금이 크게 근심하시더니 우승상이 말하되,

"신이 듣자오니 도적 홍길동은 전 승상 홍문의 서자(庶子)라 하오니, 이제 홍문을 가두시고, 그 형 이조판서 길현으로 경상감사를 보위하셔서 날을 정하여 그 서제(庶弟) 길동을 잡아 바치라 하오면, 제 아무리 불충무도한 놈이라도 그 부형(父兄 아버지와 형)의 낯을 보아 스스로 잡힐까 하나이다."

임금이 이 말을 들으시고, 즉시 홍문을 금부(禁府 의금부를 줄여 부르는 말로 조선 시대 임금의 명령을 받들어 중죄인을 신문하는 일을 맡아 하던 관아)에 가두라 하시고 길현을 부르시니라.

 연좌제

길동이 활약하니 그 아버지를 감옥에 보내는 이야기다. 이런 것을 연좌제라고 한다. 연좌제란 특정한 사람의 범죄에 대하여 일가친척이나 그 사람과 일정한 관계에 있는 사람이 연대책임을 지고 처벌을 당하던 제도를 말한다. 조선시대 이전에는 당연한 일이었다. "역적은 구족(九族)을 멸한다."는 것이 대표적인 연좌제이다. 구족은 친가·외가·처가의 삼족과 또 그들의 삼족을 모두 말하는 것이다. 그래서 역적이 나오면 집안이 모두 망하게 된다고 하였다. 그러나 현대법에서 연좌제는 폐지되었다. 헌법 §13③은 "모든 국민은 자기의 행위가 아닌 친족의 행위로 인하여 불이익한 처우를 받지 아니한다."라고 하여 연좌제 폐지를 선언하였다. 헌법에는 1980년 헌법에서부터 규정되었다.

연좌제(綠坐制)는 친족의 범죄와 관련된 것을, 연좌제(連坐制 한자가 다름)는 기타 관련자의 범죄와 관련된 것으로 구분하기도 한다. 한편 판례는 상급자의 하급자 행위에 대한 책임은 연좌제가 아닌 감독책임이라고 하고 있다.

이때에 홍승상이 길동이 한 번 떠난 후로 소식이 없어 거처를 모르며 앞으로 무슨 일이 있을까 염려하시더니, 뜻밖에 길동이 나타나 이렇듯 난리를 일으키매, 놀랜 마음에 어찌할 줄 모르고 이 사연을 미리 나라에 알리기도 어렵고 모르는 체 앉아 있기도 어려워 그게 병이 되어 앓아누워 일어나지 못하는지라. 장자 길현이 이조판서로 있더니 부친의 병세 위중하매 말미를 청하여 집에 돌아와 띠를 끄르지 아니하고 병상 곁에 머물러 조참(朝參 중앙에서 근무하는 백관이 한 달에 네 번씩 모여 임금에게 문안하고 할 말을 아뢰던 일)에 나아가지 아니한지 이미 달이 넘은지라. 조정 분위기를 알지 못하더니, 문득 법관이 나와 임금의 명을 전하고 승상을 감옥에 가두고 판서를 부르는지라. 그래서 온 집안이 어수선하더라.

판서 궐하에 나가 벌을 기다리니, 임금이 가라사대,

"경의 서제 길동이 나라의 도적이 되어 범람함이 이같으니 그 죄를 의논하면 마땅히 연좌로 벌할 것이로되 잠시 미뤄두고 이제 경상도에 내려가 길동을 잡아 집안의 화를 면케 하라."하시더라. 길현이 엎드려 말하기를,

"천한 동생이 일찍 사람을 죽이고 도망하여 나갔사오매 종적을 모르웁더니 이렇듯 중죄를 지으니 신의 죄 죽어 마땅하오며, 신의 아비 나이 팔십에 천한 자식이 도적이 되었사오매 이로 병이 되어 죽을 지경에 있사오니, 엎드려 원하웁기는 전하는 하해와 같은 은덕을 내리사 신의 아비로 하여금 집에 돌아가 병을 다스리게 하시면 신이 내려가서 서제 길동을 잡아 전하에게 바치리다."하더라.

임금이 그 효성에 감동하여, 홍문은 집으로 보내어 치병하라 하시고, 길현으로 경상감사를 보위하사 날을 정하여 주셨다.

 강등

이조판서였던 길동의 형 홍길현을 길동을 잡기 위하여 경상

감사로 임명하여 내려 보냈다는 이야기다. 조선시대 이조판서라면 지금의 행정자치부 장관과 비슷한 지위였고, 경상감사라면 경상남도와 경상북도의 도지사에 해당된다. 지금은 지방자치가 시행됨에 따라 대통령이 행자부장관을 경상남도 또는 경상북도의 도지사로 임명할 수는 없지만 당시에는 당연히 가능한 일이었다. 당시 판서는 정2품, 감사는 종2품에 해당하는 관직이므로 한 등급 강등된 것이다. 국가공무원법 §79는 징계의 종류로 '파면·해임·강등·정직(停職)·감봉·견책(譴責)'을 규정하고 있다.

만약에 길동을 잡기 위하여 길현을 지방에 내려 보낸 것이 강등의 의미도 포함하고 있다면 이 또한 연좌제를 적용한 것이라고 할 수 있다.

판서는 임금의 은혜를 감사하며 경상도에 내려와 각 읍에 행차하여 방방곡곡에 방(榜)을 붙여 길동을 찾더라.
"······팔십 노친이 백발에 너로 하여금 주야로 우려하시던 중에 네 이렇듯 변괴를 지어 죄를 나라에 얻으니 놀란 마음에 병이 되어 이제 눕고 장차 일어나지 못하게 되시니, 부친이 만일 너로 인하여 세상을 버리시면 네 살아서도 역명을 입고, 죽어 지하에 간들 천추만대에 불충불효죄를 전할지라. 또한 그 남은 우리 일문이 원통치 아니하랴? 네 어찌 넉넉한 소견으로 이를 생각지 못하느냐? 이제 마땅히 천명을 따라 조정의 처분을 기다릴 뿐이니 또 어찌하리요? 네 일찍 돌아오기를 바라노라."하였더라.

감사로 부임한 후에 공사를 폐하고, 전하의 근심과 부친의 병세를 염려하여 수심으로 날을 보내며 행여 길동이 올까 바라더니,

하루는 하인이 아뢰되,

"어떠한 소년이 밖에 와 기다립니다."하거늘,

즉시 맞아들이니, 그 사람이 섬 위에 엎드려 죄를 청하는지라. 감사 괴히 여겨 그 연고를 물으니 대답하기를,

"형님은 어찌 아우 길동을 모르시나이까?"하더라.

감사 놀라면서도 기쁨에 나가서 길동의 손을 잡고 이끌고 방에 들어와 좌우를 물리치고 한숨지으며 말하기를,

"이 무심한 아이야. 네 어려서 집을 떠난 후에 이제야 만나니 반가운 마음이 도리어 슬프도다! 네 이런 풍채와 재주로 어찌 이렇듯 불측한 일을 즐겨하여 부형의 은애를 끊게 하느냐? 시골의 우매한 백성들도 임금에게 충성하고, 아비에게 효도할 줄 아는지라. 너는 성정이 총명하고 재주 높아 보통사람과 크게 다르니 마땅히 더욱 충효를 숭상할 사람인데 몸을 그른 데 버려 충효에서는 범인(凡人)보다 못하니 어찌 한심치 아니하리요? 그 부형되는 자가 그 같은 고명한 자제를 두었다 하여 소문이 자자하더니 도리어 부형에게 근심을 끼치느냐? 네 이제 충의를 위하여 죽는다 해도 그 부형은 싫어할 것이니라. 하물며 역적의 혐의로 죽게 되니 그 부형의 마음이야 어떠하겠느냐! 국법에 인정이 없으니 아무리 구원코자 하여도 할 수 없고, 위하여 서러워한들 무슨 효험이 있으랴? 너는 부형의 낯을 보아 죽기를 감수하고 왔으나 나는 두렵고 비탄한 마음이 너를 아니 본 때보다 더한지라!"하니,

길동이 눈물을 흘리며,

"이 불초한 동생 길동이 본래 부형의 훈계를 듣지 않고자 함이 아니오라, 팔자 기구하여 천한 태생을 평생 한탄할 뿐더러 집안에 시기하는 사람을 피하여 정처 없이 다니다가 뜻밖에 몸이 도적의 무리에 빠져 잠시 생애를 붙였다가 죄명이 이에 미치었사오니 내일 아우를 잡은 사유를 임금께 올리고 저를 결박하여 나라에 바치옵소서."하더라.

형제가 날을 새워 그간의 이야기를 나누고, 다음 날 감사가 길동을 철쇄로 결박하여 보낼 새 슬프고 참담한 낯빛으로 하염없이 눈물을 흘리더라.

 공과 사의 구분

헌법 §7①은 "공무원은 국민전체에 대한 봉사자이며, 국민에 대하여 책임을 진다." §7②은 "공무원의 신분과 정치적 중립성은 법률이 정하는 바에 의하여 보장된다."라고 규정하였다. 공무원은 그 직무를 행함에 있어서 사적인 이익을 추구하거나 정치적으로 편향되게 행하면 안 된다는 것을 규정한 것이다. 그러기 위해서는 외부적 압력이나 이익에 있어서도 자유로워야 한다. 검찰청법 §4②은 "검사는 그 직무를 수행할 때 국민 전체에 대한 봉사자로서 정치적 중립을 지켜야 하며 주어진 권한을 남용하여서는 아니 된다."고 규정하였다. 법관에 대해서 헌법 §103는 "법관은 헌법과 법률에 의하여 그 양심에 따라 독립하여 심판한다."고 하였다. 마찬가지로 헌법재판소 재판관(헌법재판소법 §4), 국회의원(헌법 §46②)도 같은 취지의 규정이 있다.

그런데 원문의 이야기는 본인과 동생, 즉 가족 간의 문제에 해당되는 것이다. 이런 경우 사실 직접 자기 손으로 잡아서 감옥에 가도록 넘기는 것은 인정상 너무 가혹하다. 재판의 경우에는 이런 경우 그 업무에서 피할 수 있도록 규정하였다. 이를 제척(除斥)이라고 한다. 형사소송법 §17에 따르면 "법관이 피고인 또는 피해자의 친족 또는 친족관계가 있었던 자인 때"에는 그 직무집행에서 제척(除斥)된다고 하였다. 모든 종류의 재판(심판)에 이런 규정이 있다.

모든 공직자는 공직을 수행함에 있어 공(公)과 사(私)를 엄격히 구분하여야 한다. 이를 위해서 공무원의 정치적 중립이 선언되고 정상적으로 직무를 수행할 수 있도록 여러 가지 법적인 뒷받침이 마련되어 있다. 길현과 길동처럼 가족 간에 공무를 집행해야 하는 경우 이를 피할 수 있도록 규정하여 인륜을 저버리면서 공무를 집행하지 않을 수 있도록 하였다. 물론 검사나 경찰의 경우 가족 간의 정을 무릅쓰고 공무를 우선하는 사람이 있을 수 있는데, 이런 감동적인 스토리는 영화에서 자주 볼 수 있지만 현실에서는 쉽지 않은 이야기다. 따라서 법은 보통 사람들의 입장에서 지켜나갈 수 있도록 합리적으로 규정하여야 한다.

이때에 팔도에서 다 각기 길동을 잡았노라 알리고 잡아서 올리니, 사람들마다 이상히 여기며 구경하는 사람으로 길이 메어져 그 수를 알지 못하더라.
임금이 직접 나오셔서 여덟 길동을 국문(鞫問)하실 새,

여덟 길동이 서로 다투어 가로되,

"네가 무슨 길동이냐? 내가 참 길동이로다."하고,

서로 팔을 뽐내며 한 데 어우러져 뒹구니 아주 가관이더라. 대신들과 포졸들이 그 진위를 알지 못하는지라.

신하들이 말하기를,

"자식을 아는 데 아비만한 자가 없사오니, 이제 홍승상을 부르사 그 서자 길동을 가려내라 하옵소서."

임금이 옳게 여겨 즉시 홍승상을 부르시니 승상이 명을 받들어 와서 엎드리더라.

임금이 가라사대,

"경이 일찍이 한 길동을 두었다 하더니 이제 여덟이 되었으니 어떠한 연고인지 경이 자세히 가리어 어지럽지 않게 하라."하시니,

승상이 눈물을 흘리며,

"신이 행실을 지키지 못하여 천첩을 가까이 한 죄로 천한 자식을 두어 전하의 근심이 되옵고 조정이 어지러우니, 신의 죄 만 번 죽어도 마땅하오이다."

백수에 눈물이 이어지며 길동을 꾸짖어,

"네 아무리 불충불효한 놈이라도 위로 임금이 친히 나오시고, 그 아래로 아비가 있거늘, 가까이서 군부를 희롱하니 불측한 죄 더욱 큰지라. 빨리 형벌을 받고 천명을 받아들이라. 만일 그렇지 아니하면, 네 목전에 내 먼저 죽어 임금님의 진노하시는 마음을 만분지일이라도 덜으리라."하더라.

홍대감이 이르되,

"신의 천한 자식 길동은 왼 편 다리에 붉은 점 일곱이 있사오니 이를

확인하여 적발하옵소서."하니,

여덟 길동이 일시에 다리를 걷고 일곱 점을 서로 자랑하는지라. 승상이 그 진위를 가리지 못하고 걱정스러운 마음을 이기지 못하여 인하여 기절하거늘, 임금이 놀래시어 급히 좌우를 명하여 구원하시되 회생할 길이 없었다. 이에 여덟 길동이 자기 주머니에서 대추 같은 환약 두 개씩 내어 서로 다투어 승상의 입에 넣으니 다시 소생하는지라.

여덟 길동이 울며 아뢰되,

"신의 팔자 무상하여 홍모의 천비의 배를 빌어 낳사오매, 아비와 형을 임의로 부르지 못하옵고, 또한 집안에 시기하는 자가 있어 보전치 못하오매, 몸을 산림에 붙여 초목과 함께 늙자 하였더니, 하늘이 밉게 여기사 도적의 무리에 빠졌사오나, 일찍이 백성의 재물은 추호도 취한 바 없고 수령의 뇌물과 불의한 놈의 재물을 빼앗아 먹고, 혹시 나라 곡식을 도적질 하였사오나 군부(君父)가 일체오니 자식이 아비 것 먹기로 도적이라 하오리까? 어린 자식이 어미 젖 먹는 것과 같소이다. 이는 도무지 조정 소인배들이 임금의 은총을 가리어 무고(誣告)한 죄요, 신의 죄는 아니로소이다."

임금이 진노하사 꾸짖어 가라사대,

"네 무고한 재물은 취치 아니했다 하면, 합천사 중을 속이고 그 재물을 도적하고, 또 능소에 불을 놓고 군기를 도적하니, 이만한 큰 죄 또 어디 있느냐?"

여덟 길동이 엎드려 말하기를,

"불도(佛徒)라 하는 것이 세상을 속이고 백성을 혹하게 하여, 같지 아니하고 백성의 곡식을 취하며, 짜지 아니하고 백성의 의복을 속여 부모가 준 발부(髮膚 머리털과 피부)를 상하여 오랑캐 모양을 숭상하며, 군역을 회피하고 세금을 내지 않으니 이에 더한 불의가 없사오며, 군기(軍旗)를 가져간 것은 신 등이 산중에 처하여 병법을 익히다가 만일 난세를 당하옵거든 임금을 도와 태평을 이루고자 함이오며, 불을 놓되 능소에는 아니 가게 하였사오며, 신의 아비 세대로 국록을 받자와 갈충보국하여 성은을 만분지일이라도 갚지 못할까 하옵거늘 신이 어찌 외람되이 범람한 마음을 두오리까? 죄를 따져도 사형까지는 아니할 터이로되, 전하께서 신하들의 거짓 고소를 들으시고 이렇듯 진노하시니 신이 형벌을 기다리지 아니하옵고 먼저 스스로 죽사오니 노를 거두시옵소서."하고,

여덟 길동이 한데 어우러져 죽는지라. 모두들 이상히 여겨 자세히 보니 참 길동은 간 데 없고 지푸라기 인형 일곱뿐이더라. 임금이 길동의 기망한 죄로 더욱 노하사, 경상감사에게 조서를 내리어 길동 잡기를 더욱 재촉하시는지라.

 피의자신문과 인정신문

피의자를 신문(訊問 법원이나 기타 국가 기관이 어떤 사건에 관하여 증인·당사자·피고인·피해자 등을 상대로 직접 말로 물어 조사하는 일)할 때에는 본인이 맞는지 확인해야 한다. 형사소송법 §241는 "검사 또는 사법경찰관이 피의자를 신문함에는 먼저 그 성명, 연령, 등록기준지, 주거와 직업을 물어 피의자임에

틀림없음을 확인하여야 한다."고 규정하였다. 재판과정에서도 본인 확인을 하여야 함을 물론이다. 형사소송법 §284는 "재판장은 피고인의 성명, 연령, 등록기준지, 주거와 직업을 물어서 피고인임에 틀림없음을 확인하여야 한다."고 규정하여 인정신문(認定訊問)을 규정하고 있다.

길동을 잡아왔지만 팔도에서 하나씩 여덟이나 되는데 누가 진짜인지 가리지 못하는 장면이 나온다. 어디서 본 듯한 장면인데, 옹고집전에도 같은 장면이 나온다. 물론 두 이야기 모두 사람들의 눈으로는 구분할 수 없다는 결론이다. 사람이 쉽게 구분할 수 있다면 재미없었을 것이다.

길동이 무죄임을 항변하는 내용으로 이어진다. 나름대로 설득력이 있어 보인다. 과연 길동의 행위가 유죄일까, 무죄일까? 현대법에 따르면 여러 가지 범죄행위에 해당한다는 것은 앞서 설명한 바 있다. 또 길동이 말하는 중에 "**군부(君父)가 일체오니 자식이 아비 것 먹기로 도적이라 하오리까?**"라고 한다. 초낭이 자객을 보낸 장면에서 설명한 바 있는, 친족상도례를 길동이 잘 아는 것 같다. 하지만 국가의 곡식을 도적질하면서 군사부일체를 들어 국가의 곡식은 아버지 것이나 같고, 친족상도례에 따라 처벌받지 않는다고 주장하는 것은 지나친 논리의 비약이고 자기합리화이다.

이때에 경상감사가 길동을 잡아 올리고 마음 둘 곳이 없어 공사를 전폐하고 소식을 기다리더니, 문득 교지(敎旨 임금이 사품 이상의 신하에게 내리는 명령장)가 내려왔다.

궁궐을 향하여 네 번 절한 후 살펴보니, 교지에 가라사대,
"길동을 잡지 아니하고 초인을 보내어 형부를 어지럽히니 임금을 능멸한 죄를 면치 못할지라. 아직 죄를 말하기는 이르니 십일 내로 길동을 잡으라."하시었다. 감사 황공무지하여 사방에 일러 길동을 찾더니, 하루는 달밤에 난간에 섰더니, 선화당 들보 위에서 한 소년이 내려와 엎드리는데, 자세히 보니 길동이라.
감사 꾸짖어 말하되,
"네 갈수록 죄를 키워 구태여 화를 집안에 끼치고자 하느냐? 나라의 명이 엄하니 너는 나를 원망치 말고 일찍 하늘의 명을 받아라."
길동이 엎드려 말하되,
"염려치 마시고 내일 저를 잡아 보내시되, 장교 중에 부모와 처자 없는 자를 가리어 저를 압송하시면 좋은 묘책이 있나이다."
감사 그 연고를 알고자 했지만 길동이 대답치 아니하더라. 감사 그 소견을 알지 못하나 그 말대로 길동을 영솔하여 올려 보내니라. 조정에서는 길동이 잡히어 온다는 말을 듣고 도감포수(都監砲手 훈련도감의 포수) 수백을 남대문에 매복하여,
"길동이 문 안에 들거든 일시에 총을 쏘아 잡으라." 분부하니라.
이때에 길동이 풍우같이 잡히어 오더니 어찌 이 기미를 모르리오. 동작리를 건너며 비법을 써서 비가 오게 하더라. 길동이 남대문 안에 드니 좌우의 포수 일시에 총을 쏘려 하되 총구에 물이 가득하여 총을 쏠 수가 없더라.
길동이 궐문 밖에 다달아 데리러 온 사람들을 보며 말하기를,
"너희가 나를 데려가려 이곳까지 왔으니 그 죄로 죽지는 아니하리라."하

고, 몸을 날려 수레 아래 내려 천천히 걸어가는지라. 오군영의 기병들이 말을 달려 길동을 쏘려 하되, 길동은 한양으로 들어가고 말은 아무리 채찍질해도 길동이 축지하는 법을 어찌 하리오. 성안의 사람들이 그 신기한 수단을 측량할 리 없더라.

 ## 위계에 의한 공무집행 방해

지푸라기 허수아비 7명을 보내어 임금을 놀리고, 형인 경상감사에게 거짓으로 자수하여 압송하게 만들고, 실제는 도망을 가버리는 길동이 이야기다. 위계에 의한 공무집행방해죄에 해당된다. 형법 §137는 "위계로써 공무원의 직무집행을 방해한 자는 5년 이하의 징역 또는 1천만 원 이하의 벌금에 처한다."고 규정하였다. 일반적인 공무집행방해는 그 수단이 폭행이나 협박 또는 강요 등인데(형법 §137), 이것은 위계라는 것이 다를 뿐이다. 위계(僞計)란 타인(공무원 또는 제3자)의 부지(不知) 또는 착오를 이용하는 일체의 행위를 의미한다. 자동차 사고를 내고 운전자를 바꿔치기 하거나, 수사과정에서 위조된 서류를 제출하는 것, 국가고시에서 부정행위를 하는 것 등이 여기에 속한다.

이 날 궁궐문에 글을 써 붙였으되,
"홍길동의 평생 소원이 병조판서이오니 전하 하해와 같은 은택을 드리우사 소신으로 병조판서에 임명해 주시면 신이 스스로 잡히오리다."하였더라.
이 사연을 듣고 신하들이 의논할 새, 누구는

"저의 소원을 풀어주어 백성의 마음을 안정시키자."하고,

누구는 말하되,

"저 불충무도한 도적으로 만민을 소동케 하고 성상(聖上 살아 있는 자기 나라의 임금을 높여 이르는 말)의 근심을 끼치는 놈을 어찌 일국 대사마(大司馬 병조판서)를 맡기랴."하여 의견이 분분하여 결론이 안 나더라.

하루는 길동이 동대문 밖의 한적한 곳에 가서 육갑신장(六甲神將)을 호령하여,

"진세(陣勢)를 이루라."하니, 이윽고 두 집사 공중에서 내려와 머리를 조아리고 좌우에 서니, 난데없는 천병만마 아무 곳으로부터 오는 줄 모르되, 일시에 진을 이루고 진중에 황금단을 삼층으로 묻고 길동을 단상에 모시니, 군대의 위용이 정연하고 위엄이 추상같더라.

황건의 황건역사(黃巾力士 힘이 세다고 하는 신장[神將]의 이름)를 호령하여,

"조정에서 길동을 참소하는 자의 심복을 잡아들이라."하니, 신장이 이 영을 듣고 잠시 후에 십여 명을 철쇄로 결박하여 들이니, 비유컨대 소리개가 병아리 채오는 모양이더라.

뜰아래 꿇리고 묻되,

"너희는 조정의 좀이 되어 나라를 속여 홍길동 장군을 해코자 하니 그 죄 마땅히 벨 것이로되 인명이 불쌍하여 죽이지는 않겠노라."하고,

각각 곤장 삼십씩 쳐서 내치니 겨우 죽기를 면한지라.

길동이 또 한 신장(神將)에게 분부하여,

"내 몸이 조정에 있어 법을 잡았으면 먼저 불법을 없애 각 도 사찰을 헐어버리려 했지만, 이제 오래지 아니하여 조선국을 떠날지라. 그러하나 부모국이라 만리타국에 있어도 잊지 못할지라. 이제 각 절에 가 혹세무민(惑世誣民 세상 사람들을 속여 정신을 홀리고 세상을 어지럽힘)하는 중놈들을 일제히 잡아오고, 또한 재상가의 자식이 세도를 끼고 고단한 백성을 속여 재물을 취하고, 불의한 일이 많으며 마음이 교만하되 구중궁궐이 깊어 백성들에게 미치지 못하고, 간신이 나라의 좀이 되어 성상(聖上)의 총명을 가리우니 가히 한심한 일들이 허다한지라. 이들을 낱낱이 잡아들이라."하더라.

신장이 명을 듣고 공중으로 날아가더니, 한 참 후에 중 백여 명과 경화자제(京華子弟 부잣집 아들) 십여 인을 잡아들이는지라. 길동이 위엄을 베풀고 호령을 높여 각각 죄를 묻되,

"너희는 다시 세상을 보지 못하게 할 터이로되, 내 몸이 나라의 조명((朝命 조정의 명령)을 받아 국법을 잡은 것이 아니므로 일단 용서하거니와, 후일에 만일 고치지 아니하면 너희 비록 수만리 밖에 있어도 잡아다가 베리라."하고, 진문 밖에 내치니라.

 자수

원문에서는 길동이 자기를 병조판서를 시켜주면 자수하겠다고 하는 내용이 나온다. 신하들의 의견이 분분하여 아무 결론도 나지 않자 길동이 혼자 도술을 부려 나쁜 놈들을 잡아다 혼을

내주지만 아직 아무 정식 관직도 없으므로 혼만 내고 보내준다는 이야기다. 일종의 사형(私刑)을 행한 것으로 국가형벌권에 위배되는 것이지만, 치안이 불안하고 정의가 실현되지 못하는 당시의 상황에서 백성들을 대신하여 행한 통쾌한 복수라고 하겠다.

그런데 병조판서라면 현재의 국방부장관에 해당된다. 소동을 일으키는 자를 잡을 수가 없으므로 대신 국방부장관을 시킨다는 것은 현실이라면 있을 수 없는 일이다.

스스로 잡히면, 즉 자수(自首)를 하면 형량을 깎아주는 규정은 있다. 형법 §52①은 "죄를 범한 후 수사책임이 있는 관서에 자수한 때에는 그 형을 감경 또는 면제할 수 있다."고 규정하였다. 미국 영화에 보면 수사에 협조하거나 자백을 하면 형을 깎아준다고 하면서 피의자와 검사가 협상하는 장면이 자주 나오는데 플리바기닝(Plea bargaining 사전형량조정제도)이라고 한다. 우리나라에서는 정식으로 채택하고 있지는 않으며, 형량을 정하는데 참고하는 정도다.

4. 이상향을 건설하는 홍길동

이 후로는 다시 길동을 잡는 영(슈)이 급하되 종적을 보지 못하고, 길동은 부하들을 보내어 팔도에서 장안으로 가는 뇌물을 빼앗아 먹으며, 불쌍한 백성이 있으면 창곡을 내어 진휼(賑恤)하며 신출귀몰하는 재주를 사람은 측량치 못하더라.

임금이 근심하고 탄식하여,

"이 놈의 재주는 인력으로 잡지 못할지라. 민심이 이렇듯 요동하지만 그 재주는 기특한지라. 차라리 그 재주를 취하여 조정에 두리다."하시고, 병조판서 직첩(職牒 조정에서 내리는 벼슬아치의 임명장)을 내어 걸고 길동을 부르시더라.

길동이 초헌(軺軒 종이품 이상의 벼슬아치가 타던 수레)을 타고 하인 수십 명을 거느리고 동대문으로부터 오거늘, 병조 하인이 옹위하여 궐하에 이르러 절하고 가로되,

"천은이 망극하여 분에 넘치는 은택에 대사마에 오르오니 망극하온 신의 마음이 성은을 만분지일도 갚지 못할까 황공하나이다."하고 돌아가더라.

이 후로는 길동이 다시 작란(作亂)하는 일이 없는지라. 각 도의 길동 잡는 영을 거두더라.

삼년 후에 임금이 달밤에 달구경을 하고 있는데, 하늘에서 한 신선이 구름을 타고 내려와 엎드리는지라.

임금이 놀라 가라사대,

"귀인이 누추한 곳에 임하여 무슨 허물을 이르고자 하나이까?"하신대,

그 사람이 말하되,

"소신은 전 병조판서 홍길동이로소이다."

임금이 놀라서 길동의 손을 잡으시고,

"그대 그동안 어디를 갔었느냐?"

길동이 대답하되,

"산중에 있사옵더니, 이제는 조선을 떠나 다시 전하 뵈올 날이 없사오매

하직차로 왔사오며, 전하의 넓으신 은혜로 벼 삼천 석만 주시면 수천 인명이 살아나겠사오니 성은을 바라나이다."

임금이 허락하시고,

"네 고개를 들라. 얼굴을 보고자 하노라."

길동이 얼굴을 들고 눈은 뜨지 아니하고 말하되,

"신이 눈을 뜨면 놀라실까 하여 뜨지 아니하나이다."하고,

이윽히(이슥히; 지난 시간이 얼마간 오래다) 모셨다가 구름을 타고 가며 하직하며,

"전하의 덕에 벼 삼천 석을 주시니 성은이 망극한지라. 벼를 내일 서강으로 운반해 주옵소서."하고 가는지라.

임금이 공중을 향하여 이윽히 바라보시며 길동의 재주를 못내 아쉽게 생각하시더라.

이튿날 대동당상(大同堂上 선혜청 즉 대동미·포·전의 출납을 맡아보던 관청의 관리)에게 명하사

"벼 삼천 석을 서강으로 운반하라."하시니

신하들이 이유를 알지 못하더라. 벼를 서강으로 운반할 새, 강위에 신척(귀신의 배) 둘이 떠오더니 벼 삼천 석을 배에 싣고 가며 길동이 대궐을 향하여 사배하직하고 아무 데로 가는 줄 모르더라.

 직무유기

결국 임금이 항복하고 길동을 병조판서로 임명하였다. 그 때부터 각지에서 홍길동의 소란은 조용해졌고 3년 동안 아무 소

식도 없었다. 실제라면 국방부장관으로 임명해 놓으니까 임명장만 받은 후 나타나지도 않고 3년 동안 아무 일도 안 했다는 것이 된다. 형법상 직무유기죄(職務遺棄罪)에 해당된다. 형법 §122는 "공무원이 정당한 이유 없이 그 직무수행을 거부하거나 그 직무를 유기한 때에는 1년 이하의 징역이나 금고 또는 3년 이하의 자격정지에 처한다."고 하였다. 한편 국가공무원법 §56는 "모든 공무원은 법령을 준수하며 성실히 직무를 수행하여야 한다."고 하였고, §58는 "공무원은 소속 상관의 허가 또는 정당한 사유가 없으면 직장을 이탈하지 못한다."고 규정하였다. 이런 공무원의 의무에 위반하면 징계사유에 해당되고, 그 중에서 파면(罷免) 또는 면직(免職)에 해당될 수 있겠다(국가공무원법 §78).

하지만 길동이 3년 만에 나타나 쌀 삼천 석을 달라고 한다. 워낙 너그러워서인지, 홍길동이 또 행패를 부릴까봐 겁이 나서인지 왕은 그 용도도 물어보지 않고 보내준다. 쌀 3천석이라면 한 가마에 20만원으로 계산할 때 6억 원어치나 된다. 일도 안 한 장관의 3년치 월급 치고는 너무 많은 액수다. 물론 원문에서는 그런 계산을 하여 나온 숫자는 아니다.

이날 길동이 삼천의 부하들을 거느리고 망망대해로 떠나더니, 성도라 하는 곳에 이르러 창고를 지으며, 궁실을 지어 안돈하고, 군사로 하여금 농업을 힘쓰고, 각국에 왕래하여 물화(物貨)를 통하며, 무예를 숭상하여 병법을 가르치니, 삼년 이내에 군기 군량이 산 같고, 군사 강하여 당할 이 없더라.

하루는 길동이 부하들에게 분부하기를,

"내 망당산에 들어가 살촉에 바를 약을 캐어 오리라."하고 떠나더라.

낙천현에 이르니, 그 땅에 만석군 부자 있으되 성명은 백용이라. 아들이 없고 일찍이 딸을 두었으니, 덕용이 겸전하여 침어낙안(沈魚落雁 장자에 나오는 말로 미인을 보고 물고기가 숨고 기러기가 땅으로 떨어졌다는 말)의 얼굴이요, 폐월수화(閉月羞花 미인을 보고 꽃도 부끄러워하고 달도 숨는다는 말)의 자태라. 고서(古書)를 섭렵하고 예절이 있으니, 그 부모 극히 사랑하여 훌륭한 사위를 구하더라.

나이 십팔에 하루는 풍우대작하여 지척을 분별치 못하게 되고, 뇌성벽력이 진동하더니, 백소저가 간 곳이 없는지라. 부모가 천금을 흩어 사방으로 찾되 종적이 없는지라.

"아무 사람이라도 자식의 거처를 알려주면 사위를 삼고 재산을 반 나누어 주리라."하더라.

이때에 길동이 망당산에 들어가 약을 캐더니, 날이 저문 후에 방황하며 향할 바를 알지 못하더니, 문득 한 곳을 바라보니 불빛이 비치며 여러 사람의 소리 나거늘, 반겨 그 곳으로 찾아가니 수백 무리 모여 뛰놀며 즐기는지라. 자세히 보니 사람은 아니요 짐승이로되 모양은 사람 같은지라. 몸을 감추고 그 거동을 살피니, 원래 이 짐승은 이름이 을동이라. 길동이 가만히 활을 잡아 그 상좌에 앉은 장수를 쏘니 정확히 가슴에 맞는지라. 을동이 크게 놀라 소리를 지르고 달아나거늘, 길동이 쫓아 잡고자 하다가 밤이 이미 깊었으매 소나무를 의지하여 밤을 지내고, 다음 날 살펴보니 그 짐승이 피를 흘렸거늘, 피 흔적을 따라 한참을 들어가니 큰 집이 있으되 매우 웅장한지라.

문을 두드리니 군사 나와 길동을 보고,

"그대 어떠한 사람이관대 이곳에 왔느뇨?"

"나는 조선국 사람으로 이 산중에 약초 캐러 왔다가 길을 잃고 이곳에 왔노라."하니,

그 짐승이 반기는 빛이 있어 가로되,

"그대 능히 의술을 아느냐? 우리 대왕이 새로이 미인을 얻고 어제 잔치하며 즐기더니, 난데없는 화살이 날아들어 우리 대왕의 가슴을 맞혀 지금 사경을 헤매고 있느니라. 오늘날 다행히 그대를 만났으니 만일 의술을 알거든 우리 대왕의 병세를 회복케 하라."

길동이 대답하되,

"내 비록 편작의 재주는 없지만 몸의 병은 조금 아노라."하니,

그 군사 크게 기뻐하여 안으로 들어가더니, 이윽고 들어오라 하거늘, 길동이 들어가 앉은 후에 그 장수 신음하여 말하되,

"내 천우신조로 선생을 만나오니 선약(仙藥)을 가르쳐 남은 수명을 구제하옵소서."

길동이 그 상처를 살피고,

"이는 어렵지 아니한 병이라. 내게 좋은 약이 있으니 한 번 먹으면 비단 상처에 좋을 뿐 아니라, 백병이 없어지고 장생불사하리라."하니,

을동이 크게 기뻐하여,

"내 스스로 몸을 삼가지 못하여 이런 화를 당하여 명이 황천에 돌아가게 되었더니 천우신조하사 명의를 만났사오니, 선생은 급히 선약을 시험하소서."

길동이 주머니를 열고 약 한 봉지를 내어 술에 타 주니 그 짐승이

받아 마시더라.

이윽고 몸을 뒤치며 소리를 크게 질러,

"내가 너로 더불어 원수 지은 일이 없거든 무슨 일로 나를 해하여 죽이려 하느냐?"하며,

제 동생 등을 불러,

"뜻밖에 흉한 도적을 만나 명을 끊기게 되니 너희들은 이놈을 놓치지 말고 나의 원수를 갚으라."하고, 인하여 죽으니라.

 살인죄

길동이 약초를 구하러 갔다가 요괴를 만나서 죽이고 납치되었던 양가의 처녀들을 구하는 장면이다. 요괴가 사람은 아니지만 사람이라면 당연히 살인죄에 해당된다. 형법 §250①은 "사람을 살해한 자는 사형, 무기 또는 5년 이상의 징역에 처한다."고 했다. 물론 '을동'이라는 요괴가 사람이 아니라면 살인죄가 아니겠다. 일단 사람이라고 치고 생각해 보자. 화살로 쏜 것까지는 아직 죽지 않았으므로 살인미수라고 해야 하겠다. 그 후 독약을 먹여 죽게 한 것이 살인죄를 완성한다.

살인이라고 해도 납치된 여인들을 구하기 위하여 불가피 했다면 살인죄로 처벌되지 않을 수도 있다. 즉 위에서 설명한 바 있는 정당방위에 해당된다면 처벌되지 않을 수 있다. 다만 국가권력에 호소해서 해결할 수 있었는지, 즉 급박한 상황이었는지 등은 따져보아야 한다. 원문에서 여인들의 존재는 을동이를 모

두 죽이고 나서 알게 된다.

모든 을동이 일시에 칼을 들고 내달아 꾸짖어,
"내 형을 무슨 죄로 죽이느냐? 내 칼을 받아라."하거늘,
길동이 냉소하며,
"제 명이 그 뿐이라. 내 어찌 죽였으리요?"한대,
을동이 크게 노하여 칼을 들어 길동을 치려하거늘, 길동이 대적코자 하나 손에 칼이 없어 형세가 위급하매 몸을 날려 공중으로 달아나니, 을동이 본래 수만 년 묵은 요귀라 풍운을 부리고 조화무궁한지라. 무수한 요괴 바람을 타고 올라오니, 길동이 할 수 없어 육정육갑(六丁六甲 도교에서 신의 이름)을 부르니, 문득 공중으로부터 무수한 신장이 내려와 모든 을동을 결박하여 땅에 꿇리니, 길동이 그 놈의 잡은 칼을 앗아 무수한 을동을 다 베고, 바로 들어가 안에 있던 여자 삼인을 죽이려 하니라.
그 여자 울며,
"첩 등은 요귀가 아니요, 불행하게 요귀에게 잡혀 와 죽고자 하나 틈을 얻지 못하여 죽지 못하였나이다."
길동이 그 여자의 성명을 물으니, 하나는 낙천현 백용의 딸이요, 또 두 여자는 양가집 딸들이라.

 약취유인죄

요괴들이 여자들을 납치하여 강제로 부인으로 삼으려 했으나

길동이 그들을 구하게 되는 이야기다. 백소저의 나이가 18세로 나오므로 미성년자이다. 형법상 "미성년자를 약취(略取) 또는 유인(誘引)한 사람은 10년 이하의 징역에 처한다(형법 §287)." 보통 유괴(誘拐)라고 부르는 범죄이다. 그런데 결혼을 목적으로 납치를 해 왔다면 조금 더 형량이 높다. 형법 §288①은 "추행, 간음, 결혼 또는 영리의 목적으로 사람을 약취 또는 유인한 사람은 1년 이상 10년 이하의 징역에 처한다."고 규정하였다. 나아가 그 목적이 '노동력 착취, 성매매와 성적 착취, 장기적출'에 해당된다면 '2년 이상 15년 이하의 징역'에 처한다(형법 §288②).

이 경우 미성년자를 살해하거나, 돈을 뜯어낼 목적이거나, 감금 또는 유기(遺棄)하는 경우 더 엄히 처벌된다(특정범죄가중처벌 등에 관한 법률 §5-2).

길동이 세 여자를 데리고 돌아와 백용을 찾아 이 일을 말하니, 백용이 평생 사랑하던 딸을 찾으매 크게 기뻐하여 천금으로 잔치를 열고, 동네 사람들을 모아 길동을 사위로 삼으니, 사람들이 칭찬하는 소리 진동하더라.
또 두 여인이 길동을 청하여,
"은혜를 갚을 길이 없으니 각각 첩으로라도 모시겠나이다."
길동이 나이 이십이 되도록 봉황의 쌍유(雙遊 쌍을 지어 같이 노는 것)를 모르다가 한 번에 세 숙녀를 만나 친근하게 솟는 정이 비할 데 없더라. 백용 부부도 사랑함을 이기지 못하더라. 그래서 길동이 세 부인과 백용 부부며 일가친척들을 다 거느리고 제도로 들어가니, 모든 군사 강변에 나와 맞아 먼 길에 평안히 행차하심을 위로하고, 호위하여 제도에 들어와 찬치를 크게 열고 즐기더라.

 ## 일부다처와 중혼금지

길동이 나이가 들어 이성을 알게 되었고, 그래서 우연한 사건을 통하여 부인 셋을 동시에 맞아들이는 장면이다. 현대에서는 법적으로 불가능하다는 것은 위에서 설명한 바 있으니 다음으로 넘어가자.

세월이 흘러 제도에 들어온 지 거의 삼 년이라. 하루는 길동이 달빛을 사랑하여 달밤에 거닐더니, 문득 천문을 살피고 그 부친 운명하신 줄 알고 길게 통곡하니, 백씨 묻되,
"낭군이 평생 슬퍼하심이 없더니 오늘 무슨 일로 눈물을 흘리나이까?"
길동이 탄식하며 말하기를,
"나는 천지간 불효자라. 나는 본디 이 곳 사람이 아니라, 조선국 홍승상의 천첩소생이라. 집안의 천대 심하고, 조정에도 참여치 못하매, 장부 울화를 참지 못하여 부모를 하직하고 이곳에 와 은신하였으나 부모의 형편을 걱정하고 있었는데, 오늘 천문을 살펴보니 부친의 명(命)이 곧 세상을 이별하실지라. 내 몸이 만 리 외에 있어 미처 도달치 못하게 되니 생전의 부친 얼굴을 뵙지 못하게 되매 그것을 슬퍼하노라."
백씨 듣고 내심에 탄복하여,
"그 근본을 감추지 아니하니 장부로다!" 하고, 재삼 위로하더라.

이때에 길동이 군사를 거느리고 일봉산에 들어가 산기를 살펴 명당을 정하고, 날을 가리어 역사를 시작하여 좌우 산곡과 분묘를 능과 같이 하고 돌아와 모든 군사를 불러,
"모월 모일 큰 배 한척을 준비하여 조선 서강에 와 기다리라."하고,
"부모를 모셔 올 것이니 미리 알아 거행하라."하더라.
모든 군사 명을 받들고 물러가 시행하니라. 이 날 길동이 백씨와 정통 양인을 하직하고 작은 배 한 척을 재촉하여 조선으로 향하더라.
한편, 이때에 승상이 연세 구십에 졸연 득병하여 날이 갈수록 더욱 중하여 부인과 장자 길현을 불러 가로되,
"내 나이 이제 구십이라. 이제 죽은들 무슨 한이 있으리요마는, 길동이 비록 천첩소생이나 또한 나의 골육이라. 한 번 멀리 떠나가매 생사를 알지 못하고 임종에 얼굴도 못 보게 되니 어찌 슬프지 아니하리요? 나 죽은 후라도 길동의 모를 대접하여 편케 하며, 만일 길동이 들어오거든 천비소생으로 알지 말고 동복형제같이 하여 부모의 유언을 저버리지 말라."하시고,
길동의 모를 불러 가까이 앉으라 하여 손을 잡고 눈물을 흘리며,
"내 너를 잊지 못함은 길동이 나간 후에 소식이 끊어져 생사를 모르니 내 마음이 이렇게 간절하거든 네 마음이야 오죽 하겠느냐? 길동은 녹녹한 인물이 아니라. 만일 살아있으면 너를 저버릴 리 없으리라. 부디 몸을 가볍게 버리지 말고 보전하여 좋게 지내라. 내 황천에 돌아가도 눈을 감지 못하리로다."하시고, 숨을 거두었다.

 유언

　길동의 아버지가 죽으면서 유언하는 장면이다. 유언(遺言)은 어떤 사람이 죽음에 임박하여 남기는 말이다. 유언은 사유재산제도에 기한 재산처분의 자유의 한 형태로서 발달해 온 것이다. 유언은 재산상의 관계에만 국한되지 않으나 대부분 상속(相續)이나 유증(遺贈)에 관한 것이다. 신분상의 유언사항인 인지(認知)의 경우에도 대부분 물질적인 것, 즉 상속이나 부양의무와 관련해서 행해지는 일이 많다. 유언제도는 유언자가 남긴 최종 의사를 존중하고, 사후에 그 의사의 실현을 보장하기 위하여 인정되는 제도이다. 즉 유언은 유언자의 사망과 동시에 일정한 법률효과를 발생시킬 목적으로 일정한 방식에 따라서 행하는 상대방 없는 단독행위(單獨行爲)이다. 따라서 유언이 법률행위로서 성립하는 것은 유언의 표시행위를 완료하였을 때이고, 유언의 효력은 유언자가 사망한 때에 발생한다.

　민법은 유언자의 진의를 명확히 하고 분쟁과 혼란을 피하기 위하여 법에 정한 방식과 효력만 인정한다(민법 §1060). 즉 유언의 방식은 법정요식주의를 택하여 자필증서, 녹음, 공정증서, 비밀증서와 구수증서(口授證書)의 5종으로 한다(민법 §1065).

　길동의 아버지가 죽으면서 한 유언은 길동을 차별하지 말라는 말과 길동의 생모에게 잘 지내다가 길동을 만나라는 이야기다. 직접적으로 재산과 관련된 얘기는 하지 않았지만 동복형제처럼 대우하라는 말은 재산 상속에 있어서 차별하지 말고 나누어주라는 의미로 받아들일 수 있겠다.

부인이 기절하시고, 좌우 다 망극하여 곡성이 진동하더라. 길현이 슬픈 마음을 가누지 못하여 눈물이 비 오듯 하며, 부인을 붙들어 위로하여 진정시킨 후에 초상을 예로써 극진히 차릴 새, 길동의 모는 더욱 망극 애통하니 사람들이 차마 보지 못하더라. 졸곡(卒哭 삼우제[三虞祭]가 지난 뒤 첫 강일[剛日]에 지내는 제사로 죽은 지 석 달 안에 정일[丁日]이나 해일[亥日]을 택하여 지냄) 후에 명당자리를 구하여 안장하려고 각처에 사람을 보내 여러 지관(地官 풍수설에 따라 집터나 묏자리 따위의 좋고 나쁨을 가려내는 사람)을 데리고 산지를 사방으로 구하되 마땅한 곳이 없어 근심하더니, 이때에 길동이 서강에 다달아 배에서 내려 승상댁에 이르러 바로 승상 영위전에 들어가 엎드려 통곡하니, 상제(喪制 부모상을 당한 자식)가 자세히 보니 길동이라. 대성통곡 후에 길동을 데리고 바로 내당에 들어가 부인께 고하니, 부인이 크게 놀라고 기뻐하며 길동의 손을 잡고 눈물을 흘리며,

"네 어려서 집을 떠나 이제야 들어오니 생각하면 도리어 참 괴이한지라. 네 그 사이 삼사년은 종적을 아주 끊어 어디로 갔었더냐? 대감이 임종 시 말씀이 이러이러 하시고 너를 잊지 못하며 돌아가시니 어찌 원통치 아니하리요?"하시고,

그 어미를 부르시니, 그 모친 길동이 온 줄 알고 급히 들어와 모자 서로 대하니 흐르는 눈물을 서로 금치 못하더라.

길동이 부인과 그 모친을 위로한 후 그 형을 대하여 말하기를,

"소제 그간은 산중에 은거하여 지리를 찾아보고 대감의 말년유택을 정한

곳이 있사온데, 이미 정해놓은 곳이 있사옵나이까?"

그 형이 이 말을 듣고 더욱 반겨 아직 정하지 못했다고 하고, 모든 식구가 모여 밤이 새도록 회포를 풀더라.

이튿날 길동이 그 형을 모시고 한 곳에 이르러,

"이곳이 소제의 정한 땅이로소이다."

길현이 사면을 살펴보니, 큰 바위들이 험악하고, 오래된 무덤들이 수없이 많은지라. 마음에 맞지 않아 말하기를,

"소제의 높은 소견을 알지 못하되 내 마음은 이곳에 모실 생각이 없으니 다른 땅을 골라보라."

길동이 거짓으로 탄식하여,

"이 땅이 비록 이러하오나 대대로 왕후장상(王侯將相)이 나온 묘지이거늘 형의 마음에 맞지 않으니 개탄이로다!"하고,

도끼를 들어 얼마를 찍으니, 오색 기운이 일며 청학 한 쌍이 날아가는지라. 그 형이 이 거동을 보고 크게 뉘우쳐 길동의 손을 잡고,

"내 어리석어 훌륭한 묏자리를 잃었으니 어찌 애닯지 아니하냐? 바라나니 다른 땅은 없느냐?"

길동이 가로되,

"한 곳이 있지만 길이 수천 리라. 그것을 염려하나이다."

길현이 말하되,

"이제 수만 리라도 부모의 백골이 평안할 곳이 있으면 그 멀고 가까움을 따지겠느냐?" 한대,

길동이 함께 집에 돌아와 그 말씀을 드리니, 부인이 못내 아쉬워하시더라. 날을 가리어 대감 영위를 모시고 도중으로 향하였다.

길동이 부인께 여쭈오되,

"소자 돌아와 모자지정을 다 펴지 못하옵고, 또 대감 영위에 조석공양이 난처하오니 어미와 함께 이번 길에 함께 하오면 좋을까 하나이다."

부인이 허락하시거늘, 당일 떠나서 서강에 다다르니 군사들이 큰 배 한 척을 대령하였는지라. 장례 기구들을 배에 실은 후에 다른 짐들과 하인들을 다 물리치고, 그 형과 어미를 모셔 만경창파로 떠나가더라.

며칠 후에 도중에 이르러 장례 기구를 상 위에 모시고, 날을 가리어 일봉산에 올라 장례를 모실 새, 마치 능묘 같은지라. 그 형이 분수에 지나침에 놀라니, 길동이,

"형은 의심치 마옵소서. 이곳은 조선 사람이 출입하는 곳이 아니며 그 자식되는 자가 부모를 후히 장례 지내서 죄가 될 것이 없나이다." 하더라. 안장 후에 도중에 돌아와 몇 달을 머물더니, 그 형이 고향으로 돌아가고자 하거늘, 길동이 여장을 차리며 이별을 고하여,

"형을 다시 볼 날이 막연하온지라. 어미는 이미 이곳에 왔사오니 모자 정리에 차마 떠나지 못하오며, 형은 대감을 생전에 모셨사오니 한할 바가 없는지라. 사후 제사는 소제가 받들어 불효지죄를 만분지일이나마 덜까 하나이다." 하고,

함께 산소에 올라 하직하고 내려와 길동의 모와 백씨를 이별할 새, 피차에 다시 만남을 당부하고 못내 애틋해 하더라.

작은 배 한 척을 재촉하여 고국으로 향할 새,

길동의 손을 잡고,

"슬프다! 이별이 오랠지라. 아우는 나의 사정을 보아 생전에 대감 산소

를 다시 보게 하라."하며 하염없이 눈물이 옷깃을 적시는지라.

길동이 또한 눈물지으며,

"형은 고국에 돌아가 부인을 모시고 만세무강하옵소서. 다시 모일 기약을 정하지 못하오니, 남북 수천 리에 나뉘어 속절없이 북으로 가는 기러기를 탄식할 따름이오니, 생리사별(生離死別) 살아 있을 때에는 멀리 떨어져 있고 죽어서는 영원히 헤어짐)을 당하여 그 마음은 피차 한 가지라. 어찌 차마 견디리요?"하며, 두 줄 눈물이 말소리를 좇아 떨어진다.

배를 띄워 몇 달 만에 고국에 돌아와 모친을 뵈옵고, 그동안의 사연을 낱낱이 고할 새, 부인도 못내 안타깝게 여기더라.

분묘 등의 승계

원문에서는 상속이야기가 안 나오지만, 길동이 아버지의 장례를 치르고 제사를 지내기로 한다는 이야기가 나온다. 이런 경우 민법 §1008-3는 분묘 등의 승계로 "분묘에 속한 1정보 이내의 금양임야와 600평 이내의 묘토인 농지, 족보와 제구의 소유권은 제사를 주재하는 자가 이를 승계한다."고 규정하였다. 1정보(町步)는 3,000평으로 약 9,917.4㎡에 해당한다. 또 금양임야(禁養林野)란 나무나 풀 따위를 함부로 베지 못하도록 되어 있는 임야로 제사 또는 이에 관계되는 사항을 처리하기 위하여 설정된 토지를 말한다. 물론 길동의 경우 묘지를 자기가 마련했으니 원래 자기 땅이므로 상속받는 것은 아니라고 하겠다.

전에는 법정 상속분의 경우 맏아들은 50%를 더하여 주었다. 맏아들이 부모를 봉양하고 제사를 모시던 풍습이 반영된 법규정이다. 하지만 지금은 그런 세태도 변하였고, 모든 자식은 동일한 상속분을 가지는 것으로 민법이 개정되었다(1990).

한편, 길동이 그 형을 이별한 후에 부하들을 권하여 농업을 힘쓰고, 군사훈련에 힘쓰며, 한 삼년을 지나니, 양식이 넉넉하고, 수만 군졸이 무예와 부대 운용이 천하제일이더라.
근처에 한 나라가 있으니 이름은 율도국이라. 중국을 섬기지 아니하고, 나라가 태평하고, 백성이 넉넉하였다.
길동이 제군과 의논하여,
"우리 어찌 이 도중만 지키어 세월을 보내리요? 이제 율도국을 치고자 하니 각각 소견에 어떠하냐?"
제인이 즐겨 원치 아니할 이 없는지라. 즉시 택일하여 출전할 새, 삼호걸로 선봉을 삼고, 김인수로 후장군을 삼고, 길동 스스로 대원수 되어 중영을 총독하니, 기병이 오천이요, 보졸이 이만이라. 군사를 재촉하여 율도국으로 향하니, 당할 자가 없어 단사호장(簞食壺漿 도시락에 담긴 밥과 병에 담긴 마실 것, 백성들이 군대를 환영하기 위해 차려놓은 음식)으로 문을 열어 항복하는지라. 몇 달만에 칠십여 성을 정벌하니 위엄이 일국에 진동하는지라.
도성 오십 리 밖에 진을 치고 율도왕에서 격문을 보내니,
"의병장 홍길동은 삼가 글월을 율도왕께 드리나니, 나라는 한 사람이 오래 지키지 못하는지라. 옛적에 성탕은 하걸을 치고, 무왕은 상주를 내치

시니, 다 백성을 위하여 난세를 평정하는 바라. 이제 의병 이십만을 거느려 칠십여 성을 항복받고 이에 이르렀으니, 왕은 대세를 당할 듯하거든 자웅을 결단하고, 세가 궁하거든 일찍 항복하여 천명을 받으라."하더라.

다시 위로하여 말하기를,

"백성을 위하여 쉬 항복문서를 올리면 작위를 내려 사직을 망케 아니하리라."하더라.

이때에 율도왕이 불의에 이름 없는 도적이 칠십여 주를 항복받으매, 향하는 곳마다 당하지 못하고, 도성을 범하매 비록 지혜 있는 신하라도 위하여 꾀를 내지 못하더니, 문득 격문(檄文 군병을 모집하거나, 적군을 달래거나 꾸짖기 위한 글)을 받으매 신하들이 어쩔 줄 모르고 장안이 진동하는지라.

신하들이 의논하여,

"이제 도적의 대세를 당치 못할지라. 싸우지 말고 도성을 굳게 지키고, 기병을 보내어 군량 운반하는 길을 막으면 적병이 나아와 싸움을 못하고, 또 물러갈 길이 없사오면, 몇 달이 못 되어 적장의 머리를 성문에 달리이다."

의견이 분분하던 차에, 수문장이 급히 고하되,

"적병이 벌써 도성 십 리 밖에 진을 쳤나이다."

율도왕이 크게 분을 내고 정병 십만을 선발하여 친히 대장이 되어 삼군을 재촉하여 호수를 막아 진을 치니라.

이때에 길동이 지형을 살핀 후 제수들과 의논하되,

"내일이면 율도왕을 사로잡을 것이니 군령을 어기지 말라."하고

삼호걸을 불러,

"그대는 군사 오천을 거느려 양관 남편에 매복하였다가 명령을 기다려 이리이리 하라."하고,

후군장 김인수를 불러,

"그대는 군사 이만을 거느려 이리이리 하라."하고,

또 좌선봉 맹춘을 불러,

"그대는 철기 오천을 거느려 율왕과 싸우다가 거짓 패하여 왕을 인도하여 양관으로 달아나다가 추격병이 양관 어귀에 들거든 이리이리 하라." 하더라.

이튿날 평명에 맹춘이 진문을 크게 열고 대장기치를 진 앞에 세우고 외쳐,

"무도한 율도왕이 감히 천명을 항거하니 나를 당할 재주 있거든 빨리 나와 자웅을 겨루자."하며

진문에 쳐들어가 재주를 보이니, 적진의 선봉 한석이 마주나와,

"너희는 어떠한 도적으로 태평시절을 분란케 하느냐? 오늘 너희를 사로잡아 민심을 안정시키리라."하고,

서로 싸우더니, 수 합이 못되어 맹춘의 칼이 빛나며 한석의 머리를 베어 들고 좌충우돌하여,

"율왕은 무죄한 장졸을 상치 말고 쉬이 나와 항복하여 생명을 보전하라."하니,

 율왕이 선봉이 패함을 보고 분기를 이기지 못하여 앞으로 나서며,

"적장은 잔말 말고 나의 창을 받으라."하고, 급히 맹춘을 대하여 싸우니, 십여 합에 맹춘이 패하여 말머리를 돌려 양관으로 향하매,

율도왕이 꾸짖어,

"적장은 달아나지 말고 말에서 내려 항복하라."

말을 재촉하여 맹춘을 따라 양관으로 가더니, 적장이 골 어귀에 들어 군기를 버리고 골짜기로 달아나는지라.

율도왕이 무슨 흉계가 있는가 의심하다가,

"네 비록 간사한 꾀가 있으나 내 어찌 겁내리요?"하고 군사를 호령하여 급히 따르더라.

이때에 길동이 장대에서 보다가 율도왕이 양관 어귀에 들어옴을 알고, 신병 오천을 호령하여 대군과 합세하여 양관 어귀에 필진을 쳐 돌아갈 길을 막으니라.……

율도왕이 사면을 살피니 군사 하나도 따르는 자가 없으매, 스스로 벗어나지 못할 줄 알고 분기를 이기지 못하여 자결하는지라.

길동이 삼군을 거느려 승전고를 울리며 본진으로 돌아와 격식을 갖추어 율도왕을 장사하고, 삼군을 재촉하여 도성을 에워싸니, 율도왕의 장자가 흉변을 듣고 하늘을 우러러 탄식하고 자결하니, 신하들이 어쩔 수 없이 항복하는지라.

길동이 대군을 몰아 도성에 들어가 백성을 진무하고, 율도왕의 아들을 또한 왕례로 장사하고, 죄인들을 풀어주고, 창고를 열어 백성에게 곡식을 나눠주니, 모두들 그 덕을 치하하더라.

 국가의 보호의무

길동이 인근 율도국을 정벌하는 이야기가 나온다. 자기 도적 부하들과 신병(神兵) 즉 도술을 동원하여 쉽게 정복한다. 그런데 그 국민들 입장에서는 율도국과 그 왕에 대한 충성심이 전혀 없고, 죄인들을 사면하고 곡식을 나눠주니 길동을 다 칭송했다고 한다. 정확한 묘사는 없으나 백성들 입장에서 국가가 제대로 보호해 주지 못했다는 사실을 짐작하게 해 준다. 헌법 §10 후단은 "국가는 개인이 가지는 불가침의 기본적 인권을 확인하고 이를 보장할 의무를 진다."고 규정하고 있다. 민주주의 아래서 국민은 국가권력에 복종할 의무가 있어서가 아니라, 국가가 개인을 보호해 주므로 스스로 헌법질서에 편입되는 것이라고 일컬어진다. 이 점이 군주국가와 민주국가의 다른 점이다. 또 이점은 헌법은 형법이나 민법 같은 법률들에 비해서 강제집행절차가 거의 없다는 점을 설명해 준다. 형법을 위반하면 형벌을 받고 민법을 위반하면 법원에 의하여 강제집행을 당한다. 하지만 일반 국민은 헌법을 무시해도 강제집행 절차가 미약하다. 따라서 국가와 헌법은, 국민이 스스로 헌법질서를 인정하고 그 법질서에 스스로 편입되도록 국민을 보호하고 지켜주어야 한다. 길동의 율도국 정벌이 국제법상 정당한지 의문이지만 원문에 자세한 내용이 없으니 이에 대한 논의는 생략한다. 다만 국제법상 전쟁이 무조건 금지되는 것은 아니며 일정 부분 허용될 수 있다는 점을 짚고 넘어가자.

날을 가리어 왕위에 올라 태조왕이라 하고, 능호를 현덕능이라 하며, 모친을 왕대비로 봉하고, 백용으로 부원군을 봉하고, 백씨로 중전왕비로 봉하고, 정통 양인으로 정숙비를 봉하고, 삼호걸로 대사마 대장군을 봉하며 병마를 총독케 하고, 김인수로 청주절도사를 하게하고, 맹춘으로 부원수를 시키고, 그 남은 장수들을 차례로 임명하니 한 사람도 불만이 없더라.

태평으로 세월을 보내더니, 수십 년 후에 대왕대비 승하하시니 향년 칠십삼이라. 왕이 못내 슬퍼하며 현덕릉에 안장하니라. 왕이 장자로 태자를 봉하시고, 잔치를 크게 여니 왕의 나이 칠십이라. 얼마 후 왕위를 태자에게 전하시고 각 읍에 죄인들을 풀어주었다.

 사면권

길동이 율도국의 왕이 되었을 때 죄인들을 풀어주었다는 이야기가 나온다. 대통령의 사면권(赦免權)에 해당된다. 헌법 §79①은 "대통령은 법률이 정하는 바에 의하여 사면·감형 또는 복권을 명할 수 있다." §79②은 "일반사면을 명하려면 국회의 동의를 얻어야 한다."고 규정하였다. 사면권은 사법부의 판단을 변경시키는 것으로 권력분립원칙에 대한 예외적인 것이다. 전통적으로 국가원수의 특권이나 행정기관의 권한으로 인정되고 있다. 일반사면은 국회의 동의를 얻어 범죄의 종류를 지정하여 이에 해당하는 모든 범죄인에 대하여, 형의 선고를 받지 않은 자는 형의 공소(公訴)를 면제하고 형의 선고를 받은 자는 형의 선고를 면제하는 것이다. 특별사면은 개인에 대하여 대통령이 직권으로 사면을 행하는 것이다. 사면법에 기준과 절차가 규정되어 있다.

도성 삼십 리 밖에 월영산이 있으되, 예로부터 선인 득도한 자취가 있더라. 왕이 그 산수를 사랑하고 적송자를 따라 놀고자 하여, 그 산중에 삼간누각을 지어 백씨 중전으로 더불어 처하시며, 곡식을 오직 물리치고 천지정기를 마셔 선도(仙道)를 배우는지라. 태자 왕위에 직하여 한 달에 세 번 거동하여 부왕과 모비전에 문안하시더라.

하루는 뇌성벽력이 천지진동하며, 오색운무 월영산을 두르더니, 이윽고 뇌성이 걷히고 천지가 맑아지고 선학소리 자자하더니, 대왕 모비 간 곳이 없는지라. 왕이 급히 월영산에 거동하여 보니 종적이 막연한지라. 왕이 두 분을 현릉에 허장하니 사람이 다 이르기를, "우리 대왕은 선도를 닦아 백일승천하셨도다." 하더라.

 왕과 대통령

 길동이 왕이 되고 나라를 잘 다스렸다는 이야기로, 아들에게 왕위를 물려주고 신선이 되었다는 이야기로 홍길동전이 끝난다. 물론 그 형과 홍승상의 부인도 잘 살았다는 이야기가 첨부되어 있으나 생략하였다.

 왕과 대통령의 차이는 무엇일까? 대한민국의 대통령이 조선시대 왕보다 권력이 약하다고 단언할 수 없다. 조선시대도 나름대로 왕권을 제약하는 많은 요소가 있었다. 연산군 같은 경우가 아니라면 신하들의 의사에 따라야 하는 경우도 많았다고 알려져 있다.

대통령이 왕과 다른 점은 선거직이고 임기가 한정된다는 점이다. 헌법 §67①은 "대통령은 국민의 보통·평등·직접·비밀선거에 의하여 선출한다."고 하였고, §70는 "대통령의 임기는 5년으로 하며, 중임할 수 없다."고 규정하였다. 아버지가 왕을 시켜주는 조선시대 왕과는 본질적으로 다르다. 따라서 대통령은 국민의 의사에 따라 국가를 운영해 나가야 한다. 임기가 한정되어 있고, 탄핵제도에 의하여 임기 중이라도 물러나게 하는 제도가 법에 마련되어 있다. 못된 왕을 중간에 물러나게 할 법제도가 마련되어 있지 않아서 독살이라는 방법을 택할 수밖에 없던 조선시대와는 다른 것이다. 그래서 대한민국은 민주공화국이다(헌법 §1①).

IV. 흥부전

1. 흥부와 놀부가 형제라니

흥부전은 조선 후기 판소리계 소설로, 흥보전・박흥보전(朴興甫傳)・놀부전・연(燕)의 각(脚)・박흥보가・흥보가・놀부가・박타령 등으로도 불린다. 이본은 필사본으로는 흥보전・박흥보전・연의 각・흥부전 등의 이름으로 전하는 30종의 이본이 있고, 판본으로는 20장본과 25장본 2종의 경판본이 있다.

앞서 읽어본 춘향전 등과 마찬가지로 법적 내용을 고르기 위하여 생략한 부분과 현대어로 수정한 부분이 있다는 점을 밝혀둔다.

충청, 전라, 경상의 삼도가 만나는 곳에 연생원이라는 양반이 아들 형제를 두었는데 형의 이름 놀부요, 동생의 이름은 흥부였다. 틀림

없는 한 어머니 소생이건만 흥부는 마음씨 착하고 효행이 지극하며 동기간의 우애가 극진한데, 놀부는 부모에게는 불효하고 동기간에 우애가 조금도 없으니, 그 마음 쓰는 것이 괴상하였다. 모든 사람, 오장에 육부를 가졌지만 놀부는 당초부터 오장에 칠부였다. 말하자면 심술보가 하나 더 있어 심술보가 한번만 뒤집히면 심술궂은 마음이 끝이 없었다. 술 잘 먹고, 욕 잘하고, 거드름 빼고, 싸움 잘하고, 초상난 데 춤추고……

놀부의 악한 마음은 부모가 물려준 많은 재산을 독차지하고, 아우 흥부를 구박하나 흥부의 착한 마음은 조금도 변함이 없었다. 놀부는 부모 제삿날이 와도 제물은 장만하지 않고 돈으로 대신 놓고 지내면서, "이번 제사에도 황초(밀랍으로 만든 초) 값 닷 푼은 온 데 간 데 없구나."하는 식이었다.

 유류분

부모가 물려준 재산을 놀부가 독차지 했다는 이야기가 나온다. 민법에 따르면 상속은 상속순위에 따라 상속을 받게 된다. 즉 1순위는 배우자와 자식들이고, 2순위는 배우자와 부모다(민법 §1000 §1003). 1순위자가 있으면 1순위자가 상속을 받고, 2순위자는 상속을 못 받는다. 1순위자가 아무도 없으면 다음 순위인 2순위자가 상속을 받게 된다. 같은 순위에 여러 명이 있으면 똑같이 나누어 받되 배우자는 50%를 더 받는다(민법 §1009). 물론 이것들은 법에 정해놓은 상속분을 말하고, 재산을 물려줄 본

인이 특정인에게 더 많이 줄 수 있다. 이것을 임의상속이라고 한다.

　놀부가 상속을 받게 되는 과정이 상세히 나와 있지 않아서 정확히 알 수는 없지만 일단 아버지인 연생원이 놀부에게 전 재산을 물려준 것으로 가정하자. 실제로 조선시대에 지역별로 다르지만 일부 경상도에서는 맏아들에게 모든 재산을 물려주고 대신 동생들을 돌보게 하는 경우가 많았다고 하므로 그렇다고 가정해 보자. 이런 경우에 법정상속분, 즉 법적으로 받을 수 있는 부분을 하나도 못 받으면 억울해 하는 사람이 있을 수 있다. 이런 경우를 해결하기 위하여 둔 규정이 유류분(遺留分)제도다. 즉 민법은 원래 상속받을 사람의 생계를 고려하여 상속액의 일정부분을 법정상속인의 몫으로 인정하고 있다. 아들은 법정상속분의 2분의 1이다(민법 §1112).

　놀부와 흥부 외에 다른 자식이 없고 흥부의 어머니도 이미 죽었다고 가정하면, 흥부는 아버지 재산의 2분의 1을 받을 수 있었다(법정상속분). 그런데 놀부가 다 가졌으므로 그 몫의 2분의 1, 즉 아버지 유산의 4분의 1을 법적으로 빼앗아 올 수 있는 것이다. 물론 착한 흥부는 그렇게 하지 않고 무작정 형인 놀부에게 순종한다.

그런 천하에 몹쓸 놈이라 아우를 내쫓을 궁리를 하게 되었다.
"형제란 것은 어려서는 같이 살아도 처자를 갖춘 다음엔 각각 따로 사는 것이 떳떳한 법이다. 너는 처자를 데리고 나가 살아라."

처음엔 사정도 해보았으나 놀부는 듣지 않았다. 흥부는 하는 수 없이 아내와 어린 것들을 이끌고 대문을 나섰다. 건너편 언덕 밑에 가서 움을 파고 온 식솔이 모여앉아 밤을 새웠다. 이튿날 그 자리에 수숫대를 모아다가 한나절에 얼기설기 집을 지어놓으니, 방에 누워 다리를 뻗어 보면 발목이 벽 밖으로 나가고 팔을 뻗어 보면 또한 손목이 벽 밖으로 나갔다. 기막힌 노릇이었다. 게다가 가지고 나간 양식이 한 톨도 없이 사흘에 한 끼니도 메울 수가 없게 되니 살아갈 계책이 없었다. 이 판국에 굴비 두름 같은 연년생 자식들이 밥 달라고 젖 달라고 보챈다.

하는 수 없이 흥부는 놀부를 찾아갔다.

"형님 전에 뵙니다. 세 끼를 굶어 누운 자식 살려 낼 길 없어 염치 코치 불구하고 찾아왔으니 동기간 정을 생각하여 무엇이든지 좀 주시면 품을 판들 못 갚으며 일을 한들 공으로 가져가겠습니까? 아무쪼록 죽는 목숨 살려주십시오."

이렇게 애걸하였으나 놀부는 차디차기만 하였다. 오히려 맹호같이 날뛰며 모진 눈을 부릅뜨고 핏대를 올리는 것이었다.

"너도 염치없는 놈이다. 내 말을 들어 보아라. 하늘이 내지 않은 자는 벼슬에 못 오르고 땅이 내지 않은 자는 이름 없는 인간이다. 너는 어찌하여 복이 없어 날 보고 이렇게 보채느냐? 잔말 듣기 싫다."

흥부는 울며 사정하였다.

"양식이 못 되거든 돈이라도 조금 주시면 하루라도 살겠습니다."

"이놈아 들어 보아라. 쌀이 많다 한들 너 주자고 섬을 헐며, 벼가 많다 한들 너 주자고 노적 헐며, 돈이 많다 한들 너 주자고 궤돈 헐며, 가루

되나 주자 한들 너 주자고 큰 독에 가득한 것을 떠내며, 의복 가지나 주자 한들 너 주자고 행랑것들 벗기며, 찬 밥술이나 주자 한들 너 주자고 마루 아래 청삽사리(개의 한 품종으로 검고 긴 털이 곱슬곱슬함) 굶기며, 지게미(술지게미; 모주를 짜내고 남은 찌꺼기)나 주자 한들 너 주자고 새끼 낳은 돼지를 굶기며, 콩 섬이나 주자 한들 큰 농우가 네 필이니 너를 주고 소 굶기랴? 정말 염치없고 속이 없는 놈이로구나."

"아무리 그러시더라도 죽는 동생 살려주오."

놀부는 화를 버럭 내어 벼락같은 소리로 하인 마당쇠를 부르는 것이었다.

"이놈아, 뒷 광문 열고 들어가면 저편에 보리 쌓은 담불이 있지?"

거기 있는 도끼 자루 묶음을 내오게 하고는 손에 닿는 대로 골라 잡더니 그만 달려들어 흥부의 뒤꼭지를 잔뜩 움켜쥐고 사정없이 친다.

"이놈 내 눈 앞에 뵈지 마라."

흥부는 어찌나 맞았던지 온 몸이 나른하여 그만 돌아가고 싶었다. 그러나 형수나 보고 가려고 엉금엉금 부엌으로 기어갔다. 놀부 아내가 마침 밥을 푸고 있었다. 흥부는 굶은 창자에 밥 냄새를 맡으니 오장이 뒤집혔다.

"애고 형수님, 밥 한 술만 떠주오. 이 동생을 살려주오."

그러나 이년 또한 몹쓸 년이었다.

"남녀가 유별한데 어디를 들어오노?"

밥 푸던 주걱으로 흥부의 마른 뺨을 우지끈 때리니 흥부는 두 눈에 불이 화끈 일고 정신이 아찔한 중에도 얼떨결에 손을 슬쩍 뺨

위로 밀어보니 밥이 볼때기에 붙어 있는 것이었다. 얼른 입으로 쓸어 넣는다.

"아주머님은 뺨을 쳐도 먹여가며 치시니 감사한 말을 어찌 다 하겠습니까? 수고스럽지만 이쪽 뺨마저 쳐주십시오. 밥 좀 많이 붙은 주걱으로요. 그 밥 갖다가 아이들 구경이나 시키겠소."

놀부 아내가 주걱은 내려놓고 부지깽이로 흥부를 실컷 때리니, 흥부는 아프단 말도 못하고 할 수 없이 통곡하며 돌아오는 것이었다. 이때 우는 애 젖 물리고 큰 아이 달래면서 칠년 가뭄에 큰 비 기다리듯, 구년 홍수에 볕발(햇발)을 기다리듯, 어린아이가 굿에 간 어미 기다리듯, 굶은 자식들과 흥부 오기만 기다리고 있는데, 흥부가 매에 취하여 비틀비틀 걸어오니 흥부 아내는 남의 속도 모르고 반겨 마중을 나갔다.

 사회보장

생계가 막막한 이런 상황에 대하여 심청전에서 설명한 바 있다. 흥부같이 빈손으로 쫓겨난 상태에서 많은 자식들과 살아갈 길이 막막하므로 국가가 최저생계비는 보장해 줘야 한다. 헌법은 "모든 국민은 인간다운 생활을 할 권리를 가진다(헌법 §34①)."고 선언하고 있으며, "신체장애자 및 질병·노령 기타의 사유로 생활능력이 없는 국민은 법률이 정하는 바에 의하여 국가의 보호를 받는다(헌법 §34⑤)."고 하고 있다.

물론 흥부는 신체 건강하므로 생활능력이 있는 경우라고 할 수 있겠지만, 당시의 농업사회에서 땅도 없고 집도 없는 대가족이 살아갈 길이 막막했으리라고 짐작된다.

"생활이 어려운 사람에게 필요한 급여를 실시하여 이들의 최저생활을 보장하고 자활을 돕는 것을 목적으로" 국민기초생활보장법이 제정되어 있다. 이 법에 따르면 "수급자가 자신의 생활의 유지·향상을 위하여 그의 소득, 재산, 근로능력 등을 활용하여 최대한 노력하는 것을 전제로 이를 보충·발전시키는 것을 기본원칙으로 한다."고 하고 있다(국민기초생활보장법 §3①). 이 법에 따른 급여의 종류는 생계급여, 주거급여, 의료급여, 교육급여, 해산급여(解産給與), 장제급여(葬祭給與), 자활급여 등이 있다.

소득과 재산이 없는 흥부로서는 근로능력을 이용하여 최대한 소득을 올리는 노력을 하되 일단 생존을 위한 최소한의 돈을 국가에 청구할 수 있다고 할 수 있다. 흥부의 근로를 하려는 노력은 다음에 나오니 그 때 가서 또 보자.

"큰댁에 가더니 술에 잔뜩 취해 오시는구료. 어서 들어갑시다. 쌀이거든 밥 짓고 돈이거든 저 건너 김동지(僅指 노비 즉 사내종과 계집종을 아울러 이르는 말) 집에 가서 한 끼라도 늘려먹을 것을 팔아 옵시다."
그러나 흥부는 형의 행패를 바로 말하지 못하고 꾸며서 말을 했다.
"형님 집에 갔더니 주안상이 나오고 더운 점심밥이 나오데. 상을 물리고 나니 형님과 형수께서 돈과 쌀을 주시더군. 큰 고개를 넘어오다가 도둑놈을 만나 다 빼앗기고 빈 손으로 왔네."
말은 그런데 얼른 보니 유혈이 낭자하며 얼굴이 부었고 온 몸을 만져보니 성한 곳이 없다. 흥부 아내가 기가 막혀 땅에 주저앉아 버린다.

"여보 마누라, 슬퍼 마오. 가난 구제는 나라에서도 못한다 하니 형님인들 어찌하시겠소? 우리 양주(兩主 바깥주인과 안주인 즉 부부)가 품이나 팔아 살아갑시다."

흥부 아내는 이 말에 순종하여 서로 나가서 품을 팔았다. 흥부 아내는 방아 찧기, 술집의 술 거르기, 시궁발치의 오줌 치기, 얼음이 풀릴 때면 나물캐기, 봄보리를 갈아 보리 놓기. 흥부는 이월 동풍에 가래질하기, 삼사월에 부침질하기, 일등 전답의 무논 갈기, 이집 저집 돌아가며 이엉 엮기, 궂은 날에는 멍석 맺기 등 이렇게 내외가 온갖 품을 다 팔았다.

근로자와 사용자

흥부 내외가 품을 파는 것을 묘사한 내용이다. 이렇게 일을 해주고 돈을 받는 사람을 근로자라고 한다. 즉 근로자란 "직업의 종류와 관계없이 임금을 목적으로 사업이나 사업장에 근로를 제공하는 사람"을 말한다(근로기준법 §2①ⅰ). 이때 근로의 내용은 정신노동과 육체노동을 모두 포함한다(근로기준법 §2①ⅲ). 법적으로 근로자와 노동자는 같은 말이다. 여기서 근로를 시키는 사람을 사용자라고 한다. 즉 사용자란 "사업주 또는 사업 경영 담당자, 그 밖에 근로자에 관한 사항에 대하여 사업주를 위하여 행위하는 자"를 말한다(근로기준법 §2①ⅱ). 그렇기 때문에 회사의 사주(社主)는 아니지만 월급을 받는 사장, 전무·상무 등은 근로를 제공하고 월급을 받지만 근로자가 아니라 사용자로 분류된다(노동조합 및 노동관계조정법 §2 참조).

그러나 역시 살기는 막연하였다. 하루는 생각다 못해 나랏곡식이나 한 섬 얻어먹으리라 마음먹고서 흥부는 어슷비슷 갈짓자로 걸어 읍내로 들어가 관청을 찾았다.

"이방, 나랏곡식이나 좀 얻어먹고자 하는데 처분이 어떨는지?"

"가난한 사람이 막중한 나랏곡식을 어찌 달라 할까? 그런데 연생원은 매를 더러 맞아 보았소?"

"매는 왜? 나랏곡식이나 얻어주면 배고파 죽겠다는 어린 자식들을 살리겠구먼."

"나랏곡식 공으로 얻을 생각 말고 매를 맞으시오. 이 고을 김부자를 어느 놈이 없는 일을 꾸며 고소했소. 김부자를 압송하라는 공문이 왔는데 김부자는 마침 병이 나고 친척도 병이 있어 누구를 대신 보내고자 찾고 있소. 연생원이 김부자 대신 영문(營門 조선 시대 각 도의 감사가 업무를 맡아보던 관아)에 가서 매를 맞으면 그 값으로 돈 삼십 냥을 줄 거요. 그 돈 삼십 냥은 예서 증서를 줄 테니 영문에 가서 대신 매를 맞고 오는 것이 어떻소?"

이방은 돈 닷 냥을 먼저 주고, 영문으로 보내는 보고장을 흥부에게 주었다.

"어서 다녀오시오. 내 편지 한 장 갖다 영문 사령에게 주면 혹시 매를 쳐도 가볍게 칠지 모르며, 또한 김부자가 뒤로 감영 관리에게 돈 백이나 보낼 테니 염려 말고 어서 가오."

흥부는 어찌나 좋던지 여태까지 반말하던 사이 갑자기 변하여 존대말을 쓰는 것이었다.

"여보 이방님, 다녀오리다."

집으로 돌아온 흥부로부터 이 말을 들은 흥부 아내의 놀라움은 컸다.

"여보 아이 아버지, 매 품팔이가 웬 말이오! 남의 죄를 어찌 알고 대신이라니 웬 말이오? 살인죄를 범했는지 강도죄를 범했는지 사기죄를 범했는지 남의 죄를 어찌 알고 그런 말을 하시오? 만일 영문에 올라갔다가 여러 날을 굶은 몸에 영문 곤장 맞게 되면 몇 대를 맞지 않아 쓰러져 죽을 것이니, 어서 가서 그 일일랑 거절하오. 마오 마오 가지 마오. 만일에 갈 생각이면 나를 죽여 묻고 가오. 나 죽여 세상 모르면 가려니와 나를 살려두고는 못 가리다. 가지 마오, 가지 마오, 제발 내 말 듣고 가지 마오. 만일 매 맞다가 아이 아버지 죽게 되면 뭇 초상이 날 테니 부디 내 말 무시 마오."

아내가 두 손으로 구들장을 쾅쾅 치고 눈물을 흘리며 이렇듯 강권하자, 흥부는 슬며시 마누라를 얼러 보는 것이었다.

"여보 마누라, 한 번 높은 곳에 앉아 보지도 못할 쓸 데 없는 이 불기짝, 감영으로 올라가서 삼십 대만 매를 맞고 나면 돈 삼십 냥이 생길 테니 열 냥으로 고기 사서 매 맞은 상처 고치고, 열 냥으로는 쌀을 팔아 온 식구가 포식하고 열 냥으로는 소를 사서 스물넉 달 배내기(남의 가축을 길러서 가축이 다 자라거나 새끼를 낸 뒤에 주인과 나누어 가지는 제도) 주었다가 그 소를 팔아 맏아들 장가들이고, 그놈이 아들 낳으면 우리에게 손자 되니 그 아니 경사인가?"

말을 듣고 생각하니 사리는 맞는 것 같았으나 그러나 역시 사람 갈 길이 아니므로 흥부 아내는 한사코 말리는 것이었다. 이렇게 되고 보니 흥부는 영문에 갈 마음은 속으로만 혼자 먹고 겉으로는 얼렁뚱땅 얼버무릴 수밖에 없었다.

"그리하오. 아니 가리다. 짚신이나 삼아 신게 저 건너 김동지네 가서 짚 한 단 얻어 가지고 오리다."

그러고 나와서 영문으로 올라가는데 삯말이나 타고 가는 것이 아니라 돈 삼십 냥을 한 몫으로 받아 쓸 작정으로 하루에 일백칠십 리씩을 걸어서 갔다. 며칠 만에 영문에 다다르니 도사령(都使令 여러 사령 중에서 서열이 가장 높은 우두머리 사령)이 흥부를 보더니 아래 사령들에게 이르는 것이었다.

"저 양반이 김부자 대신으로 왔으니 아랫방에 들여앉히고 만일 문초를 당하여 매를 치게 되더라도 아무쪼록 가볍게 칠 것을 잊지 마소. 우리 청에 편지와 돈 백 냥이 왔다네."

 여러 사람이 흥부를 위로하고 있을 때, 마침 청령 소리가 나더니 이윽고 영이 내렸다.

"죄인 중에 살인죄를 범한 자 외에는 모두 석방하라."

흥부는 낙심천만이었다.

"여보시오 도사령, 나는 매를 맞아야만 수가 생기오. 그냥 가면 나는 낭패요."

"여보 연생원, 이번에 김부자 일로 여기 왔는데 매 안 맞았다고 만약 돈을 안 주거든 두말 말고 곧장 영문으로만 오면 우리가 무슨 수를 쓰든지 돈 백은 받아줄 테니 염려 말고 어서 가시오."
도사령의 말을 듣고 흥부는 할 수 없이 노자에서 남은 돈 한 냥으로 떡을 사서 짊어지고 집으로 왔다.

 형벌개별화의 원칙

흥부 내외가 열심히 품을 팔아 살아보려 했으나 생계유지가 어려웠던 것 같다. 지금도 마찬가지겠으나 저임금에 시달리는 근로자들의 애환을 엿볼 수 있다. 아무튼 흥부가 다른 사람을 대신하여 곤장을 맞으러 가는 이야기가 나온다. 현대라면 있을 수 없는 일이다. 형벌개별화의 원칙에 어긋나기 때문이다. 형벌개별화의 원칙이란 형사범에 있어서 범죄행위자와 처벌을 받는 자가 일치할 것을 요구하는 원칙으로 행위자처벌의 원칙이라고도 하는데 너무나 당연한 원칙이다. 위에서 연좌제 금지를 설명한 바 있는데 같은 취지로 이해하면 된다. 한편 없는 일로 고소했다고 압송하라는 것은 영장주의에 위배된다. 압송이라면 체포하여 보내라는 것인데, 혐의가 확실하고 도주 및 증거인멸의 우려가 있을 때 구속영장이 발부되는 현대 형사절차와는 다르다. 체포영장이나 구속영장은 검사가 발부해서 판사가 발부하도록 규정되어 있다. 헌법 §12③은 "체포·구속·압수 또는 수색을 할 때에는 적법한 절차에 따라 검사의 신청에 의하여 법관이 발부한 영장을 제시하여야 한다."고 규정하고 있다.

만약 김부자가 몰래 다른 사람을 보내 형벌을 받게 했다면 위계에 의한 공무집행방해죄(형법 §137)에 해당된다. 그런데 김부자는 관청에 돈을 주고 자기 대신 다른 사람을 보내는 것에 승낙을 받은 것으로 나오는데, 당연히 형법상 뇌물공여죄(형법 §133)에 해당된다. 물론 돈 100냥을 받고 김부자 대신 다른 사람을 곤장 치려고 한 관리(공무원)는 수뢰죄(受賂罪)에 해당되고(형법 §129), 직무유기죄(형법 §122)에 해당된다.

이 무렵 흥부 아내는 남편이 감영에 갔음을 알고는 뒤뜰에다 단을 모으고 정화수를 길어다가 단 위에 올려놓고 두 손 모아 빌며 눈물로 나날을 보내고 있었다. 이런 참에 흥부가 거적문을 열어젖히고 들어섰다. 뛸 듯이 반갑지 않을 수 없었다.
"아이 아버지 다녀오시오? 죄가 없어 놓여오나? 태장 맞고 돌아오나? 형장 맞고 돌아오나? 상처는 어떠하오?"
흥부는 매도 못 맞고 돌아오는 참에 이 말을 들으니 화가 치밀어 올랐다.
"나더러 상처를 묻지 말고 네 친정 할아비한테 물어 보아라. 매 한대 맞지 못하고 건성으로 돌아오는 사람더러 장처는 뭐고 상처는 다 뭐냐?"
"좋다 좋다. 얼씨구 좋다! 지화자 좋을씨고! 매 맞으러 갔던 낭군 안 맞고 돌아오니 이런 경사가 또 어디 있는가!"
흥부는 마누라의 좋아하는 거동을 기가 막혀 어이없이 바라보고 있다가 어린 자식들 살릴 생각을 하니, 슬픈 감회가 치밀어서 눈물이 비 오듯 하며 통곡이 터져 나와 두 손으로 가슴을 쾅쾅 두드렸다.

이 때 마침 김부자의 조카가 지나다가 흥부가 돌아왔다는 말을 듣고 찾아 들어와서 묻는다.

"연서방, 주린 사람이 영문에 가서 그 매를 맞고 어떻게 돌아왔나?"

흥부는 마음이 곧은 사람이라 바른 대로 털어놓았다.

"맞았으면 해롭지 않을 것을 그것도 복이라고 못 맞았다네."

"자네 참 마음씨만은 착한 사람일세. 나도 어디서 들었네만, 무사히 오고서야 돈 달랄 수 있나? 내가 마침 지닌 돈이 칠팔 냥 있으니 쌀 말이나 팔아먹소."

흥부는 그 돈으로 쌀 팔고 반찬 사서 며칠은 살았으나 굶기는 역시 마찬가지라 어찌하면 좋을 것인가? 그래 짚신 장사나 해보리라 하고 김동지 집으로 짚을 얻으러 갔다.

채무불이행과 이행불능

흥부가 김부자 대신 곤장을 맞으러 갔으나 그것도 맞지 못하게 되어 빈손으로 돌아왔다는 이야기. 돈을 받고 매를 대신 맞는다는 것은 앞서 설명한 대로 형법위반사항이고, 이것을 흥부와 김부자가 맺은 계약이라고 하더라도 공서양속, 즉 선량한 풍속 기타 사회질서에 위반되는 내용이므로 민법상 무효이다(민법 §103). 그러나 논의를 위해서 정상적인 계약이라고 가정해 보자.

곤장을 대신 맞는 것과 돈 100냥을 받는 것이 대가관계에 있는 계약인데 결과적으로 대신 곤장을 맞지 않고 돌아오게 되었다. 이 경우 계약의 내용대로 이루어지지 않은 것이 누구 탓이냐에 따라 결과가 달라진다. 곤장을 대신 맞아야 하는 의무가 있는 흥부가 이를 제공하지 않은 경우 이에 대한 손해배상책임이 인정되지만 "채무자의 고의나 과실 없이 이행할 수 없게 된 때"에는 책임을 물을 수가 없다(민법 §390). 또 채권자, 즉 김부자가 "이행을 받을 수 없거나 받지 아니한 때"에도 채무자인 흥부의 책임은 없어진다(민법 §400). 원문에서는 김부자와 흥부 누구의 고의나 과실이 아닌 외부적 요인 때문에 이행이 불가능하게 되었다. 이런 경우는 후발적 불능이라고 하는데, 두 사람 이외의 불가항력 때문이라고 생각되므로 채권이 소멸되고 만다. 따라서 계약은 없었던 것이 되었다. 김부자 측에서 조카를 통해 7~8냥을 준 것은 그냥 인간적인 면에서 준 것이지 법적으로 당연히 줘야 하는 것은 아니다.

2. 제비를 돌보아준 흥부

"자네 불쌍도 하이! 형은 부자건만 자네는 그렇듯 가난하니 어찌 아니 측은한가?"

이러면서 김동지가 내주는 짚단을 얻어다가 짚신을 삼아 장에 내다팔고 그것으로 끼니를 이었으나 그도 한두 번이지 짚단인들 매양 얻을 염치가 있으랴? 흥부는 탄식하며 또한 어린 자식들을 어루만지며 통곡하니 흥부 아내도 기가 막혀 땅을 치고 우는 모양이란 차마 눈 뜨고 볼 수 없는 정경이었다.

이렇게 세월을 보내고 춘삼월 좋은 계절을 맞이하니, 흥부는 이왕에 배운 바 있어 약간의 학식은 있는 터라 수숫대로 지은 집에 입춘(立春)을 써 붙였다. 삼월 삼일이 되니 소상강의 떼기러기는 가노라 하직하고 강남의 제비 왔노라 하고 나타날 때였다. 고대광실(高臺廣室 굉장히 크고 좋은 집) 다 버리고 오락가락 넘돌다가 흥부를 보고 반기면서 좋다고 지저귀니, 흥부가 제비보고 경계하는 말이었다.

"고당화각(高堂畫閣 높다랗게 지어 화려하게 꾸민 집) 많건마는 수숫대로 지은 집에 와서 네 집을 지었다가 오뉴월 장마철에 집이 만일 무너진다면 그 아니 낭패이랴? 아무리 짐승일망정 내 말을 듣고 좋은 집 찾아가서 실팍하게 집을 짓고 새끼를 치려므나."

이같이 충고해도 제비가 듣지 않고 흙을 물어다 집을 짓고 첫배 새끼를 길러 내어 날기 공부에 힘을 쏟을 때 날아 올랐다 날아 내렸다 하면서 이를 사랑하는 것이었다.

그런데 하루는 큰 구렁이 한 놈이 별안간 달려들어 제비 새끼를 모조리 잡아먹으니 흥부는 보고 깜짝 놀랐다.

"흉악한 저 짐승아, 고량진미(膏粱珍味 기름진 고기와 좋은 곡식으로 만든 맛있는 음식)가 많겠건만 하필이면 죄 없는 제비 새끼를 모조리 잡아먹으니 악착같구나. 제비가 불쌍하구나. 저 제비 곡식을 먹지 않고 자라나서 인간에게 해를 끼치지 않고 옛 주인을 찾아오니 그 뜻이 정다운데 제 새끼를 보전치 못하고 일시에 다 죽이니 어찌 가련치 않은가?"

그리고는 칼을 들어 그 짐승을 잡으려 할 때, 제비 새끼 한 마리가 허공으로 뚝 떨어져서 피를 흘리며 발발 떠는 것이었다. 흥부는 이를 보자 펄쩍 뛰어 달려들어 제비 새끼를 두 손으로 고이 잡고 애처롭게 여겨 부러진 다리를 조기 껍질로 찬찬 감고 아내를 불렀다.

"당사실 한 바람(길이의 단위로 실이나 새끼 따위 한 발 정도의 길이)만 주소, 제비 다리 동여매게."

흥부 아내가 시집 올 때 가지고 온 당사실을 급히 찾아내어 주니 흥부는 얼른 받아 제비 새끼의 상한 다리를 곱게 감아 매어 도로 얹어 두었다.

그랬더니 하루 지나고 이틀 지나고 십여 일이 지나자 상한 다리가 제대로 소생되어 날아다니게 되니, 줄에 앉아 재잘거리며 울고 두둥실 떠서 날아갈 때 소상강 기러기는 왔노라 하고 강남 가는 제비는 가노라 하직하는 것이었다.

동물보호법

흥부가 다리가 부러진 제비를 구해주는 이야기로 흥부전에서 매우 중요한 장면이라고 하겠다. 동물에 대한 학대행위의 방지 등 동물을 적정하게 보호·관리하기 위하여 동물보호법이 제정되어 있다. 물론 이 법에서는 동물을 사육·관리 또는 보호할 때 적용되는 사항들을 규정하고 있다.

그런데 흥부가 살려 준 제비는 야생동물이므로 야생생물보호 및 관리에 관한 법률이 적용될 수도 있겠다.

참고로 독일의 경우 2002년 기본법(헌법) 개정을 통하여 헌법질서의 범위에서 동물을 보호해야 할 의무를 국가에 부여함으로써 동물의 보호에 대한 인간의 책임성을 강조하였다. 또 독일의 민법은 "동물은 물건이 아니다."라고 규정함으로써 동물에게 사람과 물건 사이의 제3의 지위를 부여하고 감정과 고통을 느낄 수 있는 생물로써 그들의 고유성을 인정하고 있다.

우리나라의 경우 아직 독일만큼은 아니지만 동물, 특히 반려동물에 대한 보호가 강화되는 추세다. 독일처럼 우리도 민법상 물건으로 취급하던 동물을 물건과 별도로 규정하는 입법이 추진되고 있다.

이리하여 제비가 강남 수천 리를 훨훨 날아가서 제비왕께 입시(入侍 대궐에 들어가서 임금을 뵙던 일)하니 제비왕이 물었다.
"경은 어찌하여 다리를 절며 들어오느냐?"
"신의 부모가 조선국에 나가 흥부의 집에 깃들었는데 뜻밖에 큰 구렁이의 화를 입어 다리가 부러져 죽을 것을 흥부의 구조를 받아 살아서 돌아왔습니다. 흥부의 가난을 면케 해주신다면 그로써 소신은 그 은공의 만분의 일이라도 갚을까 합니다."
"흥부는 과연 어진 사람이다. 공 있는 자에게 보은함은 군자의 도리이니, 그 은혜를 어찌 아니 갚으랴? 내가 박씨 하나를 줄 테니 경은 가지고 나가 은혜를 갚도록 하라."
제비가 왕께 감사드리고 물러 나와서 그럭저럭 그 해를 넘기고 이듬해 춘삼월을 맞으니 모든 제비가 타국으로 건너갈 때였다.
그 제비 허공 중천에 높이 떠서 박씨를 입에 물고 너울너울 자주자주 바삐 날아 흥부네 집 동네를 찾아들어 너울너울 넘노는 거동은 마치 북해 흑룡이 여의주를 물고 오동나무에서 노니는 듯, 황금 같은 꾀꼬리가 봄빛을 띠고 수양버들 사이를 오가는 듯하였다.

이리 기웃 저리 기웃 넘노는 거동을 흥부 아내가 먼저 보고 반긴다.

"여보 아이 아버지, 작년에 왔던 제비가 입에 무엇을 물고 와서 저토록 넘놀고 있으니 어서 나와 구경하오."

흥부가 나와 보고 이상히 여기고 있으려니 그 제비가 머리 위를 날아들며 입에 물었던 것을 앞에다 떨어뜨린다. 집어 보니 한가운데 '보은박(報恩瓢)'이란 글 석 자가 쓰인 박씨였다.

그것을 동편 울타리 밑에 터를 닦고 심었더니 이삼 일에 싹이 나고, 사오 일에 순이 뻗어 마디마디 잎이 나고, 줄기마다 꽃이 피어 박 네 통이 열렸다. 계절이 바뀌고 추석날이 되었다.

"배가 고파 죽겠으니 영근 박 한 통을 따서 박속이나 지져 먹자." 하고 박을 따서 먹줄을 반듯하게 긋고서 흥부 내외는 톱을 마주잡고 켰다.

이렇게 밀거니 당기거니 켜서 툭 타 놓으니 오색채운이 서리며 청의 동자 한 쌍이 나오는 것이었다. 왼손에 병을 들고 오른손에 쟁반을 눈 위로 높이 받쳐 들고 나온 그 동자들은,

"이것을 값으로 따지면 억만 냥이 넘으니 팔아서 쓰십시오." 하고 홀연히 사라져 버렸다.

박 한 통을 또 따놓고 슬근슬근 톱질이다. 쓱삭 쓱삭 툭 타놓으니 속에서 온갖 세간살이 나왔다.

또 한 통을 따서 먹줄 쳐서 톱을 걸고 툭 타놓으니 순금 궤가 하나 나왔다. 금거북 자물쇠를 채웠는데 열어 보니 황금, 백금, 호박,

산호, 진주, 사향 등이 가득 차 있었다. 그런데 쏟으면 또 가득 차고 또 가득 차고 해서 밤낮 엿새를 쏟고 나니 큰 부자가 되었다.

 ## 사무관리와 자연채무

흥부가 제비다리를 고쳐 준 것은 민법상 사무관리에 해당된다고 하겠다. 즉 법적인 의무에 따라 한 행위가 아니라 착한 마음으로 해 준 것이다(민법 §374). 이런 경우 본인을 위하여 어떤 경제적 부담을 한 경우(필요비와 유익비) 이를 본인에게 달라고 할 수 있다(민법 §739①).

흥부의 경우 조기 껍질과 당사실 한 바람이 들어갔다. 돈으로 치면 아마 100원 정도밖에 안 들어갔을 것 같다. 사무관리를 해 주었다고 비용 외에 별도의 수고비를 요구할 수는 없다. 그러나 원문의 제비처럼 은혜를 갚기 위하여 스스로 어떤 돈이나 경제적 이익을 준다면 흥부는 받을 수 있는 것이다. 즉 법적으로 달라고 할 수는 없지만 주면 받을 수 있으므로 법적으로 문제가 없다. 이런 것을 자연채무라고 한다. 즉 흥부가 받은 것이 부당이득이 되어 반환해야 하는 것은 아니다.

다시 한 통을 툭 타놓으니 일등 목수들과 각종 곡식이 나왔다. 그 목수들은 우선 명당을 가려 터를 잡고 집을 지었다. 그 다음 또 사내종, 계집종, 아이종이 나며 들며 온갖 것을 여기저기 쌓고 법석이니 흥부 내외는 좋아하고 춤을 추며 돌아다녔다.

그러다가 덤불 밑에 있는 마지막 박 한통을 따서 슬근슬근 툭 타 놓으니 박 속에서 꽃 같은 한 미인이 나와 흥부에게 나붓이 큰 절을 하는 것이었다.
"나는 월궁의 선녀입니다. 강남국 제비왕이 나더러 그대 소실이 되라 하시기에 왔습니다."

 등기제도

박에서 나온 목수들이 터를 잡고 집을 지은 이야기가 나온다. 그런데 누구 땅에 지었을까?

토지와 가옥은 부동산에 속한다. 민법 §99①은 "토지 및 그 정착물은 부동산이다."라고 규정하였고, §99②는 "부동산 이외의 물건은 동산이다."라고 규정하였다. 그런데 부동산에 관하여는 등기제도가 있다. 민법 §186는 "부동산에 관한 법률행위로 인한 물권의 득실변경은 등기하여야 그 효력이 생긴다."고 하고 있다. 등기에 관하여 자세한 것은 부동산등기법이 별도로 규정하고 있다.

등기제도는 법원이 관리하는 등기부에 등록되어 있어야 부동산의 권리의무를 확인할 수 있도록 하는 제도이다. 조선시대의 땅문서와 집문서와는 다르다. 즉 조선시대의 땅문서라는 것은 그것이 원본이므로 땅문서가 없어지면 땅의 주인이라는 사실을 증명할 길이 막막하였다. 하지만 등기제도는 별도로 등기부가 있으므로 등기부를 확인하면 땅 주인이라는 것을 법적으로 인정받는다. 즉 국가기관인 법원이 확인해주는 것이다. 자동차나 선박은 동산(動産)이지만 경제가치가 크므로 별도의 법률에 의하여 등기제도가 마련되어 있다.

  원문에서는 등기를 했다거나 남의 땅이지만 빌려서 집을 지었는지, 또는 주인 없는 땅이므로 당연히 집을 지어도 아무 문제가 없었는지 나와 있지는 않다. 흥부는 원래 땅이 없었으나 금은보화가 많이 생겼으니 그것으로 땅을 사서 집을 지었다고 추정하자.

3. 흥부를 시샘하는 놀부

이리하여 흥부는 좋은 집에서 처첩을 거느리고 향락으로 세월을 보내게 되었다. 이런 소문이 놀부 귀에 들어가니,
"이놈이 도둑질을 했나? 내가 가서 윽대기면 반 재산을 뺏어낼 것이다." 하고
벼락같이 건너가 닥치는 대로 살림살이를 쳐부수는 것이었다. 한참 이렇게 소란을 피우고 있을 때 마침 밖에 나갔던 흥부가 들어왔다.
"네 이놈, 도둑질을 얼마나 했느냐?"
"형님 그 말씀이 웬 말씀이오?"
흥부가 앞뒷일을 자세히 말하자, 그럼 네 집 구경을 자세히 하자고 놀부는 나섰다. 흥부가 형을 데리고 돌아다니며 집 구경을 시

키는데 월궁 선녀가 다시 나타나니 놀부는 그 계집을 자기에게 달라고 하였다. 흥부가 거절하자 이번은 화초장(花草欌 문짝에 유리를 붙이고 화초 무늬를 채색한 의장[衣欌]이나 의걸이장)이나 달라고 한다. 그리고 흥부가 화초장을 하인을 시켜 보내주겠다는 것도 마다하고 스스로 짊어지고 집에 이르니 놀부 아내는 눈이 휘둥그래진다. 그리고 그 출처와 흥부가 부자가 된 연유를 알게 되자,
"우리도 다리 부러진 제비 하나 만났으면 그 아니 좋겠소?" 하고는 그 해 동지섣달부터 제비를 기다렸다.

 증여

부자가 된 흥부 소식을 듣고 놀부가 가서 행패를 부리고는 화초장을 얻어 오는 장면이다. 착한 흥부는 형 놀부의 행패를 받아주고 화초장을 선물로 준다. 물론 놀부가 달라니까 주는 것이다.

법적으로 무엇을 누구에게 대가 없이 주는 것을 증여(贈與)라고 한다. 민법 §554는 "증여는 당사자 일방이 무상으로 재산을 상대방에 수여하는 의사를 표시하고 상대방이 이를 승낙함으로써 그 효력이 생긴다."고 규정하였다. 즉 증여는 일방적으로 주는 것이 아니라 상대방이 받겠다는 의사표시를 한 경우에 법적인 효력이 생기는 일종의 계약이다.

놀부는 처음에 월궁선녀를 달라고 했으나, 아무리 착한 흥부라도 이것만은 거절했다. 법적으로 인간(선녀?)은 물건이 아니라

서 주고받는 대상이 아니다. 설사 흥부가 증여하기로 했다고 하더라도 앞서 설명한 공서양속에 위배되어 무효인 계약이 된다(민법 §103).

그렁저렁 섣달 정월 다 넘기고 봄철이 돌아오니 제비 한 쌍이 놀부집에 와 흙과 검불을 물어다 집을 지었다. 어미 제비가 알을 낳아 품을 무렵에는 놀부놈은 주야로 제비집 앞에 대령하여 가끔가끔 집어내어 만지작거리니 알이 모두 곯아버렸다. 그러나 천행으로 한 개가 남아서 새끼를 까게 되었다. 차차 자라나 바야흐로 날기를 배울 때 주야로 기다리는 구렁이는 그림자도 보이지 않자 놀부는 답답함을 참지 못하여 하루는 뱀을 찾아 나갔다. 아무리 찾아도 뱀 한 마리 못 보고 돌아오는 길에 홍두깨만한 까치 독사를 만났다.
"얼씨구 이 짐승아, 내 집으로 가서 제비집으로 올라가면 제비 새끼 떨어지고 나는 부자가 될 것이니, 네 은혜는 병아리 한 뭇에 계란 한줄 더 얹어 갚을 것이다. 그러니 사양 말고 어서 가자."
이러고 막대기로 툭툭 건드리다 놀부는 발가락을 물리고 나자빠졌다.
그러나 재빨리 집으로 돌아와 침을 맞고 약을 바른 끝에 살아나자, 제가 직접 제비 새끼 잡아 두 발목을 지끈둥 분지르고는 흥부가 했던 것같이 조기 껍질로 발목을 싸고 청올치(칡덩굴의 속껍질)로 찬찬 동여매어 제비집에 얹어 두었다.

 동물학대

　흥부를 흉내 내려다 뜻대로 안되니까 놀부가 직접 제비의 다리를 부러뜨린 후 치료하여 주는 이야기다. 동물보호법에 따르면 도구·약물을 사용하여 동물에게 상해를 입히는 행위는 동물학대행위에 해당되며, 1년 이하의 징역 또는 1천만 원 이하의 벌금에 처하도록 되어 있다(동물보호법 §8② §46). 대상이 사람이라면 형법상 상해죄로 처벌되는 것은 당연하다.

그 제비가 겨우 살아남아 남으로 돌아갈 때 하는 말이, "원수 같은 놀부놈아, 명년 춘삼월에 다시 와서 원수를 갚을 것이니 잘 있거라. 지지위 지지."
이듬해 춘삼월에 그 제비는 '보수박(報讐瓢)'이라 쓰인 박씨를 물고 돌아왔다. 놀부가 보고 풀밭에 떨어지면 잃어버릴까 겁이 나서 삿갓을 뒤집어들고 따라다녔다. 제비는 그 삿갓 속에 박씨를 떨어뜨렸다. 한 치나 되는 박씨에 보수박이라 쓰였으나 무식한 놀부는 그것을 모르고 처마 밑에 심었다. 며칠이 안 가서 순이 나고 덩굴이 뻗고 이윽고 박이 주렁주렁 열리게 되었다.
놀부는 큰 박 하나를 우선 따다 놓고 제 계집과 켜려 하다가 그 박이 쇠같이 딱딱하므로 저희끼리는 할 수 없을 것 같아 목수와 힘깨나 쓰는 장정들을 불러 잘 먹인 후에, 이십 냥씩 선금으로 후히 주고 박을 켜게 하였다.

교육을 받을 권리와 의무교육

제비가 흥부에게 물어다 준 박씨에는 '보은박(報恩瓢)', 놀부에게 가져 온 박씨에는 '보수박(報讐瓢)'이라고 분명히 쓰여 있었으므로 다음 이야기를 미리 알 수 있게 한 것이다. 보수는 요즘 말로 복수라는 말이다. 그런데 내용상 나쁜 것이 아니므로 흥부는 별 생각 없이 심었겠지만, 놀부는 분명히 알아차려야 했지만 무식했으므로 전혀 눈치 채지 못하고 그냥 심은 것이다. 돈은 놀부가 많이 가졌지만 지식은 흥부가 좀 더 많았던 듯하다. 아무튼 교육은 중요한 것이다.

중세의 계급은 근대로 들어오면서 타파되었지만 경제력에 따른 계층의 차이는 경제 뿐 아니라 교육이나 문화 등 모든 분야에서 실질적인 차별을 가져왔다. 그래서 현대 헌법은 실질적 평등을 위하여 국가가 기본적인 출발점을 보장해 주는 사회국가(공산주의와 동의어처럼 쓰이는 사회주의와는 다른 말)를 표방하게 된 것이다. 가장 대표적인 것으로 교육을 받을 권리를 들 수 있다. 가난한 집에서 태어나도 교육만 제대로 받으면 신분상승의 기회를 가질 수 있는 것이다. 헌법 §31①은 "모든 국민은 **능력에 따라 균등하게 교육을 받을 권리를 가진다.**"고 규정하였으며, 무상으로 의무교육을 받을 수 있도록 하였다(헌법 §31②③). 법률차원에서는 6년의 초등교육과 3년의 중등교육을 의무교육으로 규정하였다(교육기본법 §8①).

제비가 우는 소리가 '지지위지지'로 표현되어 있다. 그냥 의

성어지만, 논어에 나오는 공자님 말씀을 따온 것이다.

지지위지지(知之爲知之), 부지위부지(不知爲不知) 시지야(是知也).

"아는 것을 안다고 하고, 모르는 것을 모른다고 하는 것, 그것이 아는 것이다."

그리하여 슬근슬근 툭 타놓으니 박 속에서 글 읽는 소리가 나면서 이윽고 관을 쓴 늙은 양반, 갓을 쓴 젊은 양반, 초립 쓴 새 서방님, 도포 입은 도련님이 놀부를 매달고 참나무 절굿공이로 짓찧었다.
"이놈 놀부야! 네 아비 개불이와 네 어미 똥녀가 댁종으로 드난살이(임시로 남의 집 행랑에 붙어 지내며 그 집의 일을 도와줌) 하다가 오밤중에 도망한 지 수십 년이 되는데 이제야 찾았구나. 네 어미와 아비 몸값이 삼천 냥이다. 당장에 바쳐라."
놀부놈이 돈 삼천 냥을 바치며 사죄하니 그 생원님 못 이기는 체하고 놀부에게,
"이 돈 삼천 냥 용돈으로 쓰겠거니와 떨어질 만하면 내 다시 오리라."
하고 사라졌다.

 강도죄와 절도죄

놀부가 박을 타니 온갖 종류의 사람들이 나와서 억지 주장을 하며 놀부로부터 재물을 빼앗아 가는 이야기가 이어진다. 형법상 강도죄에 해당된다. 물론 놀부가 나쁜 짓을 많이 한 것은 사

실이지만 그렇다고 강제로 돈이나 물건을 뺏는 것은 법적으로 허용되지 않는다. 그런 일은 적법절차에 따라 국가만이 할 수 있는 일이다. 국가형벌주의에 대해서는 앞서 설명한 바 있다.

형법 §333는 "폭행 또는 협박으로 타인의 재물을 강취하거나 기타 재산상의 이익을 취득하거나 제삼자로 하여금 이를 취득하게 한 자는 3년 이상의 유기징역에 처한다."고 하여 강도죄(强盜罪)를 규정하고 있다.

이에 비하여 절도죄(竊盜罪)는 남의 재물을 몰래 훔침으로써 성립하는 범죄이다. 형법 §329는 "타인의 재물을 절취한 자는 6년 이하의 징역 또는 1천만 원 이하의 벌금에 처한다."고 하였다.

다시 두 번 째 박을 타보았다. 이번에 가야금 든 놈, 소고든 놈, 징, 꽹과리 든 놈들이 우루루 몰려 나오더니,
"우리가 놀부 인심 좋다는 말 듣고 일부러 찾아왔으니 한바탕 놀고 가세." 하고
"쌀 섬 내놔라, 돈 백 내놔라."며 정신없이 날뛰니,
놀부는 돈 백 냥에 쌀 한 섬을 주어 보낸 후, 또 한 통을 탔다.
이번엔 노승이 나오고 뒤따라 상좌승이 나왔다.
"놀부야, 우리 스승님이 네 집을 위하여 사십구 일 정성을 드렸으니 돈 오천 냥만 바쳐라."
이 이상 패가망신하지 말고 그만 켜자는 부인의 말을 어기고 또 켜니 이번엔 상여 한 채가 나오고 뒤따라 각양각색의 병신 상제들이 나왔다.

"야 이놈 놀부야, 소 잡고 잘 차려라. 돈 만 냥만 내놓아라."

놀부가 전답을 선 자리에서 헐값으로 팔아 돈 삼천 냥을 주고 빌며 사정하니 상두꾼(상여꾼; 상여를 메는 사람)들이 상여를 메고 갔다.

놀부는 따라가며 물어 보았다.

"여보, 다른 통에 보물 아니 들었소?"

상두꾼이 대답하였다.

"어느 통에 들었는지 모르나 생금(정련[精鍊]하지 않고 캐낸 그대로의 금) 한 통이 들기는 들었소."

놀부놈이 옳다 하고 슬근슬근 박 한 통을 다시 툭 타놓으니 박 속에서 팔도 무당들이 뭉게뭉게 나오는데, 징과 북을 두드리며 각색 소리 다하더니 장고통을 들어 놀부놈의 가슴팍과 배때기를 벼락치듯 후려쳤다. 놀부놈은 눈에서 번갯불이 나는지라 분한 가운데서도 슬피 울며 비는 것이었다.

"이 어찌된 곡절이오? 매 맞아 죽을지라도 죄명이나 알고 죽으면 한이 없겠으니 제발 말해주오."

"이놈 놀부야, 다름 아니라 우리가 네 집을 위하여 굿을 많이 했으니 오천 냥을 바쳐라. 만일 거역하는 날엔 네 머리가 온전치 못하리라."

놀부놈은 기겁을 하여 돈 오천 냥을 내주고 겨우 그들을 보내고 나니 열이 치받쳤다.

"될 테면 되고 망할 테면 망해라. 남은 박을 또 계속 타보리라."

슬근슬근 툭 타놓으니 이게 웬일인가? 박속에서 수천 명 등짐장수들이 누런 농을 지고 꾸역꾸역 나오더니 정신없이 떠들어댔다.

놀부놈이 기가 막혀 다른 박이나 타보려고 돈 삼천 냥을 내놓으니 그들은,

"뒷 박통에는 금과 은이 많이 들었을 것이니 정성 들여 켜보아라." 하고 일시에 물러나 사라졌다.

그 다음 또 한 통을 따다놓고 슬근슬근 툭 타놓으니 이번엔 박 속에서 수천 명 초라니탈(하회 별신굿 탈놀이에 등장하는 인물로 행동거지가 가볍고 방정맞은 하인)이 나오면서 오도방정을 다 떨었다. 그러고는 일시에 달려들어 놀부놈의 덜미를 잡고 메다꽂으니, 놀부는 거꾸로 서서,

"애고 애고 초라니 형님, 이게 웬일이오? 뭐든지 말씀만 하시면 분부대로 하겠습니다." 하고 손이 발이 되도록 애걸하였다.

그러자 초라니가 호령하였다.

"이놈 놀부야, 돈이 중하냐 목숨이 중하냐?"

"사람 생기고 돈이 났으니 돈이 어찌 중하겠습니까?"

초라니가 다시 꾸짖었다.

"이놈, 그러면 돈 오천 냥만 한 시각 내로 바쳐라."

놀부는 할 수 없이 돈 오천 냥을 내주었다. 그리고 물어 보았다.

"다음 박통 속 일이나 자세히 일러 주소."

"어느 통인지 분명히 생금이 들었으니 다 타보아라."

슬근슬근 툭 다음 박을 타놓으니 박 속에서 수백 명 사당걸사(寺黨乞士)들이 나오면서 작은 북을 두드리며 저희끼리 야단스럽게 놀아나며 소리를 하더니 놀부를 보고 달려들었다.

"옳지! 이놈 이제야 만났구나!"

여러 놈이 놀부의 사지를 갈라 잡고 헹가래를 치니 놀부놈 눈이 뒤집히고 오장이 나오는 듯하였다.
"네 놈이 목숨을 보전하려면 전답 문서 다 바쳐라."
문서 뭉치를 다 내주고 또 다음 박을 탄다.

  전답문서, 즉 밭과 논의 땅문서를 뺏어가는 장면이 나온다. 현대의 등기제도와 조선시대의 땅문서는 어떻게 다른지 위에서 설명한 바 있다. 말도 안 되는 억지 이유를 들어 돈과 전답문서를 뺏어가는 것은 강도죄로 이것도 앞에서 설명하였다.

슬근슬근 툭 타놓으니 박 속에서 수백 명의 왈패들이 밀거니 뛰거니 뛰쳐나왔다. 차례로 앉더니 놀부를 잡아 빨랫줄로 찬찬 동여 나무에 동그마니 달아매고 매질 잘하는 왈패 한 놈을 가려 뽑아 분부하는 것이었다.
"저놈을 사정 두지 말고 세게 쳐라!"
여러 놈이 한쪽으로 놀부를 잡아내어 이 뺨 치며 발로 차고, 뒹굴리며 주무르고 잡아뜯고, 한편으로 주리를 틀며, 매질을 하며, 두 발목을 도지개(틀이 가거나 뒤틀린 활을 바로잡는 틀)에 넣고 트니 복숭아뼈가 우직우직하는 것을 용심지(실·종이·헝겊의 오라기를 꼬아 기름이나 밀을 묻히어 초 대신으로 불을 켜는 물건)에 불을 당겨 발가락 사이에 끼어 단질을 하며, 온갖 형벌을 쉴 새 없이 돌아가며 하니 쇠공이의 아들인들 어찌 견뎌내리오?
"살려 주오! 살려 주오! 제발 살려 주오. 돈 바치라면 돈 바치고 쌀 바치라면 쌀 바치고 계집 바치라면 바칠 것이니 남은 목숨 살려 주오!"

여러 왈패들이 돌아가며 한 번씩 생주리를 틀더니, 그제서야 한 놈이 분부하였다.

"이놈 놀부야, 들어라! 우리가 금강산 구경을 가는데 노자돈이 떨어졌으니, 돈 오천 냥을 바치되 만약에 지체하면 된 급살을 내리리라!"

놀부놈은 어찌나 혼이 났던지 감히 한 말도 대꾸하지 못한 채 돈 오천 냥을 주어 보낸 후에 사지를 제대로 쓰지 못하는 중에도 끝내 허욕을 버리지 못해 당장에 수가 터질 줄로 알고, 엉금엉금 동산으로 기어 올라가서 다시 박 한 통을 따가지고 내려오는 것이었다.

고문금지

박에서 나온 수백 명 왈패들이 온갖 형벌을 가했다는 표현이 나온다. 형벌은 국가만이 과할 수 있는 것이므로 이런 것은 사형(私刑; lynch)이라고 해야겠다. 정상적인 국가기관이라고 하더라도 원문처럼 때리고 주리를 틀거나 하는 것은 고문(拷問)에 해당되며 현대법이 금지하는 것이다. 고문이란 자백을 강요하기 위하여 정신적·육체적 고통을 가하는 것을 말한다. 헌법 §12② 은 "모든 국민은 고문을 받지 아니하며, 형사상 자기에게 불리한 진술을 강요당하지 아니한다."고 규정하였다. 또 형법 §125는 "재판, 검찰, 경찰 기타 인신구속에 관한 직무를 행하는 자 또는 이를

보조하는 자가 그 직무를 행함에 당하여 형사피의자 또는 기타 사
람에 대하여 폭행 또는 가혹한 행위를 가한 때에는 5년 이하의 징
역과 10년 이하의 자격정지에 처한다."고 하였다. 물론 원문에서
는 고문이라기보다 강도를 하기 위한 폭행에 해당된다.

그리고 주춤거리는 인부를 달래어,
"슬근슬근 톱질이야. 당기어라 톱질이야."
슬근쓱싹 박을 쪼개어 놓고 보니 팔도 소경이란 소경은 다 뭉치어 막대기를 닥닥거리며 눈을 희번덕거리고 내달아 꾸짖었다.
"이놈 놀부야! 날려느냐? 기려느냐? 네놈이 어디로 갈 거냐? 너를 잡으려고 안남산, 밖남산, 구계동, 쌍계동, 면면촌촌을 얼레빗으로 샅샅이, 참빗으로 틈틈이, 굴뚝 차례로 두루 널리 찾아 다녔는데 오늘에야 이곳에서 만났구나! 네 우리들의 수단을 한 번 보렷다!"
그러고는 지팡막대를 들어 휘두르니 놀부놈 어찌할 바를 몰라 이리 저리 피하나 여러 소경들은 점을 치며 눈 뜬 사람보다 더 잘 찾아 붙잡는다. 그러니 놀부놈은 달아나지도 못하고 애걸하는 것이었다.
"여보 장님네들, 이게 웬일이오? 사람을 살려 주오. 무슨 일이든 분부대로 하리다."
소경들이 그제서야 놀부를 놓아 주고 북을 두드리며 경을 읽더니, 놀부놈을 지팡이 두드리듯 함부로 치니 놀부놈은 견디다 못해 돈 오천 냥을 내어주고 생각하는 것이었다.
"집안에 돈이라곤 한 푼도 남은 게 없이 가산을 탕진했으니 이젠 살아갈

길이 막연하구나! 이왕 시작한 일이니 끝까지 해보면 설마하니 끝에 가서야 길한 일이 없으랴?"

그러고는 다시 동산으로 올라가서 박 한 통 따다놓고,

"이번 박은 겉을 보건대 빛이 희고 좋으니 이 속엔 응당 보화가 들었을 것이니 정성 들여 타보자!" 한다.

한동안 켜보다가 궁금증이 나서 귀를 기울여 가만히 들어보니 박 속에서 우레 같은 소리가 진동하며,

"비로다! 비로다!" 하므로 무더기로 큰 탈이 또 나는 줄 알고서 톱을 내던지고 달아나려하자 다시 박 속에서 우레 같은 호령이 터져 나왔다.

"너희가 왜 박을 아니 타느냐. 내가 답답하여 잠시도 못 견디겠으니 어서 켜라!"

놀부가 겁을 먹고 물었다.

"'비'라 하시니 무슨 비인지 자세히 말씀하시오."

"이놈, 비로다!"

놀부가 다시 물었다.

"비라 하시니 양귀비입니까? 누구신 줄이나 먼저 알고 박을 마저 켜겠습니다."

"나는 그런 '비'가 아니라 연나라 사람 장비거니와 네가 만일 박을 아니 켜면 무사하지 못하리라."

놀부가 장비라는 말을 듣더니 매우 놀란 듯 목 안의 소리로 말하는 것이었다.

"이를 장차 어찌하면 좋은가? 이번엔 바칠 돈도 없으니 죽는 도리밖에

없나 보다."

박을 타던 인부가 비웃으며 말을 받는다.

"너는 네 죄로 죽거니와 나야 무슨 죄로 죽는단 말이냐? 그런 말 다시 하다가는 내 손에 먼저 죽을 줄 알아라!"

"허튼 소리 말고 어서 타던 박이나 마저 타서 어찌 되나 보세."

마저 타고 보니 별안간 대장군 한 사람이 와락 뛰어 나오는데 얼굴은 숯먹을 갈아 끼얹은 듯이 꺼먼 것이 제비턱에 고리 눈을 부릅뜨고서 장팔 사모 큰 창을 눈 위로 번쩍 들고 인경(조선 시대 통행금지를 알리거나 해제하기 위하여 치던 종) 같은 소리를 우레같이 질렀다.

"이놈 놀부야, 네가 세상에 태어나 부모께 불효요, 형제에게 불목하고 친척과 불화하니 죄악이 네 털을 빼어 세어도 당치 못할 것이다. 천도가 어찌 무심할까 보냐. 옥황상제께서 나를 시켜 너를 '모든 방법으로 한없는 죄를 씻게 하라.'하시기에 내가 특별히 왔으니 견뎌보아라."

그리고는 움파(겨울에 움 속에서 자란, 빛이 누런 파) 같은 손으로 놀부의 덜미를 달려들어 잡고서 공기 놀리듯 하니, 놀부놈은 정신을 잃었다가 다시 깨어나 울며 애걸복걸하였다. 장군은 그 정상을 불쌍히 여겨 꾸짖고 떠나갔다.

"응당 너를 여러 토막 낼 것이지만 십분 생각하고 용서하는 것이니 이후는 어진 동생을 구박 말고 형제 화목하게 살도록 하라."

놀부는 생짜로 경을 치르고 겨우 정신을 수습하자, 다시 동산으로 올라가 보니 박 두 통이 남아 있으므로 한 통을 또 따가지고 내려왔다.

폭행죄

놀부가 타는 박에서 나온 사람들이 돈만 빼앗아 가는 것이 아니라 이번에는 놀부를 공기돌 굴리듯 벌을 주었다. 이것은 폭행죄에 해당된다. 폭행은 타인에게 폭력을 행사하는 것을 말한다. 형법 §260①은 "사람의 신체에 대하여 폭행을 가한 자는 2년 이하의 징역, 500만 원 이하의 벌금, 구류 또는 과료에 처한다."고 규정하였다.

원문에는 정확히 설명되어 있지 않은데 놀부가 다쳤는지에 따라 적용 법조문이 달라진다. 폭력을 가할 때부터 다치게 할 의도가 있었다면 상해죄에 해당된다(**형법 §257①**). 다치게 할 생각은 없었으나 폭행의 결과로 다쳤다면 폭행치상죄에 해당된다(**형법 §262**). 내심의 의사에 따라 달라지니 이론상 둘을 구분하는 것은 매우 어렵다. 하지만 실제에 있어서 폭행치상은 상해죄에 준하여 처벌하므로 차이는 없다. 단순 폭행죄는 2년 이하의 징역이지만, 상해죄나 폭행치상죄는 7년 이하의 징역으로 형량이 높다. 형법상 폭력은 여러 종류가 있다. 앞서 말한 강도를 위한 폭행은 강도죄에 포함되어 3년 이상의 유기징역(**형법 §333**)에 해당되므로 더 무겁게 처벌된다.

"슬근슬근 톱질이야, 당겨 주소 톱질이야. 이 박 켜거들랑 금은보화 사태같이 나오너라. 흥부같이 살아 보리라."

놀부 계집이 곁에 서 있다가 한 마디 던지는 것이었다.

"다른 보화는 많이 나오되 흥부 아주버니같이 첩만은 나오지 마소서."

놀부는 당장에 꾸짖었다.

"가산을 탕진하고 살림이 결단나서 상거지가 된 것이 샘이 어디서 나오는고. 소란스럽게 굴지 말고 한편 구석에 가 있거라!"

밀거니 당기거니 슬근슬근 타며 귀를 기울여도 이번에는 아무 소리도 들리지 않으므로 놀부놈 매우 기꺼워하며 인부에게 말하는 것이었다.

"이번엔 다 켜도 아무 소리가 없으니 아마 수가 터질 박이렷다!"

그러고는 급히 타며 안을 들여다보니 아무것도 없고 다만 평평할 뿐이므로 놀부가 기꺼워할 즈음에,

인부는 속으로,

'여러 박통마다 탈이 났으니 이 박이라고 어찌 무사하랴?' 하고는 소피 보러 가는 체하며 도망쳤다.

놀부는 인부를 기다리다 못해 박통을 도끼로 쪼개고 보니 아무것도 없고 다만 허연 박속이 먹음직하므로 제 계집 시켜 끓이게 하였다.

그리하여 온 집안 식구가 한 사발씩 달게 먹고 나니 놀부는 배가 붕긋하여 게트림을 하며 부인에게 말하였다.

"그 국 맛이 매우 좋아, 당동!"

"글쎄요, 그 국 맛이 매우 유명하오. 당동!"

놀부의 자식들이 제 어미를 부르면서 말하였다.

"이 국 맛이 좋소, 당동!"

놀부가 다시 말하였다.

"글쎄요? 나도 그 국을 먹고 나니 당동 소리가 절로 나오. 당동!"
놀부의 자식이 말하였다.
"어머니 우리들도 그 국을 먹고 나니 당동 소리가 절로 나오. 당동!"
"오냐 글쎄 그렇구나. 당동!"
놀부는 은근히 화가 치받쳐서 꾸짖었다.
"너무 요망스럽게 굴지 마라! 당동! 무슨 국을 먹었다고 당동하노? 당동!"
놀부 계집이 맞장구를 쳤다.
"그 말이 옳소! 당동!"
놀부의 딸도 당동, 아들도 당동, 머슴놈도 당동, 놀부 마누라도 당동, 온 집안 식구가 저마다 당동거리니 무슨 가야금이라도 뜯으며 풍류하는 것 같았다.
'부자가 되려고 박을 심었다가 허다한 재산을 다 없애고 전후에 없는 고생을 하고 매를 맞고, 끝판에 와서는 온 집안 사람이 당동 소리로 병신이 되었으니 이런 분하고 원통한 일이 어디 있으리오? 당동!'

 근로계약

　놀부가 불러온 인부가 계속되는 재앙이 무서워 도망가 버리는 이야기가 나온다. 돈을 주고 일을 시키는 일은 근로계약이라고 할 수 있다. 일정한 근로와 그 대가로 얼마의 돈을 주는지 약속한 것이다. 인부가 먼저 근로제공을 포기하고 달아났으므로 놀부는 돈(임금)을 줄 필요가 없다. 계약의 경우 서로의 의무를

동시에 하자고 할 수 있다. 이를 동시이행의 항변권이라고 한다. 실제로는 어느 편이 조금 먼저 하게 된다. 시차가 있을 수밖에 없는 경우 누가 먼저 할지는 결국 양측의 합의에 따를 수밖에 없다. 예컨대 인터넷으로 중고물건을 사고 팔 때, 돈을 먼저 입금할 것인지, 물건을 먼저 받고 돈을 송금할 것인지 합의가 이루어져야 한다. 기술적으로는 안심결제 등 한 쪽이 일방적으로 먼저 받고 자기는 이행하지 않을 수 없도록 하는 장치들이 많이 개발되어 있다. 물론 인부가 도망간 이유가 생명의 위협을 느껴서이므로 근로환경을 제대로 제공하지 못한 사용자(놀부)의 책임이 인정될 수 있겠다.

놀부는 홀로 신세를 생각하니 분한 김에 낫을 들고 단숨에 동산으로 치달아 올라갔다. 그리고 박덩굴을 노려보며 헤치니 덩굴 밑에 박 한통이 남아 있었다. 자세히 보니 크기는 인경(조선시대 통행금지를 알리기 위해 치던 종)만하고 무게가 천근이나 될 것 같았다. 그것을 본 놀부놈은 치받치던 분한 생각은 깨끗이 잊어버리고 허욕이 번쩍 나서 혼자 지껄이는 것이었다.
"그러면 그렇지. 이제야 보물이 든 박을 얻었구나! 무게로 쳐도 금이 많이 든 모양이요, 재물도 많이 들어 있으므로 남의 눈에 띄지 않으려고 덩굴 속에 숨어 있는 것을 모르고 공연히 한탄만 했구나!
먼저 박통에서 나온 초라니 말이,
'금이 들기는 어느 박통에 들었다.'하더니, 그 양반 말이 과연 옳다. 황금이 든 박이 예 있을 줄 알았더라면 다른 박은 타지 말고 이 박 먼저 켰을 것을……."

그러고는 기쁨을 스스로 이기지 못해 그 박을 따 가지고 내려오며 흥얼거렸다.

"좋을 좋을 좋을씨고? 지화자 좋을씨고!"

슬근슬근 타다가 반쯤 켜고 우선 궁금증이 나서 박 속을 기웃이 들여다보니 그 속이 아주 싯누런 것이 온통 황금 같으므로 놀부놈 좋아라 한다.

"수 났구나! 그럼 그렇지! 마누라, 자네도 이 박 속을 들여다보게. 저 누런 것이 온통 황금일세."

놀부 아내가 한동안 코를 훌쩍거리더니 되물었다.

"누런 것을 보니 금인가 싶소만 그 속에서 구린내가 물큰물큰 나니 그게 웬일이오?"

놀부가 말하였다.

"자네도 어리석은 소리 작작하게. 박이 더 익고 덜 익은 것이 있을 것 아닌가. 이 박은 아주 무르익었으므로 구린내가 나는 것을 모른단 말인가? 어서 타고 보세."

슬근슬근 거의 타다가 놀부 부부 궁금증이 또 나므로 톱을 멈추고 양편에 마주앉아 들여다보는데 별안간 박 속으로부터 모진 바람이 쏟아져 나오며 벼락같은 소리가 나더니 똥줄기가 무자위(물을 높은 곳으로 퍼 올리는 기계)에서 나오는 물줄기처럼 쏟아져 나오는 것이었다.

놀부 부부는 피할 사이도 없이 똥벼락을 맞으며 나동그라졌다. 똥줄기는 천군만마가 달려오듯 태산을 밀치고 바다를 메울 듯 터져 나와 삽시간에 놀부집 안팎채가 똥으로 그득하게 되자 놀부 부부는 온 몸이 황금덩이가 되어 달아났다. 멀찍이 물러나서 뒤돌아보니 온 집안이 똥에 묻혀있는 것이었다.

놀부가 기가 막혀 발을 동동 구르며 탄식하였다.

"여보 마누라, 이 노릇을 어찌하면 좋단 말이오? 재물을 얻으려다 재물을 탕진하고 끝장은 똥더미로 의복 한 가지 없게 되었으니 앞으로 어떻게 살아간단 말이오? 애고 답답하고 서러워라."

이때 앞뒷집에 사는 양반네들 제 집까지 똥이 밀려와서 그득하게 쌓이게 되자 그 양반들이 고두쇠를 벼락같이 부르더니 분부하는 것이었다.

"빨리 가서 놀부놈을 잡아오너라!"

고두쇠가 새총알 같이 달려가서 놀부놈의 덜미를 퍽퍽 눌러 짚고 풍우같이 몰아다가 생원님들 앞에 꿇어 앉혔다.

"이놈 놀부야, 들어라! 양반댁에 쌓인 똥을 해지기 전에 다 쳐내지 못하면 죽을 줄을 알아라!"

놀부놈은 기왓장 위에 꿇어앉은 채 계집을 시켜 돈 오백 냥을 갖다놓고 거름 장사들을 닥치는 대로 불러다가 삯전을 후히 주고 똥을 쳐낸 다음에야 겨우 풀려났다.

 과실책임

놀부네 앞뒷집에 사는 양반들이 자기네 집에까지 들어온 오물을 치우라고 놀부를 압박하자 놀부가 거름 장사들을 시켜 치우는 장면이 나온다. 그 양반들 집에 오물이 가득차게 된 원인이 놀부 때문이므로 당연히 놀부가 책임을 져야 한다. 고의 또는 과실로 인한 가해행위에 대해서만 손해배상 책임을 지게 하는 것을 과실책임의 원칙이라고 한다. 놀부가 고의로 한 것은 아니지만 욕심을 부려 박을 타다가 벌어진 일이므로 책임을 지고 원상회복 및 손해배상을 해야 한다. 물론 여러 가지 이유로 인해서 무과실책임주의가 적용되는 분야도 있다. 산업재해, 제조물책임, 국가의 영조물책임 등이 있는데 자세한 것은 전공 교과서를 참조하자.

놀부 내외 서로 붙들고 갈 곳이 없어 통곡하는데, 이때 건너 마을 흥부가 형이 패가망신했다는 말을 듣고 급히 노복을 거느리고 와서 놀부 부부와 조카들을 데리고 제 집으로 돌아왔다.
그리고 흥부는 안방을 치우고 형님 내외를 거처케 한 다음 음식을 후히 내어 대접하며 위로하고, 한편으로 좋은 터를 잡아 수만금을 아낌없이 들여 집을 짓되 제 집과 같게 하고 세간이며 의복 음식을 똑같게 하여 그 형을 살게 하여 주었다.
그러자 비록 놀부 같은 몹쓸 놈일망정 흥부의 어진 덕에 감동하여 전날의 잘못을 뉘우치고 형제가 서로 화목하게 지내게 되었다.
흥부 내외는 부귀다남(富貴多男 재산이 많고 지위가 높으며 아들이 많음)하여 나이 팔순에 이르도록 장수하며 자손이 번성했는데 모두가 사람됨이 빼어나서 대대로 풍족하니, 그 후로 사람들이 흥부의 덕을 칭송하여 그 이름이 백 년이 지나도록 사라지지 않았다.

법의 관점

　흥부전의 해피엔딩이 나와 있다. 전통적으로 흥부는 착해서 복을 받고, 놀부는 못되어 고생고생 하다가 흥부에게 얹혀살게 되면서 개과천선하여 착한 사람이 되었다는 이야기로 생각한다.

　하지만 관점에 따라 다르게 볼 여지가 있다. 흥부는 법적으로 주어진 권리를 실현하지 못하고 포기한 사람이다. 현재라면 처자식이 동의하지 않을 가능성이 높다. 적어도 유류분을 찾기 위하여 소송을 제기했으리라. 경제력도 없으면서 아이들을 많이 낳은 것도 무책임하다고 비난받을 만하다. 아이들이 많은 것으로 봐서 결혼하고 나서 시간도 많이 흘렀으리라고 짐작된다. 그런데도 별 생계대책도 마련하지 못한 채 형에게 의지하려는 것도 바람직한 것은 아니다. 이에 반하여 놀부는 나쁜 짓을 많이 했지만 원전에서처럼 재산을 다 빼앗길 이유는 별로 없다. 즉 본받을 만한 사람은 아니지만, 그렇다고 권리를 보장해줄 필요가 없거나 법적으로 제재를 받아야 할 사람은 아니라고 할 수 있다.

　법적으로 어떤 다툼이나 판단이 필요할 때, 다양한 관점에 따라서 다른 결론이 내려질 수 있다. 이를 학설(學說)이라고 한다. 지지하는 사람이 많고 적으냐에 따라 다수설과 소수설로 나뉜다. 반대의견이 없는 경우 통설이라고 부르기도 한다. 재판을 할 때는 수많은 관점과 견해들 중에서 선택하여 결론을 내려야 한다. 따라서 재판도 100% 옳은 것이라고 할 수는 없고, 얼마든지 비판이 가능하다. 일반인이나 법을 처음 공부하는 사람이라면 다수설을 알면 충분하다. 판례는 국가기관인 법원의 판단으로 실제 사건에서 내려지는 결론이므로 중요하다. 법원의 재판은 심급제에 의하여 여러 번 진행될 수 있으므로, 일반 사건의 경우 최상급 법원인 대법원의 판례가 중요하다.

여기서 흥부전을 마친다. 다음에 읽어볼 콩쥐팥쥐전에서는 어떤 법적 문제들이 전개될지 궁금하다.

V. 콩쥐팥쥐전

1. 콩쥐와 심청 또는 신데렐라?

콩쥐팥쥐 설화는 계모 밑에서 갖은 학대를 받던 콩쥐가 감사(원님)와 혼인하게 되고, 콩쥐를 괴롭히던 팥쥐와 계모는 벌을 받는다는 내용이다. 그런데 이 이야기는 서구에서 '신데렐라'(Cinderella)라는 이름으로 널리 알려진 설화인데, 중국의 옛 문헌에도 비슷한 이야기가 실려 있다. 콩쥐팥쥐 설화가 채록되면서 고전소설로 재탄생하게 되었다. 그러면서 「신데렐라 이야기」 일반과 그대로 일치하는 전반부와 서구형 「신데렐라 이야기」에는 없는 독특한 구성의 후반부가 생겨났다. 이는 한국인의 재생 관념과 권선징악이라는 윤리 의식이 작용하여 형성화된 것이라고 할 수 있다(한국민족문화대백과사전, 콩쥐팥쥐설화 http://encykorea.aks.ac.kr/Contents/Item/E0058657 검색

2021.5.16).

　그런데 설화라는 것이 한 민족 사이에 구전되어 오는 이야기를 말하는 것이므로 우리나라 안에서도 이야기들 사이에 비슷한 점을 많이 발견할 수 있다. 콩쥐팥쥐 이야기는 심청전과도 매우 비슷한 줄거리를 가지고 있는 것이 특이하다. 따라서 심청전에서 법적 의미를 설명한 장면들은 가능하면 피하려고 노력하였으나 어쩔 수 없이 중복되는 부분도 있다. 또 춘향전이나 홍길동전과 비슷한 장면도 여럿 있으나 이 책은 법률문제를 많이 접해보기 위한 것이므로 복습하는 의미라고 생각하자. 원문은 http://www.davincimap.co.kr/davBase/Source/davSource.jsp?Job=Body&SourID=SOUR001972을 기본으로 하되 너무 옛날 표현은 현대어로 바꾸어 실었음을 밝혀둔다.

조선 시대 중엽, 전라도 전주 서문 밖에 최만춘이라는 한 퇴직 관리가 아내 조씨와 이십여 년을 같이 살아왔건만 슬하에 자식이 없어 근심하며 기도와 불공도 하고 곤궁한 사람에게 적선도 하였는데, 그러는 사이에 하늘이 감동하였는지 하루는 부부가 신기한 꿈을 얻고 이내 부인에게 태기가 있었다.
열 달이 차자 갑자기 그윽한 향기가 방 안에 감돌며 문득 한 옥녀를 낳았으니, 딸아이의 이름을 콩쥐라 지어 애지중지 길렀다. 그러나 그 모친의 천명이 그만이었던지 조물주의 시기함인지 콩쥐가 태어난 지 겨우 백일 만에 조씨 부인이 세상을 하직하게 되니, 최만춘은 뜻하지 않게 중년에 홀아비 신세가 되어 버렸다.
만춘은 외롭고 쓸쓸할 때면 죽은 아내를 생각하여 눈물을 흘리며 어린 콩쥐를 안고 다니면서 동네 아낙네들의 젖을 얻어 먹였다. 그러나 하루 이틀도 아니고 수 년을 그랬으니 그 고생이 어떠하였을 것인가? 만약 죽은 어미의 혼이 있어 철모르는 콩쥐가 젖 찾는 소리를 들었더라면 그 흘리는 눈물이 변하여 비라도 되었으리라.

 친권의 의무성

몰락한 양반이었던 심청전의 심봉사와 비슷하게 퇴직 관리였던 최만춘이 결혼생활 20년 만에 자식을 낳았는데, 그게 콩쥐였다. 그런데 아기 낳고 100일 만에 부인이 죽고 말았다. 부모는 미성년자인 자식의 친권자이다(민법 §909①). 친권은 부모가 공동으로 행사하지만(민법 §909②), 콩쥐 엄마가 콩쥐를 낳고 백일 만에 죽었으니 아빠인 최만춘이 친권을 행사할 수밖에 없다. 친권(親權)이라 하여 권리라고 부르지만 보호와 교양(教養 가르치고 양육하는 것)이라는 의무가 결합된 '권리의무'다(민법 §913). 거소(居所 사는 곳)를 지정할 수 있지만(민법 §914), 부모에게 특별히 이익이 돌아오는 권리라고 하기 어렵다. 더구나 요즘 자식들은 부모 말을 잘 듣지 않기 때문에 이른바 '가출청소년'이라는 말이 뉴스에 많이 등장하는 것이다. 진화심리학에 따르면 DNA의 다양성을 위하여 청소년들이 부모에 반항하고 집을 뛰쳐나가서 다른 사회에 속한 배우자를 찾는 것이라고 한다. 홍길동전의 '거소지정과 징계권'을 참조하자.

하루는 콩쥐가 으슥한 깊은 밤에 빈 방에서 두 팔을 허우적거리며 어미를 찾으니 최만춘의 마음은 그대로 녹는 듯하였다. 그러나 그런 고생도 한 해가 가고 두 해가 가니, 쉬지 않고 흐르는 것이 세월이라, 어린 콩쥐의 나이 십여 세에 이르게 되었다. 그러자 오히려 이제는 고생이 호강으로 바뀌어 그 딸이 지은 밥을 먹고 그 딸이 지은 옷을 입게 된 것이다.

이제 콩쥐가 커서 아버지를 돌보게 되었다. 물론 요즘 세상이라면 10대 초반이면 아직 응석이나 부릴 나이지만 옛날이야기니까 그럴 수도 있겠다. 민법에 따르면 '직계혈족 및 그 배우자 간'에는 서로 부양(扶養)의 의무가 있다(민법 §974 i). 그런데 이 부양의 의무는 부양을 받을 자가 자기의 자력 또는 근로에 의하여 생활을 유지할 수 없는 경우에 한하여 이를 이행할 책임이 있다(민법 §975). 콩쥐 아빠 최만춘이 심청전의 심봉사처럼 생활능력이 없었다는 이야기는 없으므로 콩쥐의 행위는 법률상 의무로서가 아니라 그냥 착해서 효도를 한 것으로 이해하면 되겠다.

콩쥐가 열네 살이 되던 해에 최만춘은 배씨라는 과부를 얻어 금실의 즐거움을 얻게 되었다. 그리하여 최만춘은 모든 집안일을 배씨에게 맡기고 살림이 어떻게 되어 가는지 몰랐다. 이때부터 콩쥐는 남모르게 고생을 하게 되었고 설움이 아니면 날을 보내지 못하는 신세가 된 것이다.
원래 배씨는 시집을 갔다가 팥쥐라는 딸 하나를 낳은 후 남편을 여의고 과부가 되었는데, 좋은 중매로 최씨의 가문에 들어온 터였다. 그러나 천성이 요사 간악 사특하였으며, 그 딸 팥쥐 역시 마음이 곱지 못하고 얼굴조차 덕스럽지 못하였다. 그런 만큼 터무니없는 모함으로 고자질하기가 일쑤요, 콩쥐가 잘못 되는 것을 자기가 잘 되는 것보다 기분 좋게 생각하였다. 그리하여 모녀 사이에 소곤거림이 그치면 콩쥐의 신변에는 참혹한 일이 벌어졌다. 그러나 그 부친은 한번 배씨가 눈에 든 다음부터는 배씨의 말이라면 팥으로 메주를 쑨다 해도 곧이듣게 되니, 허물없는 콩쥐를 오히려 구박하여 마지아니하였다.

 부모의 재혼과 가족관계

콩쥐 아빠 최만춘과 배씨 부인이 재혼하는 이야기가 나온다. 민법상 배우자 있는 자는 다시 혼인하지 못한다(민법 §810). 중혼, 즉 이중결혼은 금지된다. 최만춘과 배씨 부인은 각자 결혼한 후 사별한 상태이므로 결혼하는 데 법적인 문제는 없다. 문제는 콩쥐와 새엄마, 최만춘과 팥쥐의 관계이다. 별도로 입양절차를 거치지 않는다면 콩쥐와 새엄마는 친권·부양·상속 등 부모와 자녀 사이의 권리와 의무가 생기지 않는다. 이런 경우에 함께 산다면 세대별 주민등록표에 세대주를 기준으로 '배우자의 자녀'로 기재된다(주민등록법 시행령 §6 참조). 즉 법적으로는 남남이라고 할 수 있다. 하지만 원문에서는 콩쥐가 배씨 부인을 친어머니처럼 깍듯이 대우하므로 법원의 허가를 받아 입양하여 친자관계가 생겼다고 가정하고 읽어나가자.

하루는 배씨가 두 딸을 불러 놓고,

"시골 사는 계집애가 농사일을 몰라서는 목구멍에 밥알이 들어가지 않으니 콩쥐는 오늘부터 들판으로 김을 매러 다녀라. 팥쥐는 너보다 한 살 덜 먹었고 아직 어린 것이라 어찌 김을 맬 수 있으랴만 그렇다고 집에 있으면 콩쥐가 '제 자식만 사랑한다.' 할 것이니, 팥쥐 너도 오늘부터 김을 매러 다니도록 해라."

하고 팥쥐에게는 쇠호미를 주어 집 근처 모래밭을 매게 하고, 콩쥐에게는 나무호미를 주어 산비탈에 있는 자갈밭을 매게 하는 것이었다.

콩쥐는 점심도 먹지 못하고 호미도 나무로 만든 것이라 밭 한 고랑도 못 매어서 호미목이 부러져 버리니, 마음씨 나쁜 계모로 말미암아 기를 펴지 못하는 콩쥐의 마음이야 어찌 다 형언할 수 있으랴? 집에 돌아가면 호미를 부러뜨린 것도 죄목이 될 것이며 김을 얼마 매지 못한 것도 허물이 될 터이니 저녁은 별수 없이 굶게 될 형편이다. 어리고 약한 마음에 천지가 아득하여져 어찌할 줄을 모르고 울고만 있었다.

 공평과 법적 문제

이제 본격적으로 새엄마가 콩쥐를 구박하는 장면들이 나온다. 팥쥐도 똑같이 밭일을 시키되 팥쥐에게는 쇠호미를, 콩쥐에게는 나무호미를 주었다고 한다. 같은 자식인데 공평하지 않아 보인다. 하지만 반드시 그럴까? 나무호미를 직접 본 적은 없지만, 이것이 정말 심각한 구박인지는 생각하기에 따라 다를 수도 있겠다. 예를 들어 쇠호미는 녹슬고 낡아서 상태가 아주 엉망인데 비해서, 나무호미는 튼튼한 박달나무로 깎아 만든 것이라면 문제가 달라진다. 집근처 모래밭은 물이 차서 진창이고, 산비탈 자갈밭은 부드러운 부엽토에다가 작은 돌들이 좀 섞여있는 곳일 수도 있다. 그러므로 모든 법적 문제는 단순히 OX문제(흑백문제)가 아니라 여러 가지 경우가 있을 수 있다는 점을 잊지 말아야 한다. 신문이나 인터넷에서는 복잡한 사건을 단순화해서 소개하는 경향이 있으므로 이들을 보고 사건의 법적 결말을 쉽게 단정 지으면 안 되는 이유다.

그럴 즈음 홀연히 하늘에서 검은 소 한 마리가 내려오더니 콩쥐를 보고 묻는 것이었다.
"너는 무슨 일이 있기에 그토록 우느냐? 내게 자세한 이야기를 해 보아라."
콩쥐가 전후 일을 이야기하자 검은 소가 말하였다.
"그렇다면 너는 곧장 하탕에 가서 발 씻고, 중탕에 가서 손 씻고, 상탕에 가서 낯 씻고 오너라."
콩쥐는 그 말대로 손발과 얼굴을 씻고 한참 후에 돌아왔다. 그러자 이미 밭을 다 갈아 놓은 검은 소는 좋은 호미와 온갖 과실을 치마폭에 싸 주고는 홀연히 사라져 버리는 것이었다.
콩쥐는 그것을 받았으나 아버지께도 보여 드리고 어머니께도 이야기하며 팥쥐와도 똑같이 나누어 먹겠다는 생각으로 하나도 입에 넣지 않았다. 그리고 남은 밭일을 정리하고 집으로 돌아왔다. 그러나 벌써 문은 굳게 닫혀 있었고, 안에서는 계모와 팥쥐와 함께 앉아 맛있게 저녁밥을 먹고 있는 것 같았다.

콩쥐는 과실을 문틈으로 죄다 들이밀고서야 안으로 들어갈 수 있었다. 그러나 그것뿐이라면 오히려 괜찮겠으나 통째로 빼앗긴 그 과실로 말미암아 도리어 콩쥐의 신상에 큰 액운이 덮치게 되었다. 대번에 배씨의 호령이 떨어졌던 것이다.

 증여

콩쥐가 울고 있을 때 하늘에서 내려온 검은 소가 콩쥐를 도와 밭을 매고 호미와 과실을 주고는 사라진다. 여기서 문제 하나! 검은 소가 콩쥐에게 주고 간 것은 무엇일까? 우리는 검은 소가 나중에 다시 와서 "지난번에 준 것 돌려 달라."고 할 리가 없다는 것을 잘 안다. 즉 꾸어준 것이 아니라 그냥 아주 준 것이다. 대가 없이 주는 것을 법적으로는 증여(贈與)라고 한다. 물론 일부 부담을 안고 받는 경우도 있을 수 있는데 이러한 경우는 부담부증여(負擔附贈與)라고 한다. 법률용어를 사용하여 문제를 다시 말하면, "검은 소가 콩쥐에게 증여한 것은?"이 되겠다. '호미와 과실(과일)'은 쉽게 알 수 있다. 그런데 '밭을 갈아 준 행위' 즉 노무(勞務)의 제공도 증여의 대상(목적물)이 된다. 따라서 정답은 '밭을 갈아주고 호미와 과실을 준 것'이다. 그밖

에 권리의 양도나 채무의 면제도 증여의 대상으로 볼 수 있다. 증여는 어떤 것을 일방적으로 상대방에게 줄 수 있는 것이 아니며, 계약의 일종이다(민법 §554). 즉 받는 사람(수증자 受贈者)이 받겠다는 의사표시를 해야 증여계약이 성립하고, 주는 사람(증여자 贈與者)은 줘야할 의무가, 수증자는 받을 권리가 생긴다. 즉 계약에 따라 법적 권리의무관계가 생기는 것이다. 한편 미성년자인 콩쥐는 부모(법정대리인)의 동의 없이 법률행위를 할 수 없다. 그렇다면 콩쥐는 검은 소로부터 이런 것들을 마음대로 받지도 못한단 말인가? 그렇지는 않다. 민법은 "미성년자가 법률행위를 함에는 법정대리인의 동의를 얻어야 한다. 그러나 권리만을 얻거나 의무만을 면하는 행위는 그러하지 아니하다(민법 §5①)."고 규정하였다. 따라서 콩쥐는 수익만을 얻는 경우에 해당되므로 콩쥐는 부모의 의사와 관계없이 증여를 수락할 수 있다.

"콩쥐야, 이 년! 이리 오너라. 네 이 년, 어른이 시켜서 김인지 먼지 매러 갔으면 일찍 마치고 돌아와서 밥도 먹고 또 다른 일도 해야 할 게 아니야, 그래 여태껏 무엇을 했느냐? 그리고 과실은 어디서 났단 말이냐? 이게 분명 불공에 쓰는 과실 같은데 저 년이 분명 아무 절 중놈에게 얻은 것이지!
네 그렇지 않고서야 어디서 났단 말이냐? 계집애년이 나이 열댓 살 가까워오니까 벌써부터 지나가는 행인을 홀려 먹는단 말이냐? 이런 일을 너의 아버지께서 알아 봐라! 큰일이 나지 않겠느냐? 얘 팥쥐야. 이걸 빨리 먹어 버리고 아버지 눈에 띄지 않게 해라. 눈에 띄는 날이면 언니 년은 죽는 날이다. 언니는 실컷 먹었을 터이니 그만두고 너나 얼른 먹어치워라."

 공갈죄

콩쥐의 새엄마는 콩쥐가 얻어온 과실을 '지나가는 행인을 홀려' 얻은 것으로 단정적으로 말하면서 "아버지 눈에 띄면 콩쥐는 아버지에게 맞아 죽게 된다."는 식으로 콩쥐를 겁을 줘서 얻어온 과실을 모두 팥쥐에게 주게 한다. 형법상 공갈죄(형법 §350)에 해당한다. 콩쥐가 겁을 먹고 알아서 준 것이 아니라 강제로 빼앗았다면 강도죄가 된다(형법 §333). 과실을 빼앗지는 않고 단순히 겁만 주었다면 협박죄(형법 §283)가 되고, 겁을 줘서 뺏은 것이 아니라 속여서 빼앗았다면 사기죄(형법 §347)가 된다. 자세한 것은 형법 각론을 공부해야 하니 생략한다.

콩쥐는 밥도 얻어먹지 못하고 그 날 밤을 눈물로 새웠다. 그로부터 콩쥐에게는 뜻밖의 일과 새로운 고생만이 끊임없이 닥쳐왔다. 하루는 계모 배씨가 콩쥐에게 새로운 일을 시키는 것이었다. "오늘은 부엌의 빈 독에 물을 길어다 채워 놓아라." 콩쥐는 그 말대로 물을 길어다 부었다. 그러나 아무리 길어다 부어도 어찌된 독인지 차지를 않았다. 아침부터 진종일 물을 길어 나르다 보니 기운이 빠져서 진땀이 흐르고 고개가 부러지는 것만 같아서 더 물을 길을 수가 없었다. 그렇다고 물을 채우지 않을 수는 없었다. 그래 다시 방구리(물을 긷는 질그릇)를 머리에 얹고 우물로 가려는데 마당 한쪽에서 맷방석만한 두꺼비 한 마리가 엉금엉금 기어오더니 버럭 소리를 질러 말하는 것이었다.

"콩쥐야, 콩쥐야. 네 암만 물을 길어 부어도 그 독은 밑 빠진 독이라 결코 차지 않을 테니 그렇게 혼자 애쓰지 말고 이르는 대로 해라. 그 독의 틈이 손가락 하나 들락거릴 만하다. 네가 그 독을 조금 기울여 주면 내가 그 속에 들어가 한동안 수단을 부리겠다."

그러나 콩쥐는 백 번 사양하며 듣지 않았다.

"내가 타고난 고생을 어찌 남에게 미룰 수 있겠니?"

그러자 두꺼비가 성을 버럭 냈다.

"나도 그런 생각이 없는 바는 아니나 너같이 마음씨 고운 아이를 너의 계모가 일부러 고생시키려고 하는 것이다. 그런데 나로 말하면 인간과 인연이 깊어 몇 백 년 나이를 누리며 살아오고 있는 터이므로 나 같은 늙은 것이 그와 같은 일을 돌보지 않을 수가 없어서 각별히 온 것이다. 그런데 네가 어찌 거절하여 이 늙은 것의 깊은 뜻을 업신여기느냐?"

이에 콩쥐는 사례하고 그 물독을 기울여 두꺼비가 엉금엉금 기어 그 밑으로 들어가게 해 주었다. 그리고 독을 바로잡아 놓은 다음 물을 길어다 부으니, 과연 몇 차례 안 해서 독에 물이 가득 찼으므로 계모 배씨에게 물독을 채웠노라고 아뢰니, 배씨는 겉으로 좋아하는 모양을 보였으나 속으로는 이상한 생각을 품지 않을 수 없었다.

'저것이 일전에도 난데없는 과실을 얻어오는 게 수상하더니 이번엔 밑 빠진 독에 물을 채워 놓았으니, 아무래도 저 년을 그냥 두었다 간 큰일 나겠다. 도대체 저 년이 어떻게 된 계집애이기에 남이 할 수 없는 일을 해내는 것일까?'

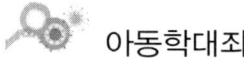 아동학대죄

  앞에서 물건 뿐 아니라 노무(勞務)의 제공도 증여의 목적물이 될 수 있다고 설명하였다. 또한 증여는 계약이라고 하였다. 두꺼비가 '밑 빠진 독의 틈을 메우는 행위'를 증여하고자 하였으나 처음에는 콩쥐가 이를 거절하여 계약이 성립하지 않았다. 즉 계약은 두 당사자가 계약의 내용에 합의하여야 성립하는데 콩쥐가 두꺼비의 증여를 받기를 거절한 것이다. 그렇지만 두꺼비가 화를 내면서까지 거듭 말하자 이를 받아들이기로 하였다. 비로소 계약이 성립한 것이다. 이때부터 두꺼비는 독의 틈을 막아 콩쥐를 도와줘야 하는 의무가 생기고, 콩쥐는 그러한 행위를 요구할 수 있다. 만약에 두꺼비가 독 밑으로 들어가다가 너무 아파서 '콩쥐를 도와주는 것은 좋은데… 아무 대가도 없이 이런 고통을 받기는 싫군…' 하고 도와주기를 그친다면 어떻게 될까? 법적으로 콩쥐는 계속 도와달라고 요구할 권리가 있는 것이다. 물론 콩쥐는 착하니까 그런 상황이 되어도 억지로 도와달라고 하지는 않을 것 같지만 적어도 법적으로는 그렇다.

  계모가 콩쥐를 괴롭히는 것은 아동학대에 해당될 수 있다. 아동이란 18세 미만인 사람을 말하며(아동복지법 §3 i), "아동학대"

란 보호자를 포함한 성인이 아동의 건강 또는 복지를 해치거나 정상적 발달을 저해할 수 있는 신체적·정신적·성적 폭력이나 가혹행위를 하는 것과 아동의 보호자가 아동을 유기하거나 방임하는 것을 말한다(아동복지법 §3ⅶ). 돌밭을 매게 하거나, 밑 빠진 독에 물을 길어 채우라는 것이 아동학대로 해석될 수 있다. 「아동학대범죄의 처벌 등에 관한 특례법(2021)」에 따라 처벌될 수 있다. 물론 실제 처벌로 이어지려면 단순한 일회성 행위뿐 아니라 여러 가지 요소를 모두 따져보아야 한다. 단순히 동생에 비하여 일을 많이 시키는 정도로 곧바로 아동학대범죄라고 하기는 어렵기 때문이다. 요즘 많이 발생한 아동학대 사건은 입양아나 친자에 대하여 신체적 폭력을 가한 사건들이었다. 물론 그 이전에 아동에 대한 언어적·정서적 학대가 있었음은 당연하다. 그나마 콩쥐의 계모는 신체적 폭력을 가하지는 않아서 다행이다.

2. 감사부인이 된 콩쥐

그럭저럭 세월을 보내는데 콩쥐의 외갓집 조씨 댁에서 무슨 잔치가 있어 콩쥐를 불렀다. 그러자 염치도 없고 인사도 모르는 계모 배씨는 큰 마누라 본가 잔치에 무슨 체면으로 나서려는지 콩쥐는 젖혀 놓고 제가 먼저 날뛰는 것이었다.
"콩쥐야, 너는 집이나 보도록 해라. 내가 잠시 다녀올 테니 만약 너도

가고 싶거든 베 짜던 것이나 마치고 말리던 겉피(껍질을 벗기지 않은 피) 석 섬만 찧어 놓고 오도록 해라."

그리고는 비단 저고리를 꺼내 입고 싸두었던 진신(생가죽을 기름에 절여서 만든 진 땅에서 신는 신)을 꺼내 신고 한동안 수선을 피우며 맵시를 내더니 팥쥐만 데리고 떠났다.

하는 수 없이 콩쥐는 혼자 처져서 눈물을 흘리며 겉피 석 섬을 마당에 널어놓고 베틀 위에 올라앉아서 짤깍짤깍 짜기를 시작하였다. 그러나 무슨 재주로 짧은 시간에 한 필 베를 짜며 석 섬 겉피를 찧으랴? 콩쥐는 얼마나 울었던지 정신을 못 차릴 지경이었다. 그런데 이게 웬일인가? 콩쥐가 한 번도 보지 못한 예쁜 여인이 찬란한 비단옷을 곱게 차려 입고 신기한 향내를 풍기며 뚜렷한 모습으로 베틀 앞에 다가서며 콩쥐를 보고 베틀에서 내려오기를 재촉하는 것이었다.

"내가 비록 재주는 없으나 베틀을 빌린다면 당장에 짜 낼 것이니 아가씨는 곧 떠날 차비를 하도록 하오."

콩쥐가 베틀에서 내려오자 부인은 베틀에 올라앉더니 얼마 안 가서 짜던 것을 다 마치고 베틀에서 내려오며 말하였다.

"아가씨, 이제 일이 끝났으니 어서 외가에 가시오. 또한 도중에서 좋은 기회도 있을 테니 되도록 견디어 보면 차차 고생을 면하고 호강을 누리게 될지도 모르는 일이오."

그리고는 한 비단 보자기를 풀어 헤치더니 새로 지은 옷 한 벌과 댕기와 신발까지 새 것을 내주면서,

"나는 하늘에서 내려온 직녀로서 상제(上帝)의 허락을 받고 이와 같이

왔으니 오래도록 머물지 못하오." 하고는 얼른 몸을 날려 공중으로 날아가는 것이었다.

넋을 잃고 바라보던 콩쥐가 가까스로 정신을 차려 막대기를 집어 들고 일어나서 마당으로 내려가자, 아까부터 겉피 위에 앉아서 겉피를 쪼아 먹던 새 떼가 훌쩍 날아가 버리는데 겉피는 알맹이가 되어 그대로 남아 있었다. 알고 보니 새 떼는 겉피를 쪼아 먹은 게 아니라 껍질을 벗겨 놓았던 것이다.

콩쥐가 잔치에 못 가게 하려고 계모가 금세 하기 어려운 일들을 하라고 명령하고 자신은 팥쥐만 데리고 떠났다는 이야기다. 이야기 처음 시작할 때 콩쥐팥쥐 이야기가 심청전과 비슷하다고 했는데, 이 부분부터는 신데렐라 이야기와도 판박이다. 신데렐라 이야기가 왕이 왕자의 신부감을 찾기 위해 무도회를 개최하는 것에 비하여 콩쥐는 외갓집 잔치에 가는 것으로 되어 있다는 점이 좀 다를 뿐이다. 다시 말해서 신데렐라는 무도회 참석 자체가 왕자의 부인이 될 가능성에 대해 얘기해 주지만, 콩쥐의 경우 외갓집 잔치이므로 감사의 부인이 되는 것은 그야말로 더 우연한 사건이 되는 것이다.

하늘에서 내려온 직녀와 새떼가 콩쥐에게 맡겨진 '한 필 베 짜기와 석 섬 겉피 찧기'를 대신해 주는 장면의 법적인 의미는 앞에서 나온 검은 소나 두꺼비가 도와준 사건과 같다.

여기서 콩쥐는 건넛마을 외갓집 잔치를 보러 가는데, 때는 바야흐로 춘삼월 좋은 계절이라. 여러 가지 아름다운 꽃이 모두 스스로 웃기를 마지아니하고 나는 새와 다른 짐승도 각기 그 즐거움을 누리고 있었다. 콩쥐 또한 그윽한 감회가 스스로 서려 나는 나비를 희롱하며 웃기도 하고 꽃도 탐내며 두서없는 생각에 잠겨 가는 중에 어느 시냇가에 다다르니 물도 맑고 고기가 떼 지어 노니는 것이 볼 만하였다. 콩쥐는 물을 쥐어 손도 씻고 돌을 던져 고기도 놀래 주곤 하였다.

이 때 뒤로부터 감사가 도임(到任 지방의 관리가 근무지에 도착함)하는 행차가 위엄을 갖추어 오느라고 벽제(辟除) 소리를 지르며 잡인을 치우는 바람에 콩쥐는 허겁지겁 시냇물을 뛰어 건너려다 그만 잘못하여 신 한 짝을 물속에 빠뜨리고 말았다. 그러나 무섭고 다급한 마음에 콩쥐는 감히 신을 건져 보려고도 하지 못한 채 외가로 달려갔다. 뒤따른 행차가 그 길을 지나칠 때였다. 감사가 무심히 앞길을 바라보니 이상한 서기(瑞氣 상서로운 기운)가 눈에 띄었다.

 손실보상과 손해배상

자신만 떼어 놓고 계모와 팥쥐가 외갓집 잔치에 가자, 혼자 남아 계모가 시킨 일을 하면서 서러워 울던 콩쥐였다. 그러나 직녀와 새떼의 도움으로 잔치에 나서면서 들떠서 길을 가고 있었다. 그런데 그 지방에 부임하는 감사의 행차가 있었고, '벽제 소리를 지르며 잡인을 치우고' 지나가는 중이었다. 벽제(辟除)는 왕조시대에 왕이나 관원 등 귀인이 행차할 때, 선도하는 군졸들이 큰 소리를 질러 길을 비키게 하던 제도를 말한다. 영화나 드라마에서 "물렀거라" "게 섰거라"하면서 길을 비우는 것을 볼 수 있는데, 이를 말한다. 현재 도로교통법과 같은 법 시행령(대통령령)에 따르면 소방차, 구급차, 혈액공급차량, 경찰업무 수행에 사용되는 자동차, 군부대의 이동을 유도하는 자동차, 국내외 요인(要人)의 경호업무를 수행하는 자동차 등이 긴급자동차로 정해져 있어서 이들이 지나갈 때 길을 비켜줘야 한다(**도로교통법 §29⑤**). 콩쥐팥쥐전의 배경이 되는 조선 중엽에는 자동차가 있을 때가 아니므로 가마나 말을 타고 귀인이 지나가면 걸어가던 사람들이 길을 비켜주었던 것이다. 그 과정에서 콩쥐는 허둥대다가 신발 한 짝을 물에 빠뜨리고 말았다. 이 경우 콩쥐는 행차의 주인인 감사에게 신발을 물어내라고 할 수 있을까? 도로교통법상 길을 비켜주는 경우라고 가정해 보자. 적법한 법률에 근거한 행위 때문에 피해를 입은 것을 손실(損失)이라고 하고 이를 갚아주는 것을 보상(補償)이라고 한다. 불법행위로 인한 피해를 손해(損害)라고 하고 이를 갚아주는 것을 배상(賠償)이라고 하는 것과 비교된다. 길을 비켜주는 것이 법에 근거한 행위라고 한다면 콩쥐가 신발을 잃어버린 것은 손실에 해당하고 신임 감사는 이를 보상해 줘야 한다. 경찰관직무집행법에 따르면 국가는 경찰관의 적법한 직무집행으로 인한 손실에 대하여 정당한 보상을 하여야 한다(**경찰관직무집행법 §11-2**). 물론 실제 보상을 받기 위해서는 책임과 과실의 정도를 면밀히 따져봐야 하고, 보상심의회를 거치는 등의 절차를 밟아야 한다.

그래서 부하를 지휘하여 그 서기가 떠도는 언저리를 찾아보게 하였다. 그러나 별다른 것은 없고 다만 개울물 속에 신 한 짝이 있을 뿐이다. 감사는 심중으로 매우 기이하게 여겨 부하로 하여금 그 신짝을 간수하도록 일러두었다. 그리고 도임한 후에 곧이어 신짝 잃어버린 사람을 찾아 각처로 사람을 보냈다.

이럴 즈음 콩쥐는 외가에 가서 외삼촌과 외숙모께 절하고 뵈니 그때까지 못 오는 줄 알고 섭섭히 생각하고 있던 외삼촌 내외는 매우 기뻐하며 어머니가 돌아가신 후로 고생이 많음을 진심으로 위로하여 좋은 음식을 갖추어 차려 주는 것이었다. 그러자 계모 배씨의 기색이 좋지 않았다.

"콩쥐야, 네 짜던 베는 다 짜고 왔느냐? 말리던 겉피도 다 찧어 놓고 왔느냐? 또 집은 어쩌려고 비워 두고 왔느냐? 그 비단옷은 어디서 훔쳐 입었느냐? 응? 어떤 놈이 네 대신 해 주더냐?"

그리고는 남 안 보는 틈틈이 꼬집어 뜯는 것이었다. 콩쥐는 기가 막혀 할 수 없이 그 사이 겪은 바를 낱낱이 아뢰었다. 그러자 콩쥐의 이야기를 듣고 있던 계모는 눈알이 튀어나오며 얼굴색이 청기와처럼 푸르러지니 그 흉악한 속마음을 어찌 다 말할 수 있으랴?

그 때는 온 집안이 터지도록 손님들이 모여 있었다. 그러므로 이 구석 저 구석에서 콩쥐의 불쌍한 이야기를 주고받으며 콩쥐의 행실을 칭송하는 소리가 자자하였다. 그런데 이 때 마침 관가에서 차사(差使 중요한 임무를 위하여 파견된 임시 관직)가 나와 동네를 돌아다니며,

"이 동네 신 한 짝을 잃은 사람이 있거든 이리 와서 말하고 찾아가거라."

하고 외치면서 바로 콩쥐의 외갓집 문전에 이르더니, 잔치에 모인 사람들에게까지 일일이 그 신을 신겨 보는 것이었다. 그러자 배씨가 관차 앞으로 썩 나섰다.

직권남용

경찰관직무집행법의 손실보상을 신임 감사가 잘 알고 있었는지는 모르겠다. 아무튼 부하를 시켜 신 한 짝의 주인을 찾아오게 하였다. 그런데 신의 주인을 찾는 것이 정당한 공무(公務)일까? 그렇지 않다면 이는 차사의 업무가 아닌데도 일을 시켰으므로 형법상 직권남용죄에 해당된다. "공무원이 직권을 남용하여 사람으로 하여금 의무 없는 일을 하게 한 경우"에 해당된다(형법 §123). 춘향전에서 변사또가 춘향에게 수청 들라고 강요한 것과 비슷한 경우다. 물론 콩쥐팥쥐에서 신발 주인 찾아오라고 시킨 것은 사건의 전개상 중요한 문제는 아니니 다음으로 넘어가자.

"여보시오 관차님네! 그 신 임자는 바로 나인데, 그 신짝을 잃고서는 아까운 생각을 참을 길이 없어 간밤에도 잠 한숨 이루지 못하였소. 이리 주시오. 그 신은 어저께 새로 사서 신고 당일로 잃어 버렸소."

관차가 물어 보는 것이었다.

"그러면 잃어버린 곳은 어디며 어떻게 하다가 잃어버렸단 말이오? 이 신짝은 내가 얻은 바도 아니고 이번에 새로 도임하신 감사 사또께서 노중에서 얻으신 거요. 그 신 임자를 찾아 관가로 데려오라는 분부가 계시니 만일 당신이 잃어버린 게 틀림없다면 이리 와서 신어 보시오."

그리고 신짝을 내놓자 배씨는 버럭 화를 내며 뇌까리고 신발을 빼앗으려 하였다.

"아니, 관차님네 내 말 좀 들어 보소! 내 것 잃고 내가 찾아가는데 신어 보기는 무엇을 신어 보란 말이오? 신어 보지 않으면 내 것이 아닐까 싶어 그러시오? 어제 신은 사서 신고 이 집 잔치에 참례하러 오다가 저 건너 벌판에서 잃어버렸소. 그래도 내 말을 못 믿겠소? 여러 말 말고 어서 이리 주시오!"

관차는 그 하는 모양을 보고는 주저하였으나 발을 내놓게 하고 그 신을 신겨 보았다. 그러나 발은 중턱까지도 들어가지 않았다. 관차는 그 무엄한 짓을 크게 나무라며 다른 사람들로 하여금 차례로 신어 보게 하였다. 그래도 맞는 사람이 없었다.

이윽고 관차들이 다른 곳으로 옮겨가려 하는데, 콩쥐는 천연덕스럽게 구경만 하고 있었다. 그러자 손님으로 와 있던 어느 노부인이 당상에 올라앉아 있다가 관차를 불러 이르는 것이었다.

"그 신발을 잃은 사람을 어째서 관가에서 찾는지는 모르나 이 가운데 콩쥐라 하는 아가씨가 그 신발을 잃고 찾으려 하면서도 부끄러워 차마 말씀도 아뢰지 못하는 듯하니, 신 임자를 찾아서 주고 가시오. 그 아가씨는 생전에 처음으로 얻은 신이라 합니다."

관차가 그 말을 듣고 콩쥐를 불러내어 신을 신어 보게 하자, 콩쥐가 부끄러워 낯을 붉히며 간신히 발을 내밀어 얌전한 발부리를 신짝 안에 들여 놓으니 살며시 쏙 들어가 맞는 것이었다. 의심할 바 없는 콩쥐의 신이었다. 관차가 콩쥐에게 허리를 굽혀 절하고서 이내 가마 한 채를 꾸며 가지고 와서는 관가로 들어갈 것을 청하였으나 콩쥐는 아직 시집도 가지 않은 처녀의 몸이라 괴이쩍은 생각도 들고 무서운 생각도 없지 않아 외삼촌께 말씀을 여쭙고 동행키로 하였다.

 유실물과 점유이탈물

길에 떨어진 돈 1,000원을 주우면 주운 사람이 가져도 될까? 주인이 잃어버린 물건의 소유를 포기하느냐에 따라 달라진다. 잃어버린 물건 찾기를 포기하면 주인이 없는 물건이 되고 '주운 사람이 임자'라고 할 수 있다. 민법 §252①은 "무주(無主)의 동산(動産)을 소유의 의사로 점유한 자는 그 소유권을 취득한다."고 규정하고 있다. 이를 무주물선점이라고 한다. 그런데 주인이 소유를 포기한 것인지 아닌지 주운 사람 입장에서는 알 길이 없다. 법적으로는 일반인의 관점에서 판단할 수밖에 없다. 즉 일반인의 입장에서 1,000원 정도면 주인이 포기할 가능성이 높다고 할 수 있다. 그런 경우 주운 사람이 가지면 된다. 콩쥐가 신발 한 짝을 잃어버렸는데 이를 끝까지 찾으려고 하지는 않으리라고 생각된다면, 이를 주운 감사(또는 그 부하)가 가질 수 있다. 그런데 소유권을 포기할 정도가 아니라 주인이 찾으려고 할 정도의 물건이라면? 예컨대 1,000원이 아니라 10만 원 짜리 수표라면? 그렇다면 이런 경우는 무주물이 아니라 점유이탈물이 된다. 이를 주운 사람이 가지면 형법상 점유이탈물횡령죄에 해당되어 1년 이하의 징역에 처해질 수 있다(**형법** §360①). 보통 물건을 주우면 가까운 파출소에 가져다주면 된다고 알고 있는데, 이러한 것들은 유실물법이 규정하고 있다. 즉 '타인이 유실(遺失)한 물건을 습득한 자'는 유실자나 소유자 또는 경찰서(지구대·파출소 포함)에 제출하여야 한다(유실물법 §1①). 물건의 주인은 물건 가액의 5%~20%에 해당하는 보상금을 지급하여야 한다(유실물법 §4). 유실물을 공고한 후 6개월이 지나도 주인이 나타나지 않으면 습득자(주운 사람)가 소유권을 취득하게 된다(민법 §253).

원문으로 돌아가 보자. 잃어버린 물건을 주워서 주인을 찾아 돌려주어야 한다는 것은 예나 지금이나 다를 바 없다. 그런데 이 이야기가 실화라면 단순히 신발을 신어보라고 함으로써 주인을 찾을 수는 없다. 꽉 끼게 신거나 좀 헐렁하게 신는다고 한다면 5~10mm 정도 차이는 맞는 신발이라고 할 수 있다. 주변에 자신과 발 크기가 이 오차 안에 들어오는 사람을 쉽게 찾을 수 있다. 유실물을 보관하였다가 주인임을 확인하고 돌려주어야 하는 경찰이라면 여러 가지 증거를 확인하고 나서야 돌려주게 될 것이다. 원문처럼 잃어버린 곳 뿐 아니라 어디서 샀는지, 남은 한 짝을 가지고 있는지, 색깔이나 무늬, 또는 모양이나 특징 등을 알고 있는지 등을 물어보고, 물건을 산 곳을 말했다면 그 곳에 전화로 확인해 볼 수도 있을 것이다. 만약 유실물이 스마트폰이라면 잠금 상태를 풀어보라고 할 수도 있다. 아무튼 주인임을 확인해야 돌려줄 수 있을 것이다. 그러므로 단순히 신발 한 짝이 발에 맞는다고 주인이라고 단정하기는 어려울 것이다. 유실물법 시행령(대통령령) §4①은 경찰서장은 물건의 반환을 요구받았을 때 "성명과 주거를 확인할 수 있는 서류를 제출하게 하거나 또는 그 유실물에 관하여 필요한 질문을 하는 등 청구권자(주인)임이 틀림없다는 것을 확인한 후" 돌려주어야 한다고 하였다.

콩쥐의 가마가 관가에 당도하자 관문 앞에서 가마를 세우고 외삼촌이 먼저 안으로 들어갔다. 감사는 소식을 고대하던 참이라 신짝을 잃은 처녀가 삼문 밖에 대령하였다는 말을 듣고 적이 놀라는 기색이었다.

이번에 새로 도임한 감사(監司)는 성이 김씨였다. 김감사는 일찍이 아들 하나 두지 못하고 부인을 잃은 고적한 신세였다. 부인이 별세한 후로는 첩도 두지 않고 스스로 마음을 가다듬어 가며 세월을 보내고 있었다. 그런 만큼 자연 신기한 것을 즐겨 연구하는 성벽이 생겨 조그마한 일일지라도 눈에 띄고 귀에 들리는 것이 기이하게 여겨지면 기어이 알아내고야 말았다.

도임하던 그 날만 하더라도 이상한 서기를 보고 또 그 곳에서 새 신짝을 얻었으므로 호기심에서 그 신 임자를 만나 보았으면 하였던 것인데, 뜻밖에도 신 임자를 찾으러 나갔던 관차가 관령(官令)만을 중히 여긴 나머지 남의 집 처녀를 데려왔다고 하므로 김감사는 매우 놀랐다.

그래서 감사는, "어떤 처녀이기에 신짝에게 그토록 서기가 생기는가?" 하고 자세한 연유를 그 외삼촌에게 물었으나 외숙 되는 사람도 서기가 난 까닭에 대해서는 뭐라 대답할 수 없었으므로 결국 콩쥐로 하여금 친히 대답하도록 하였다. 콩쥐는 모친의 상사(喪事)를 당한 일로부터 시작하여 계모 배씨가 들어온 이후에 있었던 그 동안의 일을 낱낱이 아뢰었다. 감사는 놀라는 한편 기뻐하며 이윽고 그 외숙에게 콩쥐와 혼인할 뜻을 밝히고 그 의사를 물었다.

"저로서야 어찌 복종을 하지 않을 수 있겠습니까만 그러나 질녀의 부친이 있으니 일단 물러가 상의하고 다시 돌아와 아뢰겠습니다."

최만춘으로서야 콩쥐의 영화를 싫어할 리 만무한 것이었다. 곧 혼인을 승낙하는 한편 택일을 서둘러서 감사의 재취(再娶) 부인으로 온갖 예를 갖추어 콩쥐를 시집보내게 된 것이다.

혼인의 의사와 혼인의 성립

김감사는 일찍 결혼하였으나 사별한 것으로 나온다. 여자가 이런 경우라면 청상과부라고 하는데, 남자의 경우는 뭐라고 부르나? 그냥 나이에 상관없이 '홀아비'라고 하는 외에 별도로 부르는 말을 찾기 어렵다. 그런데 김감사는 단순한 '서기가 비치는 신발 한 짝'에 대한 호기심에서 주인을 찾아보라고 한 것인데, 부하가 콩쥐를 아예 데리고 온 것이다. 김감사가 콩쥐에 대하여 데이트도 안 해 보고 처음 본 날 결혼하자고 하는 것에 대해서는 소설이니까 그러려니 하고 넘어갈 수밖에 없다. 그런데 '나이 열댓 살 가까워오니' 이후 '그럭저럭 세월을 보냈으니' 혼인연령인 18세에 아직 도달하지 않았을 수도 있지만 나이가 정확히 나오지는 않는다. 혼인연령이나 혼인신고 등에 대하여는 이 책 앞 부분 『춘향전』과 『심청전』에서 설명했으니 여기서는 생략한다. 여기서 생각해 볼 문제는 콩쥐와 김감사가 결혼하게 되었는데, 김감사의 혼인의사는 나오지만 콩쥐의 혼인의사는 확인되지 않았다는 점이다. 김감사는 콩쥐의 외삼촌에게 청혼을 하였고, 외삼촌은 콩쥐 아빠의 의사를 확인해야 한다고 미뤘다. 결국 콩쥐 아빠의 승낙에 따라 혼인이 이루어지게 된 것이다. 이 과정에서 콩쥐 본인의 생각은? 우리 민법에 따르면 만 18세가 된 사람은 혼인할 수 있으나(민법 §807), 미성년자인 경우 부모의 동의를 얻어야 결혼할 수 있다(민법 §808①). 성년은 19세 이상이므로(민법 §4), 현재의 민법에 따라 추정하면 콩쥐의 나이는 만 18세이다. 그러나 혼인도 계약이고 계약의 경우 양 당사자의 의사가 합치(청약과 승낙) 되어야 법률상 효력이 발생하므로, 콩쥐도 당연히 혼인의 의사가 있었다고 해야 혼인이 성립한다. "당사자 간에 혼인의 합의가 없는 때"에는 그 혼인은 무효이다(민법 §815ⅰ). 당사자 간에 혼인의 합의나 서로 사랑하는지 확인되지 않은 상태인데, 콩쥐 아빠는 딸의 부귀영화를 원하여 흔쾌히 초혼인 콩쥐를 재혼인 홀아비 김감사에게 시집을 보냈던 것이다. 고전소설의 남녀 주인공이니까 당연히 첫눈에 서로 반했다고 가정하자.

3. 팥쥐에게 살해당한 콩쥐의 환생

그런데 배씨는 당초에 제가 잘 되어 영화를 누려 볼 요량으로 전날 관차를 속여 제가 잃어버린 신이라 하고 콩쥐의 복을 빼앗으려 하다가 발각되어 무안을 당한 후로는 콩쥐를 미워하는 마음이 더욱 심하여졌다. 팥쥐도 또한 시샘이 북받쳐 이를 갈면서 기회가 오기를 벼르고 있었다.

"콩쥐 저 년이 지금은 저렇게 고운 옷에 단장을 하고서 감사의 부인이 되어 가지만 네가 내 솜씨 앞에서 어차피 엉덩이를 벌리고 앉아서 편안하게 호강은 못 하리라."

하루는 벌써 석류꽃이 한 철을 지났고 쓰르라미가 목을 가다듬어 우는 소리에 문득 세월이 빠름을 깨닫고는 서둘러 조처하여 보리라는 생각이 치밀어 오른 팥쥐는 감영 살림채로 콩쥐를 보러 들어갔다.

그 때 사또는 공청에 나가고 다만 홀로 콩쥐가 좋은 옷을 입고 아담하게 꾸며 놓은 후원 연못가의 별당에서 난간에 의지하여 힘 있게 솟아 오른 연꽃을 구경하고 있었다. 팥쥐는 거짓으로 반색을 하며 달려들어 눙치는 것이었다.

"에구머니, 형님 그 동안 혼자서만 편안히 지내셨구려? 보기 싫은 이 팥쥐는 형님이 출가하신 후 시시로 형님 생각이 간절하고 어떻게 지내시는지 궁금하여 형님을 보러 왔소. 내가 전엔 철없이 형님한테 응석처럼 한 노릇인데 지금 생각하면 잘못한 것 같아 그 뉘우침이 뼈에 사무친답니다. 그렇더라도 형님은 그런 것을 속에다 품어두시지 마시오. 우리 형제가 범연하게(泛然- 소홀하다 데면데면하다) 지내지는 맙시다."

본래 악의가 없는 사람은 속기를 잘하는 법이다. 콩쥐는 그 말을 듣더니 역시 마음이 움직이는 것이었다.

'저것이 아무리 그 전엔 나를 그토록 모해했더라고 그 때는 철을 모를 때요, 이젠 나이가 들어 깨달은 바 있기에 저토록 사과하는 것이니 기특한 일이다.'

이렇게 생각하고는 콩쥐는 좋은 음식도 대접하고 살아가는 형편도 물어보고 하면서 집안 구경도 시켜 주는 것이었다.

이 때 팥쥐는 외양과는 달리 내심으로는,

'콩쥐, 저 년을 어떻게 하면 움도 싹도 없어지게 할꼬?'

하는 간악한 심술이 북받쳐 뱃속으로 온갖 꾀를 꾸며가며 콩쥐를 따라 별의별 화초와 온갖 화초를 구경하다가 연당 앞에 이르자 문득 한 묘계를 생각해 내고 함께 목욕을 하자고 권하였다. 그리하여 콩쥐와 팥쥐는 옷을 못가에 벗어 놓고 연못으로 들어가 목욕을 하게 되었다.

팥쥐는 슬금슬금 콩쥐를 깊은 곳으로 끌고 가서 별안간 연못 속으로 밀어 넣었다. 워낙 순식간의 일이었다. 그러니 어쩔 도리 없이 콩쥐는 그대로 물속으로 가라앉아 버렸다. 슬프다! 콩쥐가 겨우 잡은 부귀영화를 마음껏 누려 보기도 전에 이렇듯 연못 귀신이 되고 말 줄이야 누가 꿈엔들 알았으랴?

살인죄의 양형

콩쥐가 김감사에게 시집가서 영화를 누리게 되자 팥쥐와 팥쥐 엄마는 시샘과 미움이 폭발한다. 하지만 콩쥐를 죽이고 싶은 마음이 들었더라도 생각한 것만으로는 형법상 처벌되지는 않는다. 실제로 살인을 위하여 준비하는 단계가 되어야 살인예비음모죄로 처벌된다(**형법 §255**). 또 살인을 시도했는데 실제 죽지는 않았다면 살인미수죄로 처벌된다(**형법 §254**). 이런 개념들에 대해서는 홍길동전에서 설명한 바 있으니 그 부분을 참고하자. 원문에서는 팥쥐가 콩쥐를 안심시킨 후 연못 깊은 곳으로 밀쳐 죽게 하였다. 그런데 형법 §250①은 "사람을 살해한 자는 사형, 무기 또는 5년 이상의 징역에 처한다."고 하고 있다. 실제로 형벌을 받아야 하는 범인(피고인)의 입장에서 징역 5년과 사형은 천지차이다. 징역 5년과 무기징역의 차이도 엄청 크게 느껴진다. 그렇다면 팥쥐는 어느 정도의 형에 해당하는 것일까? 이 '사형~징역 5년'의 범위에서 판사가 구체적으로 정하게 된다. 실제로 재판과정에서는 수십 가지의 요소들이 고려되고 단계적이고 종합적으로 판단된다. 그럼에도 불구하고 일반인들이 볼 때는 비슷한 사건인데 형량이 차이가 커서 사법부를 믿기 어렵다고 느끼기도 한다. 이러한 문제를 해소하기 위하여 대법원 산하에 양형위원회(https://sc.scourt.go.kr/sc/krsc/main/Main.work)를 만들어서 좀 더 세분화된 기준을 제시하고 있다. 여기에 따르면 살인의 동기가 참작할만한지, 비난가능성이 큰지에 따라 다르게 정한다. 또 계획적 범행인지 우발적인 범행인지, 피해자가 범행에 취약한지 아닌지, 범행수법이 잔혹한지, 사체를 유기했는지, 범행을 반성하는지 등 수십 가지의 요소를 고려하여서 구체적인 형량을 정하게 된다. 양형기준은 절대적인 것은 아니고 그냥 가이드라인이라고 생각하면 된다. 형법에 정해놓은 형을 법정형(法定刑), 이 법정형을 기준으로 위에서 든 요소들을 고려하여 가중 또는 감경하여(그 기준도 법에 정해져 있음) 조정한 것을 처단형(處斷刑), 이 처단형 중에서 구체적으로 판사가 정하여 피고인에게 정해준 형을 선고형(宣告刑)이라고 한다. 자세한 개념설명은 형법교과서를 보기 바란다. 소설이 아니고 실화라고 가정해보고 팥쥐의 형량을 정해보자. 그러려면 판사의 입장에서 살인전후의 이야기를 꼼꼼히 읽어보아야 한다. 살인자 팥쥐의 성장과정과 평상시의 생활태도 등도 고려대상이다.

간특하고 요사스럽고 악한 팥쥐는 콩쥐가 물속으로 들어간 채 물거품만 두어 번 솟구쳐 올렸을 뿐 이내 그대로 잠잠해지는 것을 제 눈으로 보고서야 마음이 통쾌해져서,
 "이렇게 쉽게 내 계교대로 되는 것을 쓸 데 없이 오랫동안 마음을 썩였구나!"
라고 뇌까리면서 입가에 웃음을 띠며 급히 밖으로 나왔다. 콩쥐의 옷을 제가 주워 입고 제 옷을 치워 버린 다음 태연한 모습으로 마치 콩쥐인 양 별당 난간에 의지하여 연꽃을 바라보면서 못내 기뻐하는 것이었다.

김감사가 이 때 공무를 마치고 내아로 들어가자 계집 하인이,
"마님께서는 후원 별당에서 홀로 연꽃을 구경하고 계십니다."
하므로 감사는 발길을 후원으로 돌렸다.
김감사는 콩쥐를 맞아들인 후로는 공무만 끝나면 콩쥐와 떨어져 있지 않으려고 하던 터였다. 그러므로 홀로 연꽃을 구경하고 있다는 말을 듣자 자기도 역시 연꽃을 구경하며 아울러 콩쥐가 연꽃을 사랑하는 의취(의지와 취향)도 들어 보려는 생각에서 급히 별당으로 들어갔다. 그러자 그 때까지 난간에 기대어 꽃구경을 하고 있던 팥쥐가 재빨리 자리에서 일어나 웃음 띤 얼굴로 내려와 맞자 감사도 또한 기쁜 낯으로 부인의 손목을 잡고서 다시 별당 난간으로 올라가 웃으며,
"부인은 연꽃 구경으로 오늘은 얼마나 즐겁소?"
하였다. 그리고 이야기를 하다가 문득 그 얼굴을 보니, 전날의 모습과는 달리 거무티티할 뿐더러 얽기까지 한 것이었다. 그래 크게 놀라 낯빛마저 잃으면서 감사가 그 이유를 물으니 팥쥐는 이렇게 대답하는 것이었다.
"종일토록 이곳에서 서성거리며 영감께서 오시기를 기다려 일광을 쐬어 이토록 검은 빛이 되었습니다. 얽어 보이는 것은 다름 아니라 아까 영감께서 들어오시는 줄 알고 허둥지둥 뛰어가다가 그만 발이 걸려 콩 멍석에 엎어지는 바람에 이 모양이 되었습니다."
이 말을 듣자 감사는 늙은 남편인 자기를 부인이 사모함을 고맙게 여겨 여러 말로 위로하며 다만 얼굴이 변한 것만을 애석하게 여길 뿐, 사람이 바뀐 것은 전혀 깨닫지 못하는 것이었다.

주민등록법 위반과 명예훼손죄

팥쥐가 친언니는 아니지만 의붓언니를 죽이고 나서 태연하다 못해 기뻐한다는 것은 공포영화의 한 장면 같다. 요즘 드라마에 등장하는 사이코패스(반사회성 인격장애)에 해당될 지도 모르겠다. 앞서 설명한 살인죄의 양형에 참작사유가 될 것이다. 그런데 이어지는 이야기는 더욱 황당하다. 팥쥐는 콩쥐행세를 하고, 남편인 김감사는 팥쥐를 콩쥐로 착각하는 것이다. 물론 팥쥐가 거짓말로 속였지만 남편이 알아차리지 못할 정도라면 콩쥐와 팥쥐는 상당히 외모가 비슷했다고 가정해야 할 것이다. 즉 수많은 콩쥐팥쥐 동화책이나 영화와는 다르게, 팥쥐도 나름대로 예쁘기는 하지만 콩쥐가 조금 더 예뻐서 팥쥐가 더욱 시샘을 했다고 하는 것이 좋겠다. 서도 다른 가정에서 태어나 자랐지만 이름도 비슷한 콩쥐와 팥쥐 아닌가.

아무튼 팥쥐가 콩쥐 행세를 하는 것은 어떤 범죄일까? 살인 사건 이후에 이어지는 어떤 범죄가 있을 듯 하지만 지금까지의 장면만으로는 처벌사유를 찾기가 쉽지 않다. 공무원 자격을 사칭하여 그 직권을 행사하면 공무원자격사칭죄(**형법 §118**)에 해당하지만 콩쥐가 공무원이 아니니까 해당되지 않는다. 타인을 사칭하는 것은 일종의 속임수이므로 위계(僞計)라고 할 수 있고, 위계나 위력으로 업무를 방해한 경우 업무방해죄(**형법 314 ①**)에 해당한다. 김감사의 부인으로서의 업무를 방해한 것으로 볼 수는 있겠다. 만약 주민등록을 위조하여 콩쥐 행세를 했다면 주민등록법 위반이 된다. 콩쥐를 사칭하여 명예를 훼손하는 행위를 했다면 형법상 명예훼손죄에 해당할 수도 있겠다.

며칠이 지난 후였다. 하루는 감사가 몸이 불편하여 일찍 공무를 마치고 들어와 연못가를 배회하고 있노라니 못 가운데에 전날 보지 못하던 연꽃 하나가 눈에 띄는 것이었다. 꽃줄기가 유별나게 높이 솟아나 있을 뿐더러 꽃 모양도 신기하여 아름다움이 비길 데 없으므로 노복으로 하여금 그 꽃을 꺾어다가 별당 방문 앞에 꽂아놓게 하고 감사는 그 꽃을 사랑하여 마지아니하였다.

그러나 팥쥐는 일찍이 깨달은 바 있으므로 그와 같이 큰 꽃이 별안간 그렇게 곱고 아름답게 피어난 것을 보고 심상치 않게 생각하던 중이라, 영감이 그 방을 떠나면 들어가 보곤 하였다. 그런데 참으로 괴상한 것은 팥쥐가 그 방에서 나올 때마다 그 꽃송이 속에 손과도 같은 것이 있는 듯 팥쥐의 머리채를 쥐어뜯는 것이었다. 그래서 팥쥐는,

"요것이 필연 콩쥐년의 귀신이 붙은 것이다."

하고 그 꽃을 뽑아다 불아궁이에 처넣었다.

그 후 팥쥐는 안심하고 콩쥐의 세간도 마구 뒤지며 제 마음대로 하는데 다시금 이상한 일이 벌어졌다. 바로 이웃에 사는 할멈이 불씨를 얻으려고 감사 댁 내아(內衙 수령 가족의 생활공간)로 들어와 예전부터 감사 부인과는 친숙한 터라 연못가 별당으로 가서 아궁이에서 불을 떠가려 하였다.

그런데 아궁이 속엔 불은 씨도 없이 꺼져 있고 난데없는 오색 구슬이 한 아궁이 가득하므로 노파는 허겁지겁 구슬을 모조리 치맛

자락에 쓸어 담아 가지고 집으로 돌아와서 반닫이 속에 감추어 두었다. 그랬더니 천만 뜻밖에도 반닫이 속에서 할멈을 부르는 소리가 나는데, 그 소리가 감사 부인의 목소리와 흡사하였다. 노파가 반닫이 문을 열고 보니 감사 부인이 그 속에 들어앉아 있는 게 아닌가. 그리고 노파에게 자기가 죽게 된 전후 사정을 이야기하고는 이어서 한 묘계를 가르쳐 주는 것이었다.

 주거침입죄

김감사가 연못에서 특이한 연꽃을 발견하여 꺾어다 놓았더니 팥쥐의 머리채를 쥐어뜯었고, 팥쥐가 아궁이에 넣어 태워버렸다는 이야기가 나온다. 소설이니까 그냥 그럴 수 있다고 생각하고 넘어가자. 그런데 이런 사건이 진행되는 동안 팥쥐는 김감사의 부인으로서의 모든 역할을 다 할 수 있었을까? 이 부분이 더 현실성이 없어 보인다. 팥쥐가 콩쥐를 닮았고 비슷한 미모를 갖추고 있다고 해도 다른 식솔들이나 관리들이 전혀 눈치 채지 못했다고 하기 어렵다. 그냥 '며칠 후' '그 후'라고 하여 그 기간을 정확히 알 수는 없지만 상당한 기간 김감사 부인인 체 한 것이기 때문이다. 그동안 김감사가 팥쥐와 한 방에서 잤다면 심각한 윤리문제가 발생하게 된다. 형법상 간통죄는 폐지되어 문제되지 않지만 이혼사유 또는 손해배상 사유는 될 수 있다. 간통죄 폐지에 대해서는 춘향전에서 설명한 바 있다.

한편 이웃 집 할멈이 불씨를 얻으러 별당에 들어가서 불씨는 못 얻고 대신 구슬을 담아 가지고 나오는 이야기가 이어진다. 남의 집에 주인의 허락 없이 들어가면 주거침입죄(형법 §319①)에 해당된다. 허락을 받고 들어갔다가도 주인이 나가라고 하면 나가야지 그렇지 않으면 퇴거불응죄(형법 §319②)로 처벌된다. 그런데 여기서 주인의 허락이라는 것은 명시적 허락 뿐 아니라 묵시적 허락도 포함된다. 즉 이웃집 할멈은 콩쥐와 친하게 지내고 있었고, 이전에 부엌에 가서 불씨를 얻어간 적도 많다고 한다면 특별히 명시적 허락을 받지 않고 들어갔다고 하더라도 주거침입죄에 해당되지는 않는다. 이와 관련하여 현재 대법원에서 선고를 앞두고 논의 중인 문제로, 주인이 여럿인 경우 한 사람의 동의는 받았으나 다른 주인의 동의를 받지 않은 경우 주거침입죄로 처벌할 수 있느냐의 문제가 있다. 남편의 부재 중 간통의 목적으로 처의 승낙 하에 주거에 들어간 남자에게 주거침입죄가 인정된다는 것이 판례인데(대판 1984.6. 26, 83도685), 이런 입장을 유지할지 판례를 바꿀지 논의 중이다. 공동거주자의 주거의 평온을 보호해야 한다는 기존의 판례에 대하여 반대의견도 있다. 즉 폐지된 간통죄를 대신하여 우회적 처벌이 된다는 점, 세어하우스(Share house) 같은 경우 현실적으로 모든 거주자의 동의를 받을 수는 없다는 점, 공동거주자 사이의 의견대립은 공동체 내에서 해결할 문제로 국가형벌권의 개입은 지나친 것이라는 점 등이 제시된다. 다 같이 생각해 볼만한 문제다.

노파는 감사 부인이 일러 주는 대로 잔치를 베풀어 거짓으로 자기의 생일이라 하고 김감사를 초대하였다.

김감사가 노파의 집에 와서 젓가락을 드니 한 짝은 길고 한 짝은 짧아 손에 제대로 잡히지 않으므로 노파의 소홀함을 나무라니 노파가 미처 대답도 하기 전에 홀연 병풍 뒤에서 사람의 소리가 있어 대답하는 것이 아닌가.

"젓가락 짝이 틀린 것은 그렇게 똑똑히 아시는 양반이 사람 짝이 틀린 것은 어째서 그토록 모르시나요?"

'내외의 짝이 틀리다니 이 어쩐 말인고?'

김감사가 속으로 이렇게 생각하다가 그 동안 아내의 거동에 종종 괴상한 일이 있었음을 갑자기 깨닫고 바삐 돌아가 알아보리라 생각하고 급히 자리에서 일어서려 할 때 별안간 병풍 뒤에서 녹의홍상(綠衣紅裳 연두저고리와 다홍치마, 젊은 여인의 고운 옷차림)을 입은 한 미인이 앞으로 나와 감사에게 절하며 묻는 것이었다.

"영감께서는 첩을 몰라보십니까?"

감사는 깜짝 놀라 어찌할 바를 모르고 당황하다가 빨리 사연을 말하라고 하였다.

"첩은 의붓동생인 팥쥐에게 해를 입어 연못 귀신이 되었습니다. 그러나 기왕 이렇게 되었으니 영감께서는 그 팥쥐와 함께 내내 안녕하시기 바랍니다."

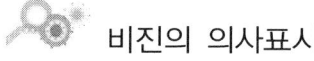 비진의 의사표시

콩쥐 귀신의 등장과 노파의 활약이 나온다. 그런데 콩쥐가

김감사에게 "기왕 이렇게 되었으니 영감께서는 그 팥쥐와 함께 내내 안녕하시기 바랍니다."라고 한 것을 어떻게 받아들여야 할까? 춘향전에서 그날 밤 집으로 놀러 가겠다는 이몽룡에게 "나는 몰라요."라고 한 것과 같다. 비진의 의사표시를 복습해 보자.

　김감사가 콩쥐 귀신의 말을 곧이곧대로 받아들여 팥쥐와 행복하게 잘 살았다고 한다면 황당한 결론이 되어 버린다. 만약 콩쥐의 진심이 그렇다면 노파와 김감사에게 안 나타나면 되는 것이다. 그래서 우리는 콩쥐의 진심은 그런 것이 아니라 "원수를 갚아 달라."는 것으로 추정할 수 있다. 그렇다면 팥쥐와 같이 잘 살라는 이야기는 비진의 의사표시에 해당된다(민법 §107). 법적으로는 "팥쥐와 함께 잘 살아라."는 표시된 대로 법적인 효력을 가진다. 하지만 다음 이야기 전개를 보면 김감사는 콩쥐의 진짜 의사를 잘 알고 있었던 것으로 확인된다. 따라서 콩쥐가 "팥쥐와 함께 잘 살아라."는 말은 법적으로는 무효인 의사표시다. 문학적으로는 반어법이라고 할 수 있겠다.

감사가 곧 팥쥐를 잡아 문초하며 또한 사람들을 시켜서 연못을 조사하게 하니, 과연 콩쥐의 시체가 웃는 낯으로 누워 있었다.
급히 건져 내어 염습하려 할 때 죽었던 콩쥐가 다시 숨을 돌리며 살아났다. 그러자 그 때 노파의 집에 있던 콩쥐는 홀연히 온 데 간 데 없이 사라졌다. 이에 모든 관속과 읍내에 사는 백성들까지도 이 신기한 일에 놀라지 않는 사람이 없었다.
감사는 팥쥐에게 칼을 씌워 하옥시키고 사실을 조정에 보고하였다.

며칠이 지나서 조정에서 하회(下回 윗사람이 아랫사람에게 내리는 회답)가 있었다. 감사는 그 하회대로 형리를 시켜 죄인 팥쥐를 수레에 매어 찢어 죽이고 그 송장을 젓으로 담아 항아리 속에 넣고 꼭꼭 봉하여 팥쥐의 어미를 찾아 전하였다.

 재판을 받을 권리와 사형

동화에서 범죄영화로, 또다시 '전설의 고향'에서 공포영화로 바뀐 느낌이다. 하지만 우리는 법적 문제에 집중하자. 콩쥐 귀신의 언질에 따라 김감사는 진실을 밝히게 된다. 그런데 아무리 팥쥐가 살인자라는 것이 명백해도 신분이 보장된 법관에 의하여 재판을 받고 형이 확정되어 집행되는 것이 현재의 사법체계다. 헌법에는 재판을 받을 권리가 기본권으로 보장되어 있다(헌법 §27①). 재판을 받을 권리와 사법권의 독립, 형벌의 종류 등에 대해서는 춘향전에서 춘향이가 변사또에게 끌려와 곤장 맞는 장면에서 설명한 바 있다. 김감사가 수사와 재판을 담당하고 최종 결정은 조정에서 내린 것으로 나오는데, 재판받을 권리에 따라 법정에서 피고인 팥쥐에게 진술할 수 있는 기회를 주어야 한다. 공정한 재판 외에도 신속한 재판과 공개재판을 받을 권리가 헌법상 보장된다(헌법 §27③).

여기 원문에서 '수레에 매어 찢어 죽이는 것'은 거열형(車裂刑)이라고 하는데, 물론 현대에는 없는 사형방법이다. 우리 형법상 사형은 교수형(絞首刑)의 방식에 의한다. 군형법은 총살형을 규정하고 있다(군형법 §3). 죽은 시체로 젓을 담가 친모에게 보내는 장면은 공포영화의 한 장면 같다. 실제 젓을 담그는 것은 몇 달 이상의 많은 시간이 필요하므로 현실성이 없는 이야기 전개라고 하겠다. 사마천의 사기에 은(殷)의 폭군 주(紂)왕이 인육으로 젓을 담가 먹는 이야기가 나오는데 여기서 나온 이야기로 생각된다.

팥쥐 어미는 처음에 팥쥐가 흉계를 품고 콩쥐를 죽이러 들어갈 때만만 조심하여 아무쪼록 성사하라고 부탁하여 보낸 후에 곧 최만춘을 고추박이처럼 차 버리고 다른 서방을 얻어 갔다. 혹시 있을지도 모르는 후일의 만약의 경우를 생각하여 후환을 미리 막기 위해서였던 것이다.

그리고 주야로 팥쥐의 덕을 입고자 기다리고 있던 중에 관가로부터 선물이 왔다고 하므로 팥쥐 어미는 좋아라 하고 내달으며 훗서방을 안으로 불러들이고는 항아리 아가리를 동여맨 노끈을 풀어 보았다. 큰 항아리에 가득 든 것이 모두 젓갈이었다.

한편 또 따로 글씨를 쓴 종이가 들어 있었다. 종이에는 이렇게 씌어 있었다.

"흉한 꾀로 사람을 죽이는 자는 누구든 이와 같이 젓으로 담그고, 딸을 가르쳐 흉하고 독한 일을 실행케 한 자로 하여금 그 고기를 씹어 보게 하노라."

팥쥐 어미는 이 글을 읽고 팥쥐의 소행이 탄로나 결국 죽음을 당했음을 알자 그만 기절하여 자빠졌다.

그리고 팥쥐 어미는 기절한 채 영영 일어나지 못하고 지옥으로 모녀가 서로 손을 잡고 가 버렸다.

 살인죄의 교사범과 종범

팥쥐 엄마가 팥쥐에게 '아무쪼록 성사하라고 부탁'한 것이 팥쥐를 시켜 콩쥐를 죽이라고 시킨 것이라면 팥쥐 엄마는 콩쥐 살해의 교사범(敎唆犯)에 해당하여 살인죄의 처벌을 받게 된다(형법 §31①). 관가에서 온 선물에 '딸을 가르쳐 흉하고 독한 일을 실행케 한 자'라고 써 있는 것이 사실이라면 그렇다는 말이다. 하지만 원문에 자세한 내용은 없다. 달리 생각하여 팥쥐가 이미 콩쥐를 죽이기로 결심하고 가는 때에 용기를 북돋아 주거나 조언을 해준 것에 불과하다면 살인죄의 종범으로 처벌될 수 있겠다(형법 §32①). 교사범은 살인자와 같은 형으로 처벌하고, 종범은 형을 감경한다.

원문에서 팥쥐 엄마는 팥쥐가 사형당한 것을 알게 되자 충격으로 쓰러져 죽어버렸으니 처벌할 수도 없게 되었다.

한편 그 전에 팥쥐 엄마가 최만춘을 버리고 다른 사람과 또 결혼했다는 이야기가 나오는데, 팥쥐를 통하여 무슨 부귀영화를 바라고 그렇게까지 해야 했는지 이해가 되지는 않는다. 아무튼 이번에는 사별이 아니므로 이혼에 해당될 수 있는데 이혼에 대해서는 춘향이를 버리고 이몽룡이 서울로 가버리는 장면에서 설명한 바 있으니 참고하자. 팥쥐 엄마가 이혼절차도 밟지 않고 그냥 다른 사람에게 가버렸다면, 중혼(重婚) 또는 배우자 유기에 해당한다. 자세한 것은 민법 교과서 중 친족상속 부분에 맡긴다.

한편 김감사는 콩쥐에게 자기의 밝지 못했던 허물을 사과하고 이웃 노파에게 상급을 후히 내린 다음 다시 콩쥐와 더불어 다 하지 못한 인연을 이으니 아들 셋을 낳고 딸도 낳아 화락한 나날을 보냈다.
콩쥐의 부친 되는 최만춘도 찾아내어 현숙하고 덕이 있는 여자를 얻어 아들딸 낳고 단란한 살림을 이루게 해 주고, 세상 사람들에게 어진 마음씨를 베풀어 어려운 사람에게는 돈과 곡식을 아낌없이 내려 그들을 구제하니, 김감사 내외의 어진 덕을 모든 백성이 칭송해 마지아니하였다.

 인구절벽과 사회보장제도

그리고 오래오래 행복하게 잘 살았다고 한다. 사필귀정(事必歸正), 권선징악(勸善懲惡)의 전형적인 마무리가 나온다. 김감사와 최콩쥐(최만춘의 딸이므로 콩쥐는 최씨일 것), 최만춘과 새 부인 모두 아들 딸 낳아서 행복하게 잘 살았다는 이야기가 나온다. 우리나라는 출산율의 급감으로 초고령사회와 인구절벽을 앞두고 있다. 청년들이 결혼을 기피하므로 출산율이 낮아지는 것은 당연하고, 혹시 결혼을 한다고 해도 출산을 기피하는 경향이 있다. 청년들의 입장에서 보면 취업문제, 주택문제, 육아와 교육문제를 해결하기 어렵기 때문이다. 이러한 문제를 국가가 해결해 주어야 출산율을 높일 수 있다. 김감사와 최콩쥐가 어려운 사람을 구제해 주었다고 하는데, 이러한 것이 현대로 말하자면 사회보장제도라고 할 수 있다. 선진국들 중에서 미국이 거의 유일하게 인구문제를 해결하고 있는데, 사회보장제도 외에 적극적인 이민정책이 큰 도움이 되었다. 우리나라도 적극적인 이민정책을 긍정적으로 고민할 때가 되었다고 생각된다.

사항색인

ㄱ

가족관계등록	108
가족관계의 등록 등에 관한 법률	2
간음	39
간통죄	14, 60
감독책임	161
감사위원회	69
감형	105
강간죄	38, 150
강도죄	226, 252
강등	163
거소지정권	126, 135
검사	34, 165
게임물관리위원회	18
경범죄처벌법	6
경찰관직무집행법	259
경합범	39
계약	4, 50, 89
계약서	50
고문	230
고발	150
고소	150
공갈죄	252
공무수탁사인	160
공무원	26, 165
공무원자격사칭죄	273
공무집행방해죄	159
공물	31
공산주의	224
공서양속	89, 94, 212
공소권	105
공정한 재판	62
과료	43
과실책임	240
과잉방어	135
교도관	46
교도소	45, 137
교사범	131, 281
교육을 받을 권리	224
교육형	137
구류	43
구속영장	33, 210
구속적부심사	34
구조의무	87
구치소	45
국가공무원	26
국가원수	196
국가형벌권	136

국민기초생활보장법	205	대부업	72
국방부장관	175	대의제	29
국적	108	대통령	197
권력분립	42	대통령령	35
권리능력	118	도박빚	93
권리의 시기	76	도박죄	92
권리의무	140	동물보호법	215, 223
근대입헌주의	28	동물학대	223
근로계약	236	동산	219
근로자	206	동성동본	8
근친혼	9	동시이행의 항변권	140, 237
금고	43	동의	95
금전소비대차	71	등기제도	219
기소	62		
기피신청	68	**ㄹ**	
기한	51, 145	로스쿨	54
긴급자동차	259		
		ㅁ	
ㄴ		면직	178
내연관계	2	명예훼손죄	274
노동자	206	모욕죄	150
노역장유치	46	몰수	44, 153
뇌물공여죄	211	무상교육	83
뇌물죄	32	무죄판결	52
		무주물선점	263
ㄷ		미결수용자	45
다수설	241	미성년자	4, 95
단독행위	89, 186	민주공화국	198

사항색인 287

민주주의	195

ㅂ

방송통신심의위원회	18
배상	259
벌금	43
범인은닉죄	142
법관	165
법률용어	112
법률행위	4, 89, 251
법률혼	101
법앞에 평등	124
법앞의 평등	3
법정대리인	95
법정상속분	201
법정형	271
법조경합	39
법학전문대학원	54
변호인 접견교통권	48
보상	259
복권	105
복종의 의무	155
부당이득	218
부동산	219
부동산등기법	219
부부별산제	101
부양의무	246
분묘	190

불법체포	148
불법체포죄	159
비밀침해죄	59
비진의의사표시	73, 278

ㅅ

사기죄	252
사면	104
사면권	196
사무관리	218
사실혼	110
사업주	206
사용자	206
사형	43, 136
사회국가	224
사회보장제도	283
사회복지	80
사회적법치국가	224
살인미수	181
살인미수죄	141, 270
살인예비음모죄	129, 270
살인죄	98, 181
삼심제	62
상상적 경합	39
상속	15, 186
상속순위	200
상해죄	234
상호부양의무	73

생명권	76	야생생물보호 및 관리에 관한	
선거	198	법률	215
선거권	4	약취	183
선고형	271	약취유인죄	182
선의	12	약혼	17
선천적 신분	125	양자	85
성년	4, 95	업무방해죄	273
성년의제	117	연좌제	161
성적 자기결정권	37, 123	영상물등급위원회	18
소년교도소	45	영상물심의	18
소수설	241	영장실질심사	34
손실	259	영장주의	210
손해	259	예비	130
손해배상책임	213	우편물등개봉훼손죄	59
수급자	205	원고	52
수뢰죄	211	위계에 의한 공무집행방해	
수용자	46		160, 172, 211
수임인	97	위임	97
수형자	46	위임인	97
시민계급	27	위자료	21
신분	3	유류분	201
신분제도	7	유류분제도	15
실종선고	108	유언	65, 78, 186
심급제	62	유익비	218
		유인	183
ㅇ		유증	186
아동학대	254	음모	130
악의	12	응보형	137

의무교육	83, 224	점유이탈물	264
의사표시	11	접견	48
이자	72	정당방위	181
이행	115	정범	132
이혼	20, 21, 281	정치적 중립	166
인간다운 생활	204	제3자	12
인정신문	170	제척	166
일반사면	105, 196, 197	제척사유	67
일상가사대리권	23, 74	조건	51, 145
임대차	71	조례	35
임의동행	33	종범	281
임의상속	201	주거침입죄	276
입양	85	주민등록	107
입증책임	32, 52	주민등록법	274
		주민등록표	247
		중혼죄	61

ㅈ

		증거재판주의	67
		증여	97, 221, 250, 254
자격상실	43	지방공무원	26
자격정지	43	직권남용죄	38
자살	99	직무유기죄	178
자연채무	92, 218	직장이탈금지	63
자유형	43	징계권	126
장관	57	징역	43
장애인등록	109		
재판상이혼	21		

ㅊ

재판을 받을 권리	42, 279		
재혼	101		
절도	152	차별금지	125
절도죄	226	착한사마리아인 조항	88

처단형	271	피고	52
청소년	4	피의자신문	169
체포영장	33, 210	필요비	218
촉법소년	137		
총리령	34	**ㅎ**	
최저생계비	204	학설	241
추인	95	합동행위	89
추징	153	행정감사	57
출생신고	122	행정고시	55
취소	95	헌법질서	195
친고죄	150	협박죄	252
친권	10, 126, 245	협의이혼	21
친권자	126, 245	형무소	137
		형벌개별화의 원칙	210
ㅌ		형벌의 종류	43
탄핵제도	198	형사미성년자	5
태아의 권리능력	76	호주제	108
통설	241	혼인무효	267
퇴거불응죄	276	혼인신고	2
특별사면	104, 197	혼인연령	116
		혼인외의 출생자	122
ㅍ		혼인의사	267
파면	178	회피	68
파혼	20	후견인	10
판사	34	후발적 불능	213
폭행죄	234	후천적 신분	125
폭행치상죄	234		

| 저자 소개 |

〈약력〉

고려대학교 법과대학 법학과 졸업
고려대학교 대학원 법학과 졸업(법학석사·법학박사)
고려대·아주대·인하대 강사
대법원 판례심사위원회 조사위원
헌법재판소 전문직 연구원
국립한경대학교 법학부장·연구지원실장·기획처장·인사대학장·대외협력본부장
사법시험 등 각종 국가고시 출제위원
경기도 소청위원·분쟁조정위원, 경기지방노동위원회 공익위원
국립한경대학교 법학과 교수, 교수회장(현)
경기도 행정심판위원, 경기도 선거관리위원(현)

〈저서〉

『법학첫걸음』, 제3판, 동방문화사, 2017
『헌법강의』, 제13판, 동방문화사, 2019
『헌법소송법』, 제9판, 동방문화사, 2018
『판례로 구성한 헌법』, 제4판, 동방문화사, 2009
『교회법의 이해』, 동방문화사, 2010
『헌법재판 이야기』, 『법원 이야기』, 『우리헌법 이야기』, 『개헌이야기』, 살림출판사, 2006~2013
『헌법과 미래』, (칼럼집, 7인공저), 인간사랑, 2007

[E-mail 주소]
oht@hknu.ac.kr

우리고전 법과문화 [개정증보판]

지은이 / 오 호 택   발행 / 2021. 8. 22
펴낸이 / 조 형 근
펴낸곳 / 도서출판 동방문화사

서울시 서초구 방배로 16길 13
전화 : (02) 3473-7294.   팩스 : (02)587-7294
메일 : 34737294@hanmail.net   등록 : 서울 제22-1433호

저자와의 합의에 의해 인지 생략

파본은 바꿔 드립니다.   본서의 무단복제행위를 금합니다.
정가 : 21,000원   ISBN 979-11-89979-39-3   93360